Martin Wittmann

WIE ICH EINMAL ALLES SCHAFFEN WOLLTE, WAS ICH MIR SCHON IMMER VORGENOMMEN HABE

1 Jahr,
12 Vorsätze,
123 Einsichten

PENGUIN VERLAG

Penguin Random House Verlagsgruppe FSC® N001967

1. Auflage
Copyright © 2022 Penguin Verlag
in der Penguin Random House Verlagsgruppe GmbH,
Neumarkter Str. 28, 81673 München
Umschlaggestaltung: Favoritbuero
Umschlagabbildungen: Martina Frank
Satz: Leingärtner, Nabburg
Druck und Bindung: GGP Media GmbH, Pößneck
Printed in Germany
ISBN 978-3-328-60244-6

www.penguin-verlag.de

Du musst dein Leben ändern!
Peter Sloterdijk

Du musst einfach wissen, wer du bist
und für was du stehst. Zweifel bringen dich um.
Jennifer Lopez

Was du zu müssen glaubst, ist das, was du willst.
Marie von Ebner-Eschenbach

Nur du selbst immer sein du musst.
Meister Yoda

Du musst gar nix.
Frank Spilker (Die Sterne)

INHALT

DAVOR

Das ideale Leben gibt es nicht. Sonst würden wir, die wir vernünftig, gewissenhaft und anspruchsvoll sind, die wir mit Zeit, Wohlstand und Freiheit beschenkt sind, dieses Leben ja führen. Was sollte uns hindern? Und doch gibt es Hinweise darauf, dass es dieses Leben geben muss. Wie sonst ist zu erklären, dass uns die Gesellschaft und die Industrie ständig spiegeln, wie unperfekt und verbesserungswürdig unser derzeitiges Dasein (und der globale Gesamtzustand) ist und was wir dagegen tun könnten und müssten. Der Zeitgeist drängt uns zur Selbstoptimierung und Traumerfüllung, die Not des Planeten zur Weltrettung, und so wachen wir morgens neben einer langen To-do-Liste auf, die uns diktiert, was wir an diesem Tag alles zu erledigen haben, und neben einer ausführlichen Bucket-List, die uns aufzählt, was wir uns in diesem Leben noch vorgenommen haben. Für uns, für andere, für alle, die noch kommen. Abends, nach viel getaner und sehr viel nicht getaner Arbeit, wundern wir uns über den schnell vergangenen Tag und jammern über verpasste Chancen und trauern präventiv den noch zu verpassenden nach. Wir hetzen durch den Alltag und vertrödeln ihn dabei, im Hinterkopf die Ahnung: Was wäre nicht alles möglich!

9

Das ist vielleicht das Gefühl, mit dem sich die meisten Menschen heute identifizieren können: dass wir mit dem eigenen Leben noch mehr anfangen sollten und dass wir die Welt mehr verändern müssten, als wir es bereits tun. Wenn wir denn mal anfangen würden.

Wer hat keine guten Vorsätze zu Jahresbeginn? Wer würde nicht gern ein Instrument spielen, eine (neue) Fremdsprache sprechen, kochen und wie wild tanzen können, mit dem Rad durch Deutschland fahren, gesund und fit sein? Wer hadert nicht mit der eigenen Faulheit, Mutlosigkeit, Aufschieberitis? Wer hat keine Life goals, die nie im Leben erreicht werden? Wer hat kein schlechtes Gewissen, wenn sie oder er in den Urlaub fährt oder gar fliegt; ein billiges Steak isst oder gleich vier, bei Amazon einkauft und das zu viel; um die eigenen First World Problems weiß, aber nichts für den Rest der Welt tut; jeder politisch korrekten Debatte wohlfeil nickend zuhört, aber selbst kein moralisches Musterleben führt?

Unsere Zeit bietet für das ideale Leben eigentlich Möglichkeiten, wie sie noch keine Gesellschaft vor uns hatte. Das ist ein Geschenk. Aber es ist made in Troja. Denn die Wahlfreiheit ist auch belastend, der gesellschaftliche Imperativ unser Ohrwurm, sei es von Nike (Just do it!), Adidas (Impossible is nothing) oder Hornbach (Es scheint unmöglich. Bis du es machst). Der permanente Zwang zur Steigerung und zur Neuerfindung führe zu einer psychischen Überforderung, sagt Hartmut Rosa. Wer nicht mithalten könne zum Beispiel bei der Körperoptimierung durch Fitness und Sport oder bei der Wissensaneignung im Allgemeinen, wer also dem Zwang zur Steigerung seiner selbst nicht genüge, komme nicht mehr mit. Der Soziologe schreibt: »Wir können den Status quo also sowohl als Einzelne als auch als Gesellschaft nicht aufrechterhalten, wenn wir nicht beschleunigen. Das ist, als würden wir ständig auf einer Rolltreppe stehen, die uns nach unten befördert. Wir müssen nach oben rennen, um unseren Status relativ zur Umwelt zu erhalten.«

Kann ich mithalten? Muss ich das? Will ich das? Ich will es zumindest versuchen. Wie wäre es also, mal ein Jahr lang wirklich gesünder, nachhaltiger, kreativer, mutiger, sportlicher, gewissenhafter, zupackender, zielgerichteter, woker und engagierter zu leben und endlich all die Dinge anzupacken, die ich mir schon seit Jahren vorgenommen habe?

Bisher bremsten mich hedonistische Bequemlichkeit, privates Missmanagement, fehlender Handlungsdruck und chronische Verdrängung aus – und natürlich meine Ängste: vor sozialer Isolation, vor fehlendem Talent, vor Familienfrust, Enttäuschung, Erschöpfung, Hunger, Appetit, Desillusionierung, Hektik, Burn-out, Überforderung, vor allem Neuem und vor der modernen Falle der asketischen Lustfeindlichkeit. Das sind die Teufel, die ich an die Wand male. Nach diesem Jahr sollen sie umarmt oder verschwunden sein. Eine weiße Wand.

Ich weihe mein Umfeld ein (und biete Verlagen die Idee für dieses Buch an). Man nennt das, um schon mal in die gut gefüllte Werkzeugkiste zu greifen, die von der Ratgeber-Industrie zur Verfügung gestellt wird, die Rubikon-Methode: Ich erzähle meine Pläne herum, um mich selbst unter sozialen Druck zu setzen. Um nicht mehr zurück zu können.

Zur Konkretisierung meines Vorhabens habe ich Umfragen zu verpassten Chancen und guten Vorsätzen studiert, habe mich in der Popkultur und in den Gesellschaftswissenschaften umgesehen, Bücher über das gute Leben und das schlechte Cholesterin gelesen und vor allem auf meine To-do- und »Was ich unbedingt machen will«-Listen geschaut. Am Ende haben sich zwölf große Ziele (und einige weitere kleinere) herauskristallisiert, zu erreichen in der Gegenwart eines Jahres: die Vorhaben umsetzen, die mich in der Vergangenheit verfolgt haben, und die Vorsätze angehen, die mich in der Zukunft zu einem besseren Menschen machen, darum wird es gehen.

1. Gesundheit (und Gewohnheiten): Voraussetzung für alle meine Life goals ist, dass ich am Leben bleibe. Mindestens dieses Jahr, gerne auch darüber hinaus. Sich um seine eigene Langlebigkeit zu kümmern, ist Gewöhnungssache: Es beinhaltet, sich gut zu ernähren, sich viel zu bewegen, genug zu schlafen. Letzteres dürfte am wenigsten Überwindung kosten.

2. Musik (und Zeitmanagement): Der Klassiker unter den Hätte-ich-doch-als-Kind-Quengeleien. Als junger Schüler hatte ich mal zwei Jahre Klavierunterricht, diese Phase war eine Qual für alle Beteiligten. Lehrer, Schüler, Schülereltern. Ich hoffe, dass zumindest das Klavier keine bleibenden Schäden davongetragen hat. Warum viele Erwachsene im Alter nicht mehr anfangen mit dem Erlernen eines neuen Instruments? Weil sie dafür keine Zeit finden (wollen). Ich aber hole mit 41 endlich und zum ersten Mal die Gitarre aus dem Schrank, die ich zum Geburtstag geschenkt bekommen habe. Zum 18. Geburtstag.

3. Kochen (und Erziehung): Ich kann nicht kochen. Dieser Umstand ist nicht nur ungesund, unsinnlich, unfair, sondern auch unverantwortlich: Soll unsere siebenjährige Tochter wirklich mit der Vorstellung aufwachsen, die Frau koche und der Mann warte aufs Essen? Dann lieber (erst mal) schlechter essen.

4. Finanzen (und Ordnung): Lange wollte ich keine Ahnung von Geld haben, es schickte sich nicht in meiner Bubble aus Soziologen (die Kapital für eine unredliche Angelegenheit halten), Lehrern (die Beamte sind und sich keine Gedanken machen müssen) und Journalisten (die über alles, aber kaum darüber sprechen). Ich habe mich deshalb nie um Geld geschert. Das will ich ändern. Das gehe nur über Ordnung, habe ich mal gelesen, in einem Buch, das ich jetzt nicht mehr finde in diesem Chaos hier. Jedenfalls will ich reich werden. Oder zumindest nicht verarmen.

5. Lehre (und Leidenschaft): Coaching hat sich als marktübliches Instrument der individuellen Verbesserung durchgesetzt, das

verdient eine nähere Betrachtung. Was ich herausfinden möchte: Welches Coaching passt zu mir?

6. Handwerk (und Heimat): Natürlich habe ich keine Ahnung von echter Arbeit, ich bin Journalist und interviewe Menschen, die können, was ich nicht kann. Ich habe Freunde, die zupackend sind, mein Vater hilft auch ab und zu aus, wenn's in der Wohnung knarzt, und der Hausmeister ist leicht bestechlich. Es gab bisher einfach keine Notwendigkeit, sich mit den praktischen Anforderungen des Lebens auseinanderzusetzen. Jetzt aber ist das Bett im Schlafzimmer kaputt. Warum ein neues kaufen und umständlich aufbauen, wenn man noch umständlicher selber eines schreinern könnte? Mein Cousin ist Schreiner auf dem Land, er will mir zeigen, wie man ein Bett baut. Hornbach wird auch mithelfen müssen.

7. Sprache (und Stress): Wen schmückt es nicht, seine Tapas akzentfrei zu bestellen, im Urlaub mit Einheimischen zu sprechen und Almodóvar-Filme im Original schauen zu können? Eine Sprache zu lernen, war eine der häufigsten Antworten, wenn ich Freunde und Bekannte danach gefragt hatte, was anzugehen sie verpasst hatten. Ich für meinen Teil habe es einst nicht versäumt, mich dem Spanischen zu nähern. Aber das Spanische hat es seinerseits versäumt, sich mir zu nähern.

8. Klima (und Freiheit): Ich will nicht mehr Auto fahren. Seit dem Tag, an dem ich den Führerschein bekam, habe ich mit diversen Benzinern die Natur und mein Bankkonto belastet. Aber die Zeiten sind heute andere. So stolz ich als Dorfjugendlicher über die Landstraßen gefahren bin, so beschämt nutze ich das Auto heute, als erwachsener Städter (und Vater), der um die umweltschädlichen Folgen weiß. Damit muss Schluss sein. Zündung aus.

9. Reisen (und Freundschaft): Ich will Radfahren. Von Nürnberg nach Berlin, 500 Kilometer in fünf Tagen. Mit dem Gravelbike, einer Art Hybrid aus Mountainbike und Rennrad, ein relativ

junger Trend. Auf Reisen gehe ich mit einem Freund. Und der Raupe Nimmersatt.

10. Tanzen (und Loslassen): Wo bin ich im Club? Am Tresen. Wo bin ich auf einer Party? In der Küche. Wäre ich jemals auf einem Rave gewesen, hätte ich ihn wahrscheinlich stundenlang in einem Dixi-Klo versteckt durchgestanden. Hauptsache nicht tanzen. Meine Tanzscham ist vielleicht das kurioseste Gefühl, das sich in der Pubertät entwickelt hat, das im Gegensatz zu Pickel und langen Haaren danach aber nie verschwunden ist. Sie zu überwinden, ist das Ziel.

11. Geben (und Nehmen): Wenn ich von Menschen höre, wie sie sich selbstlos einsetzen für andere, setzen bei mir gleichzeitig Bewunderung für ihre gute Tat und die Überzeugung, mich selber engagieren zu wollen, ein – gefolgt von der sofortigen Verdrängung dieses Vorhabens. Dabei weiß jeder: Wer anderen hilft, hilft sich auch selbst. Ein Effekt, um den es mir freilich nicht geht (der aber jetzt auch kein Hinderungsgrund sein soll).

12. Kämpfe (und Prüfungen). Sport gehört in diesen superfitten Zeiten selbstverständlich auf die Liste, eine Regelmäßigkeit zu etablieren, wäre vernünftig und gesund, gleichzeitig sollte die Routine auf ein Ziel hinauslaufen, mehr sein als nur Training. Was hat Bedeutung über die Ertüchtigung hinaus? Boxen. Es ist vintage-hip und gewiss nichts für Feiglinge (zu denen ich mich zähle). Bislang habe ich keinerlei Vorkenntnisse außer durch ein paar Filme und einige Besuche eines nicht sehr gut riechenden Boxstudios als Student, die nie im Ring endeten, aber doch immer im Schmerz (Muskelkater). Ich werde nun trainieren, denn am Ende einer jeden guten Erzählung braucht es einen Kampf, das weiß ich von diversen Rocky-Filmen. Zumindest braucht es ein Sparring. Hauptsache, es fließt Blut.

Ich werde also ein Jahr, vom 1. Januar bis 31. Dezember, alles daransetzen, meine Vorhaben umzusetzen (dass es sich um das Jahr 2021 handelt, ist unerheblich). Ziel ist es, das Außergewöhnliche (etwa den Bettenbau) anzupacken und das Gewöhnliche (zum Beispiel meine Ernährung) anzupassen. Auf dem Weg werde ich nebenbei die diversen kleineren Herausforderungen angehen, seien es Yoga-Challenges, Hypnose-Sessions oder Fisch-Massaker. Um das alles zu schaffen, werde ich die gängigen Theorien, Erkenntnisse und Praxistipps ausprobieren, die mir Wissenschaft und Marktwirtschaft dazu zur Genüge bieten. In diesem Buch geht es nicht (wirklich) um Corona, (fast) nicht um Erziehung, (absolut) nicht um Karriere, (eigentlich) nicht um Glück, (hoffentlich) nicht um Männersachen, (zum Glück) nicht um den Tod, nicht (unmittelbar) um Liebe und (gar) nicht um Sex, auch wenn das förderlich für den Erfolg des Buches wäre. Dieses Buch soll kein weiterer Ratgeber sein, sondern das Produkt eines Ratnehmers, weniger das Werk eines Schreibers, der Schlussfolgerungen zieht, denn eines Lesers, der Anfänge wagt. Kein Sachbuch, sondern ein Machbuch.

Das heißt konkret: Ich werde weder meine Frau und unsere Tochter verlassen, um auf einen Selbstfindungstrip zu gehen, noch ein Sabbatical beantragen, um den Sinn des Lebens zu finden. Der Selbstversuch soll innerhalb des Rahmens durchgeführt werden, den wir Normalität nennen, samt Vollzeitjob, Familie, Sozialleben, Alltag. Kurz: Ich werde weiter mein Leben führen. Nur besser.

In diesem Buch widme ich mich jeden Monat vorwiegend einem der Vorhaben. Da mein Lebenswandel interdisziplinär abläuft und ich viele Projekte gleichzeitig vorantreibe, werde ich immer wieder auch die Zwischenstände auf den anderen Plätzen durchgeben. Ich werde viel unterwegs sein in den Welten, die ich mir zu eigen machen möchte, ob es nun das Boxstudio, Spanien, Feldwege, die Werkbank, die Schulbank, die Liege oder der Motivations-Kurs sind. Ich werde nach vorne schauen, auf meine Ziele, und nach hinten, um mich zu erinnern, wie ich hierher gekommen bin. Und ich werde zurückgreifen auf die Privilegien, die ich als Journalist genieße: auf Recherchen, die ich für das Thema machen durfte, und auf Interviews, die ich mit Stars über (ihr) Schaffen und Nicht-Schaffen führen konnte.

Hilfreich wird sein, was die Literatur und die Forschung zum uns alle (über-)fordernden Zeitgeist zu sagen haben, vor allem meine alte Studienliebe Soziologie: Warum will ich das eigentlich, und warum will die Gesellschaft eigentlich, dass ich das will, und wo führt das alles hin? Was machen die Menschen mit den vielen Ansprüchen und was machen die Ansprüche mit den Menschen? Die Antworten führen hoffentlich zu 123 Einsichten, die sich über das Buch verteilen, vielleicht werden es auch nur neun sein oder doch 7000. Wer weiß schon, was so ein Jahr bringt.

Ich jedenfalls bin gespannt und werde spä…, oh halt, im Ersten läuft schon der Countdown der Silvestershow, schnell noch das letzte Stück Geräuchertes in den Mund geschoben und mit einem Schluck Bier hinunterspülen. 5, 4, 3, 2, 1. Bumm.

Frohes neues Leben.

Feliz Año Nuevo
Frohes neues Jahr

Viernes, 1 Enero

JANUAR
GESUNDHEIT UND GEWOHNHEIT

Es hat genau null Grad an diesem Neujahrsmorgen, sehr gutes Omen, auf die Plätze, fertig, los, alles offen, alles möglich. Nebel, der sich lichtet. Mein neues Leben fühlt sich körperlich noch an wie das alte. Etwas verkatert und leicht schwerfällig, im Magen noch die Happen Fleisch, die ich in den letzten Minuten des alten Jahres verschlungen habe. Emotional aber bin ich schon weiter, ich fühle mich bereit, endlich anzufangen, was ich schon immer machen wollte, und sein zu lassen, was mich schon lange stört. Richtig leben. Besser werden. Am unmittelbarsten ist es wohl, mit mir selbst, der eigenen Gesundheit zu beginnen. Und wie eine Laboruntersuchung zeigt, ist es auch am dringendsten.

»Herzlichen Glückwunsch, deine Blutwerte sind schrecklich.« Meine Hausärztin hat mir die Auswertung aufs Handy geschickt. Ich hatte ihr von meinem Vorhaben erzählt, mich ab sofort besser zu ernähren, mehr Sport zu treiben, gesünder zu leben. Schlechte Werte wären da gar nicht so schlecht, meinte ich, dann könne es leicht besser werden. Erstes vorbereitendes Etappenziel erreicht. Das zweite habe ich knapp verfehlt, bei 178 Zentimeter Größe wäre es pikant gewesen, die 90-Kilo-Marke zu knacken, aber selbst die bei meinen Eltern im Bratensud verbrachten Feiertage haben dafür nicht ganz gereicht.

Durch meine Adern und Venen zirkuliert also Blut, das laut Auswertung gefährliche Pluspunkte aufweist: die Leberwerte GPT und Gamma GT sind erhöht, die Werte der Harnsäure auch, die der Triglyceride, das sind Blutfette, ebenfalls, Cholesterin ist viel zu hoch. Alles rot.

»Du musst was machen«, sagt die Hausärztin.

Was bei Verschlechterung alles drohte, überfliege ich nur, Schlaganfall, Herzinfarkt, Gicht, das alles lese ich nicht als zukünftige Gefahren, sondern als bereits gebannte. Ich strotze vor Tatendrang und Zuversicht, geistig bin ich meinem Körper schon weit voraus. Im Kopf habe ich schon ein neues Blutbild gemalt, grün wie frisches Gras. Ich bin euphorisch wie nie. Der Duden definiert »Euphorie« übrigens mit »dem objektiven Zustand nicht entsprechende gesteigerte Gemütsstimmung«.

Wie kommt das alte, eigentlich aktuelle Blutbild, wie kommt mein Leben zustande?

Nun, ich lebe extrem. Extrem durchschnittlich. Ich bin das Volk, zumindest statistisch betrachtet: Meine Frau und ich sind verheiratet, so wie 69,9 Prozent der Paare mit Familie, wir gehören in vielen Kategorien zur jeweils größten Gruppe: Altersunterschied unter vier Jahren, gleicher Bildungsstand, Eltern geworden mit knapp über 30, überversichert, Kaffee am liebsten mit Milch, keine Punkte in Flensburg, nicht religiös, Mülltrenner, keine Nussallergie. Ähnlichkeiten bei Musiksozialisation (Bon Jovi) und gegenwärtigem Geschmack (Bon Scott und Bon Iver). Wir haben genau ein Kind, so wie mehr als die Hälfte der Familien in Deutschland (51,2 Prozent). Wie die meisten Deutschen (77,5 Prozent) leben wir in einer Stadt, in unserem Fall München, auf unterdurchschnittlichen 76 Quadratmetern. Nicht arm, nicht reich, Rechtshänder. Ein Mittelklasse-Auto, das wir steuern, aber nicht selbst reparieren können, und das uns sommers in den Süden fährt.

Ich habe ein Faible für den Volkssport Fußball und Gitarren-
musik. Beim Italiener wähle ich den populärsten Belag (Salami)
auf der Pizza, ich bin weder extravagant noch introvertiert, nicht
laut und nicht maulfaul, eher ADAC denn ACAB. Ich bin nicht
sehr nostalgisch (außer bei Grunge) und nicht wirklich visionär
(außer dieses Jahr). Ich kann wie die meisten Menschen die Zunge
und wie die meisten Bayern das R rollen. »Ois ganz normal«,
würde meine Mutter sagen. Ich habe noch einen Milchzahn, das
immerhin ist selten.

Ich sehe durchschnittlich genug aus, um des Öfteren auf der
Straße von Fremden gegrüßt zu werden. Sie entschuldigen sich:
Sie hätte mich verwechselt mit jemand ähnlich (unmarkant) Aus-
sehenden. Ich habe einen etwas zu hohen Body-Mass-Index (28)
und gehöre damit zur Mehrheit der übergewichtigen Männer.
Und damit zurück zu den Blutwerten.

Die 55 Kilo Fleisch, die in Deutschland pro Kopf und Magen
jährlich konsumiert werden, esse ich locker, die 95 Liter Bier und
450 Tassen Kaffee trinke ich mindestens. Morgens Brot, mittags
und abends Doppelportionen, später auch gerne Chips (ungarisch)
und Bier (regional). Kurze Alibi-Joggingrunde, lange Adidas-Jog-
ginghose. Die durchschnittlich mehr als zehn Stunden am Tag, die
die Deutschen vor Bildschirmen verbringen, toppe ich noch. Kurz:
Ich bin die perfekte menschliche Laborratte.

Dass ich mit meinem Wunsch, mein Leben zu ändern, nicht
alleine bin, sehe ich auch an den immer wieder zu Jahresbeginn
erhobenen Umfragen zu den Plänen der Deutschen im neuen
Jahr. Jede und jeder Dritte hat gute Vorsätze, die drei beliebtesten
lauten: mehr Sport treiben, gesünder ernähren und abnehmen.
Weniger Alkohol trinken nimmt den siebten Platz ein, vegetarisch
zu leben liegt immerhin auf Rang elf. Beim Sportstudio Fitness
First melden sich im Januar dann auch doppelt so viele Neumit-
glieder an wie in einem Sommermonat. Die Outdoor-Plattform
Strava hat aber auch ermittelt, dass schon am zweiten Freitag des

Monats die Leistungsnachweise der gemeldeten Mitglieder einbrechen. Sie nennen den Tag den »Quitters Day«. Dem Planen einer Aufgabe folgt das Aufgeben des Geplanten.

Vorsätze: Bleibt alles anders?

Wie aber hält man seine Vorsätze durch? Wie man sie nicht durchhält, weiß ich bereits. Früher nahm ich mir etwas traumhaft Radikales vor (bei jedem Wetter mit dem Rad in die Arbeit) mit dem Ziel, den Plan von jetzt an auf ewig durchzuziehen (das war's endgültig mit dem Auto, eigentlich kann ich gleich die Einlasskarte fürs Parkhaus in der Arbeit zurückgeben). Das ging meist eine Weile gut und fühlte sich auch so an (was machen diese PS-Irren überhaupt noch auf meiner Fahrradstraße?). Ich kam ins Straucheln, sobald ich das erste Mal abwich von meinem Superplan (Mist, spät dran, und kalt ist es auch, ach, das eine Mal).

Schrecklicher Gedanke: Kann es sein, dass ich mich gar nicht wirklich ändern möchte (verhasstes Autofahren, I love you!)? Meine größenwahnsinnige und alltagsfremde Vision, eine neue Stärke ohne einen Anflug alter Schwäche zu etablieren, scheitert schließlich komplett beim nächsten Einknicken (jetzt ist es auch schon egal). Die Folge: Frust (und Klimawandel).

Und diesmal? Zu den häufigsten in der üppigen Literatur genannten Gründen fürs Schwachwerden zählt die fehlende intrinsische Motivation: Es sind gar nicht die eigenen Wünsche, sondern die des Partners, der Hausärztin, des Chefs. Ich versuche also, meine ganz eigene Liste zu erstellen (siehe Einleitung) und anzugehen.

Nächster Stolperstein: Man soll sich nicht zu viel auf einmal vornehmen. Diesen Rat nun ignoriere ich weitgehend, mir geht es schließlich in diesem Jahr um nichts weniger als alles. Was aber immer hilft: den Lebensstil in Etappen ändern, mit Zwischenzielen. Beispiel Radreise: bis Ende März die erste Tour, bis Ende Juli die erste Ausfahrt mit 100 Kilometern, im September 500 Kilometer.

Im Großen werde ich ein paar Vorhaben über das Jahr verteilen. Das Bett zu bauen, fange ich wohl erst im Sommer an, das Tanzen vielleicht noch später. Im Kleinen löse ich das Problem der unguten Massierung der Vorhaben mit einem Trick: Für mich sind abnehmen, gesünder ernähren, weniger Alkohol trinken und vegetarisch leben nur ein einziger Vorsatz, überschrieben mit: »Nicht mehr so ungesund leben.«

Leider ist das auch schon wieder ein Fehler, nicht inhaltlich, sondern der Form wegen. Das Wording stimmt nicht. Der schwedische Wissenschaftler Per Carlbring von der Universität Stockholm hat für eine Studie 1066 Freiwillige, die sich besser ernähren wollten, in drei Gruppen eingeteilt. Es ging ihm um die Frage, inwiefern es sich auswirkte, ob die Probanden bei ihrem Vorhaben unterstützt wurden – oder nicht: Die erste Gruppe bekam während der Studie gar keine Hilfe, die zweite ein wenig und die dritte viel, etwa E-Mails mit nützlichen Tipps. »Es zeigte sich, dass die Unterstützung, die die Teilnehmer erhielten, keinen großen Unterschied machte, wenn es darum ging, wie gut sie ihre Vorsätze während des Jahres einhielten«, schreibt Carlbring. Ausschlaggebend war vielmehr die positive Formulierung der Ziele.

Wer seinen Vorsatz von »Ich werde aufhören ...« zu »Ich werde damit anfangen ...« umwandle, habe eine größere Chance, sein Ziel auch zu erreichen, schreibt Carlbring. In meinem Fall heißt das: »Von nun an lebe ich gesünder.«

Studien wie diese werden mein Jahr prägen, ich muss mich auf sie verlassen, als wissenschaftsgläubiger Diplomsoziologe tue ich das auch. Leichte Zweifel aber bleiben, was die Glaubwürdigkeit gerade dieser Studie aus Stockholm betrifft, habe ich doch noch nie einen ungesund wirkenden Schweden gesehen. Michel aus

Lönneberga, der Fußballer Zlatan Ibrahimović, Greta Thunberg, die Musiker von Mando Diao und von ABBA – alle fit. »Von nun an lebe ich gesünder« ist nun auch noch nicht perfekt, denn essentiell sei es, so lese ich immer wieder, die Ziele nicht allzu vage zu formulieren. Besser wäre: »Ich werde einen Monat keinen Alkohol trinken, ein Jahr lang kein Fleisch essen und außerdem zu boxen anfangen.« Das ist so ein langer Satz, dass ich mich danach eigentlich in vorauseilender Erschöpfung erst mal hinlegen möchte.

Würde ich ihn nur leise zu mir selbst sagen, könnte ich später, wenn alles schiefgeht, so tun, als hätte ich ihn überhört. Was hier hilft, für die Motivation und die Kontrolle, ist ein Rechenschaftspartner. Die Idee dahinter: Es gibt da jemanden, der aufmunternd oder skeptisch zuschaut. In meinem Fall ist das die Familie, die in den folgenden Tagen und Wochen immer wieder nachfragt, ob ich das wohl durchhalte. Hier wirkt die Kontrolle: Bevor ich mir die Schmach antue, meine Schwäche zu offenbaren, ziehe ich mir halt doch schnell die Sportklamotten an. Und wie bringe ich mich dazu, in die Regelmäßigkeit zu kommen? So wie Kinder, schreibt Wendy Wood, Psychologieprofessorin an der University of Southern California, in ihrem tollen Buch *Good Habits, Bad Habits. Gewohnheiten für immer ändern,* es gebe da eine unkomplizierte Methode: »Sie müssen es nur einfach immer wieder versuchen.« Denn: »Klar, was wir gern tun, tun wir immer wieder. Aber dieses Phänomen gilt auch umgekehrt: Wir beginnen, das, was wir immer wieder tun, zu mögen.«

Ich beginne also, mittags als Hauptmahlzeit den einst verhassten Haferschleim zu essen. Ein von mir konsultierter Ernährungsberater preist ihn als Wundermittel. Wenn man Nüsse, Früchte und Samen reinmische, sei da alles Wichtige drin. Mir hilft nun einerseits, ihn einfach Porridge zu nennen, auch hier zählt das Wording. Zum anderen schadet es nicht, dass mir Porridge immer besser schmeckt.

Außerdem gewöhne ich mich daran, Sardellen zu essen. Früher mein Erzfeind, heute mein Pizzabelag statt Salami.

Der Schwede Carlbring schreibt, man könne ein Verhalten nicht auslöschen, aber durch etwas anderes ersetzen. Ich mache das nicht nur auf der Pizza, sondern auch bei der Flasche. Beim Bier ersetze ich das 5,2%-Augustiner durch das alkoholfreie Jever, das vielversprechend »Fun« heißt. Ich merke schnell, dass mich beim Ritual des Feierabendbiers weniger der Alkohol interessiert, sondern das zischende Öffnen der Flasche und das Löschen des ersten Dämmerungsdurstes. Hier bereits hilft das Wenn-dann-Denken, das in keinem Ratgeber fehlt: Wenn ich Lust auf ein Bier bekomme, dann nehme ich mir eines. Nur halt ein alkoholfreies. Fleisch ersetze ich mit Tofu (beim Asiaten), mit Lachs (in der Lasagne), mit Falafel (im Burger) und mit Soja und Erbsen (in vegetarischen Fleischpflanzerl). Aber klar: *No alcohol, no meat, no sugar,* das nehme den Dingen das Eigentliche, man gebe sich der Kultur des »Non-ism« hin, wie Philosoph Slavoj Žižek schimpfen würde.

Fitness: Und nun zum Sport

Sport wird in diesem Jahr die Antwort auf gleich mehrere Fragen sein: Wie lebe ich gesund? Wie lerne ich meine Heimat kennen? Wie fühlt man sich als Schüler? Wann fühle ich mich wohl? Und wo ist das ganze Geld hin?

Mit 41 habe ich bereits mehr als zwei Jahrzehnte Erfahrung auf dem Gebiet der repetitiven Leibesübung. Ich habe dabei sehr viele Trends ausprobiert. Der Beginn dieses speziellen Jahres ist ein guter Zeitpunkt, meinen Erfahrungsschatz zu taxieren, der vielleicht wertvoll ist, ganz sicher aber teuer war. Und so viel darf schon mal verraten werden: Am Ende der Inventur warten phänomenale Ergebnisse.

Der Höhepunkt meiner Sportkarriere war schon im Alter von zehn Jahren erreicht, als ich Vize-Bezirksmeister im Tischtennisdoppel wurde. Die folgenden Jahre waren geprägt von der Sorglosigkeit eines Fußball spielenden Kindes. Mit Fitnesstraining ging es erst richtig nach dem Abitur los, Ende der 1990er Jahre, ein Jahrzehnt, das geprägt war von physischen Extremerfahrungen, gesellschaftlich (Bungeespringen, Kitesurfen etc.) wie persönlich (Pubertät, Pickel etc.). Als Teenager entdeckte ich Sport als Mittel zur körperlichen Formung. Weil ich für die ganz exotischen Sportarten zu mutlos und untalentiert war, suchte ich die örtliche Muckibude auf. An der Wand hing damals noch ein Poster von Arnold Schwarzenegger, der Mann, der das Bodybuilding so populär gemacht hatte wie Jane Fonda das Aerobic. Ich schickte mich an, mich unauffällig irgendwo zwischen diesen beiden Strömungen einzuordnen.

In dem Studio ging es erst mal um klassisches Pumpen, viel Ziehen, Drücken, Ächzen. Die Arme blieben dünn, aber ich hatte etwas gelernt über das Wesen so einer Institution. Es präsentierte sich hier ein dystopisches Gemälde: Tapfere Muskelmenschen kämpften gegen übermächtige Maschinen, mit bloßen Händen, jeglicher Technik und Sprache beraubt. Das Fitnessstudio war eine archaische Höhle und dabei der ehrlichste Ort der Welt. Nirgends offenbaren die Menschen ihren Narzissmus so gnadenlos wie in den wandhohen Spiegeln (Selfies gab es damals noch nicht). Der Umgang miteinander war weniger ein Fall für Turnvater Jahn denn für Tierfilmer Sielmann. So albern ihr bloßes Muskelspiel wirkte, so unschuldig und erfrischend war der Ort in Zeiten aufkommender Ironie. Während sich die Welt da draußen hinter einem feigen Alles-nicht-so-ernst-gemeint-Zeitgeist versteckte, blieben Bodybuilder und Halbstarke gezwungenermaßen unverstellt: Man kann nicht ironisch Gewichte stemmen, Iron Pumping hat nichts mit Ironie zu tun.

Später kam die Kundschaft nicht nur aus der isotonischen, sondern dank Yoga und Pilates auch aus der esoterischen Ecke. Weil diese zwei Sportarten sehr an die Dehnübungen erinnerten, die ich wegen eines frühen Bandscheibenvorfalls regelmäßig machen musste und die als Bonus obendrein noch spirituelle Erfahrungen versprachen, praktizierte ich beides, mit leichter Präferenz für Yoga. Die Unterschiede der beiden Sportarten sind auf den ersten Blick nicht sehr groß, der Muskel, den man anspannt, wenn man aufs Klo muss und nicht kann, ist hier wie dort von zentraler Bedeutung, allerdings heißt er hier Powerhouse und dort Mula Bandha. Als Mann war ich in diesen wie in den meisten anderen Kursen in der Minderheit. Das machte mir nichts aus.

Aber es gab doch persönliche Tabus. Zumba etwa. Wer im Club schon nicht tanzt, fängt erst recht nicht im Fitnessstudio damit an. Oder die Powerplates, die den Körper durchrüttelten und vor der Würde nicht haltmachten. Erbärmlicher war nur mein Ausflug in die EMS-Szene, die das Elektrostimulationstraining propagiert: Man zieht einen verkabelten Anzug an und wird mit muskeltriezenden Stromstößen malträtiert. Der Schritt von der gefühlten Folter zur echten – nie wurde mir der sportive Wahnsinn, dass sich Menschen nicht nur freiwillig quälen, sondern auch noch Geld dafür zahlen, schmerzhafter bewusst. Schlimm auch der folgende Tag. Der Muskelkater nach so einem Training war lebenseinschränkend, vor allem, wenn der Trainer den Reizstrom wieder mal aufgedreht hatte, als wollte er bei einem sadistischen Sozialexperiment unbedingt der Klassenbeste sein.

Das Effizienzdenken, das im EMS-Training seinen verfrühten Höhepunkt erreicht hatte, setzte sich allmählich als Trend durch. Viel Ertrag in möglichst kurzer Zeit. Wie sich die entsprechende Formel genau errechnet, wurde Wissenschaftlern überlassen, auf einmal gab es überall Messinstrumente und Trainingspläne, deren Wirksamkeit mit Labortests untermauert waren. Fit in sieben Minuten, am besten ohne Geräte, so dass man im Schmerz auf nichts und niemanden mehr wütend sein kann außer auf sich selbst.

Anstrengung bis zum Umfallen, nicht mehr nur am Ende einer Marathonstrecke, sondern nach kurzem HIIT-Training (Hochintensives Intervalltraining), als notwendige Qual legitimiert durch einen Gesundheitsgedanken, der alle körperliche Verantwortung auf das Individuum und dessen Trainingsfleiß abwälzt, sowie durch einen fiesen Common Sense. Stille soziale Erwartungen sind antreibender als jeder brüllende Personal Trainer. Die englische Bezeichnung für Fitnessprogramm ist übrigens weitaus treffender als der deutsche: Regime.

Arnold Schwarzenegger hängt heute nicht mehr in den Fitnessstudios (wird aber womöglich,»I'll be back«, in diesem Buch noch mal auftauchen). Vielmehr sieht das Interieur der Studios dank des Crossfit-Hypes aus wie ein Erwachsenenspielplatz im Industriegebiet, ein infantiles Powerhouse mit Seilen und Sandsäcken und auf den Boden gemalten Hüpfanleitungen. Das eigene gewohnt kontemplative Herumsitzen auf der Bankdrückerbank ist dem umtriebigen Nachwuchs verdächtig, der Slogan der Fußballnationalmannschaft heißt zeitgemäß:»Best never rest.«

In der Pandemie sind die Mitgliederzahlen in Deutschland um 2,5 Millionen geschrumpft, so dass heute etwas mehr als neun Millionen Deutsche in Studios registriert sind. Natürlich hatte auch ich mich auch gefragt, ob ich nicht einfach nur alleine zu Hause trainieren kann. Das würde Geld und Zeit sparen. Ich kündigte meine Mitgliedschaft. Aber die Faszienroller, die aussehen wie prollige Lautsprecher, lagen ungerollt im Schrank, die Hanteln riefen sich nur beim Aufräumen in ärgerlichste Erinnerung, und das einzige Gerät, das Spuren hinterlassen hat, ist die Klimmzugstange, die den Türstock eingedrückt hat. Man muss Freizeit und Work-out zu trennen wissen, auch räumlich. Das Studio nahm mich ungekränkt wieder auf. Finanziert wurde das System immer noch zu einem großen Teil über eine Art Turn-Soli, den angemeldete, aber abwesende Mitglieder zahlten.

Mir hat immer geholfen, dass das Fitnessstudio sich buchstäblich bei mir ums Eck befindet. Wood zitiert eine Studie, wonach jene Teilnehmer, die eine mittlere Entfernung von sechs Kilometern zu ihrer Sporthalle zurücklegen mussten, mindestens fünfmal im Monat zum Sport gingen. Wer hingegen acht Kilometer hinter sich bringen musste, betrat nur einmal im Monat den Fitnessraum.»Unserer bewussten Überlegung erscheint eine so kurze Distanz als ausschlaggebende Grenze unlogisch. Aber die zwei Kilometer hatten nun einmal einen ganz entscheidenden Einfluss darauf, ob Menschen sich angewöhnt hatten, regelmäßig Sport zu treiben«, schreibt sie.

Je ungesünder ich lebte, desto emsiger stemmte ich Gewichte. Ich beruhigte mein Gewissen mit einer Art Ablasshantel. Gerade in meinem Alter hat man das nötig, weniger zur Verbesserung denn zur Instandhaltung. Heute, mit 41, sehe ich einen jüngeren Fußballprofi nach dem anderen aufhören, die meisten schauen müde aus oder sind anderweitig fertig (unvergessen: Oliver Kahn hat nach seinem Rücktritt Werbung für Weight Watchers gemacht). Die Furcht vor dieser männlichen Alterserscheinung, also der Erscheinung als alter Mann, ist mittlerweile eine zentrale Motivation. Das Paradoxe ist, dass mich gerade das Trainieren gegen das Altfühlen irre alt fühlen lässt.

Und wo sind eigentlich die angekündigten phänomenalen Ergebnisse? Die gibt es natürlich nicht. Leere Versprechen gehören zum Geschäftsmodell.

In all den Jahren hat sich der eigene Körper wacker gehalten, aber keinesfalls optimiert. Er hat aber einen euphemistischen Namen bekommen:»Dad body«, Papakörper, definiert als undefinierte Physis, der man das Potenzial aber wenigstens noch ansieht. Meine Tochter verdient Liebe auch dafür, dass sie als Rechtfertigung herhält für mein Übergewicht. Die Zeiten, in denen sie damit prahlte, ihr Papa sei der stärkste Mann der Welt, sind längst vorbei. Im Kindergarten noch erzählte sie, ihr Vater sei kräftiger als drei Eichhörnchen. Jetzt, mit sieben, ist sie gut geerdet und gut im Erden. Als ich diesen Winter in einem Bekleidungsgeschäft einen Mantel anprobierte, sagte sie unverblümt:»Papa, mit dem siehst du dick aus.« Ich lächelte über so viel kindliche Forschheit und blickte kopfschüttelnd zum Verkäufer. Der blieb ernst, blickte auf meinen Bauch und sagte:»Ihre Tochter hat recht.«

Routine: Immer wieder montags (und mittwochs und freitags)

Das Boxen soll die Wende bringen. Schon immer habe ich Boxer bewundert, für ihre Hingabe, ihren Mut und ihren Willen, für ihre Körperbeherrschung, ihre Beweglichkeit und ihre Fitness. Darüber hinaus bin ich anfällig für dramatische Überhöhungen, und kein Sport wird so dramatisch überhöht wie dieser.»Boxen ist ein Urschrei. Boxen ist der Kompromiss, den eine mörderische Gesellschaft eingeht mit ihren Opfern. Nirgendwo sonst liegen Vernichtung und Triumph so spektakulär dicht beieinander wie im Boxen. Man muß schon an römische Gladiatorenkämpfe zurückdenken, um nachempfinden zu können, um welche Art Überleben es hier geht«, schreibt Wolf Wondratschek in seinem Buch *Im Dickicht der Fäuste*. Wenn er da von Hochachtung rede, meine er nicht nur die großen Kämpfe, die Atmosphäre am Ring und auch nicht Muhammad Ali, sondern»das intime, scheinbar gelassene, aber immer lehrreiche Erlebnis, einen Boxer bei der Vorbereitung auf einen Kampf zu beobachten«.

Bei meiner Vorbereitung nun bin ich selbst der einzige hochachtungsvolle Beobachter. Ich melde mich zu einem Online-Training bei einem Boxstudio an, SIXPACK heißt das Programm, schon sein in Großbuchstaben geschriebener Name schreit mich an. Es beinhaltet auch, nur einmal die Woche Zucker zu essen, Junkfood ist verboten. Dreimal die Woche bekomme ich Trainingspläne zugeschickt, sie haben noch wenig mit Boxen zu tun. Ich dehne da etwa die Schultern und den Rücken, es folgen Übungen, bei denen ich in die Stellung eines Eisschnellläufers springe oder bei denen ich auf dem Rücken liege und in der Luft linke Hand und rechten Fuß zusammenführe wie ein Klappmesser, dann wieder sitze ich auf dem Boden mit ausgestreckten Beinen und hebe über meine Oberschenkel eine Kiste von links nach rechts und wieder zurück. Die Übung heißt Russian Twist, sie alleine besteht anfangs aus sechs einminütigen Wiederholungen mit jeweils 15 Sekunden Pause. Insgesamt dauert eine Einheit etwa eine Stunde.

Zum Durchhalten braucht es nun eine Routine, die im Unterbewusstsein manifestiert ist. »Die Welt der Gewohnheiten ist so in sich abgeschlossen, dass es sinnvoll ist, sie als eine Art zweites Ich zu betrachten – eine Seite von uns, die im Schatten des denkenden Bewusstseins steht, das wir so gut kennen.« Mein erstes Ich kenne ich schon ganz gut. Mein zweites noch kaum. Ist es mir wohlgesinnt? Was hört es für Musik, mag es wie ich lieber Katzen als Hunde? Kennt es mich? Mag es auch keine Gurken? Ist es vielleicht dafür verantwortlich, warum ich keine Gurken mag? Fragen über Fragen, man hat sich ja eben erst kennengelernt. Für mein zweites Ich spricht, dass es mich sicher und kariesfrei und wach durchs Leben führt, weil es energiesparend und automatisch handelt (Autofahren, Zähneputzen, Kaffee machen). Seine Gedankenlosigkeit regelt 43 Prozent meines Lebens. Gegen mein zweites Ich spricht, dass es eben oft gegen meinen freien Willen arbeitet. Und weil wir »von schlechten Angewohnheiten durchdrungen sind, befinden wir uns permanent in einer Art innerem Krieg«. Wie gewinne ich diesen Krieg, konkret: wie bringe ich mein zweites Ich dazu, mich an das Boxtraining zu gewöhnen?

Es sind mindestens vier Faktoren, mit deren Hilfe ich die acht Wochen durchziehen werde.

Der erste ist Organisation: Ich erzeuge eine günstige Umgebung für mein Vorhaben und nehme mir damit die Chance zur Ausrede. Bei einer Studie von Wood und ihrem Team über Laufgewohnheiten kam heraus, dass diejenigen, die regelmäßig joggen, nicht unbedingt motivierter waren als jene, die sich dazu kaum durchringen konnten.»Doch Erstere reagierten viel stärker, wenn man sie an ihre Laufroutine erinnerte. Für sie gab es Auslöser in ihrer Umgebung – zum Beispiel die Joggingschuhe neben der Tür, die sie dazu brachten, wirklich loszulaufen. Sie waren nicht willensstärker, sondern besser organisiert«, sagte Wood in einem Interview.

Ich bereite also an den Tagen, an denen ich mein Vorhaben umsetzen möchte, morgens alles vor, was ich für das Training brauche – Fitnessbänder, Matte, Wasser, ein Handtuch, eine Kiste. Wenn ich von der Arbeit heimkomme oder im Homeoffice den Laptop zuklappe, stolpere ich quasi über diese Gerätschaften. Sie sehen mich an wie ein Hund, der nur auf mich gewartet hat, um mit mir Gassi zu gehen. Und es funktioniert.

Dass der Plan auch wirklich verlässlich und pünktlich in die Tat umgesetzt wird, ist der zweite Grund für mein Dranbleiben. Für die Etablierung von Trainingsgewohnheiten sei der Auslösereiz »Tageszeit« ein machtvolles Instrument, schreibt Wood. Sie berichtet von einer Studie mit neuen Mitgliedern eines Fitnessstudios, die sich über zwölf Wochen erstreckte. Gefragt nach ihren Trainingszeiten, sagte ein Teilnehmer, er trainiere jeden Morgen um sieben Uhr, ein anderer gab an, er gehe täglich nach dem Abendessen ins Studio. Andere gingen einfach immer dann trainieren, wenn sie Zeit hatten. Am Ende der zwölf Wochen sagten diejenigen, die sich immer zur selben Tageszeit fit hielten, dass sie zum Sport gingen, ohne groß darüber nachzudenken oder sich selbst daran erinnern zu müssen. Für diese Leute hatte sich das

Training automatisiert. Diejenigen, die zu unregelmäßigen Zeiten Sport trieben, hatten nicht so viel Glück. Bei ihnen schien es so, als müssten sie sich auf jenes alte Modell verlassen, das wir so gern loswerden würden:»Sie trainierten nur dann, wenn sie es wollten oder wenn sie sich bewusst dazu zwangen.« Ich weiß, dass ich jeden Montag, Mittwoch und Freitag vor dem Abendessen den am jeweiligen Morgen empfangenen Trainingsplan wegexerziere wie nix.

Danach fühle ich mich gut, richtig gut. So viel muss dem Anstrengen bis zum Umfallen, das ich ein paar Seiten zuvor so kulturkritisch beschrieben habe, zugestanden werden. Das gute Gefühl ist die Belohnung, der dritte Grund für meine Disziplin. Der vierte Grund: Angst. Nicht nur davor, gleich im ersten Monat vor aller Augen einzuknicken wie die Quitter. Auch nicht vor den martialischen Botschaften, die mit den Plänen mitgeschickt werden (»Wer lacht, hat noch Reserven«). Auch nicht vor dem gesundheitlichen Niedergang, zu dem ich ohne Sport verdammt wäre. Die Bedrohung ist mir zu abstrakt, der Leidensdruck noch nicht massiv genug, schreckliche Werte hin oder her.

Ich habe Angst vor dem Aussetzen, weil ich weiß, dass dieses Training nötig ist, um fit zu werden – fürs nächste Training. Die Einheiten werden ja immer härter. Geboxt wird hier noch nicht, es gibt auch keinen Wettkampf, außer den gegen sich selbst. Wozu das Ganze? Es ist ein Trainieren fürs Training.

Das erinnert mich an »Eastbound & Down«. In dieser recht lustigen Serie geht es um den abgestürzten Baseball-Profi Kenny Powers (gespielt von Danny McBride), der nach Jahren des Ruhms und der Exzesse in seinen Heimatort zurückkehrt und sich dort wieder in seinen früheren Schwarm April verliebt. April aber ist mit dem verstockten Schuldirektor Terrence zusammen. Terrence erzählt Powers stolz, er trainiere für einen Triathlon. »Ich laufe viel, schwimme, fahre Rad, Sie kennen das alles ja.« Baseballprofi Powers antwortet:»Nein, eigentlich nicht. Ich mache richtigen

Sport, ich habe nicht vor, der Beste im Üben zu sein.« Triathlon ist keine Disziplin, sondern nur Disziplin, so die Botschaft. Die kann man, wenn man in Sport eine gewisse Schönheit und Anmut, eine Bedeutung über das Körperliche hinaus sieht, eigentlich auf den gesamten Fitnessbereich übertragen. Auf dem Laufband vor dem Fernseher zu trainieren zum Beispiel. Da müht man sich nach Kräften und tritt doch nur auf der Stelle, ein Umstand, den man nur deshalb nicht kritisch hinterfragt, weil man zu abgelenkt ist vom Fernsehprogramm. Gibt es eine bessere Metapher für unser aller Schicksal in diesen Zeiten?

Aus diesem Gedankenkonstrukt, in das mich ausgerechnet die prollige Fernsehfigur Kenny Powers geschickt hat, rette ich mich mit der Aussicht, irgendwann richtig boxen zu können (was mir allerdings schon wieder ein wenig Angst macht). Der Wissenschaftsjournalist Charles Duhigg schreibt: »Wenn wir eine neue Aufgabe in Angriff nehmen oder mit einer lästigen Pflicht konfrontiert werden, sollten wir einen Moment innehalten und uns fragen: ›Warum?‹ Warum zwingen wir uns, diesen Berg hinaufzuklettern? Warum zwingen wir uns, vom Fernseher wegzugehen?« Sobald wir anfingen, nach dem Warum zu fragen, würden diese kleinen Aufgaben zum Teil einer größeren Konstellation bedeutungsvoller Projekte, Ziele und Werte, schreibt der Autor. »Wir beginnen zu erkennen, wie kleine lästige Pflichten übergroße emotionale Belohnungen nach sich ziehen können, weil sie uns beweisen, dass wir bedeutende Entscheidungen treffen, dass wir wahrhaftig die Kontrolle über unser eigenes Leben haben. Dann gedeiht Selbstmotivation.« Wir machen das alles, weil wir uns für diese größeren Ziele entschieden haben.

Fasten: Von Pausen und Broten

Das bringt mich zu einem nicht unbedingt kleinen Zwischenziel: ewig leben. Mit Intervallfasten. Die Methode soll nämlich nicht nur schlanker machen, sondern auch vitaler, dank der Autophagie. 2016 hat der japanische Molekularbiologe Yoshinori Ohsumi den Nobelpreis für die Erforschung dieser Zellreinigung erhalten. Sie hilft dem Zucker- und Fettstoffwechsel und dem Herz-Kreislauf-System, dem Schutz von Nervenzellen, sie wirkt als Entzündungshemmer und Krebsverhinderer. Der biologische Hintergrund: In den menschlichen Zellen entstünden bei Stoffwechselvorgängen nicht nur nützliche Stoffe, sondern auch Abfallprodukte wie verbrauchtes oder deformiertes Eiweiß und zerstörte Zellorganelle, schreibt der Autor Ingo Froböse in *Die Gesundheitsformel der 100-Jährigen*. Ein Teil werde ausgeschieden, ein anderer aber sammele sich an. Hinzu kämen Gifte über die Nahrung, Atmung oder über Medikamente. Solange die Zellen gut versorgt seien, bleibe der Müll liegen. Erst wenn die Zellen zu wenig oder keine Nahrung mehr hätten, »geht es diesen Müllbergen an den Kragen und die Zellen recyceln den liegen gebliebenen Müll. Sie umschließen ihn mit einem zarten, dünnen Häutchen, dem Autophagosom, und sammeln ihn darin wie in einem Müllbeutel.« Säuren und Verdauungsenzyme machten daraus neuen Brennstoff für die Zellen oder auch neue Eiweißbausteine. »Ohne Autophagie sterben Zellen schneller, und das bedeutet vorzeitiges Altern.«

Mein Intervallfasten lässt mich 16 Stunden lang nichts essen und nichts trinken – außer Tee, Wasser oder schwarzen, wirklich ganz schwarzen Kaffee. Verzicht ist eine Methode, die mir eh ganz gut in den vollen Terminkalender passt. Bei mir läuft es meistens auf den Zeitraum von 21 Uhr bis 13 Uhr hinaus. Kein Nachdenken, kein Entscheiden, kein Kalorienzählen. Irgendwann soll man morgens gar keinen Hunger mehr haben, heißt es in der Literatur. Stimmt. Aber was, wenn ich morgens etwa Rad fahre oder wir zum Frühstück eingeladen werden? Wendy Wood beruhigt: Gelegentliche Aussetzer könnten der sich gerade bildenden Gewohnheit nichts anhaben. »Sie können ruhig ein oder zwei Tage aussetzen, ohne danach wieder bei null anfangen zu müssen. Ein Versäumnis ist also keine Lizenz zum Schummeln oder dafür, die Sache endgültig schleifen zu lassen. Ihre gerade entstehende Gewohnheit ist nicht so zart, dass sie auf Perfektion angewiesen wäre. Nötig sind vielmehr Beharrlichkeit und Wiederholung.«

Auto (griechisch für selbst) und *phagein* (essen) heißt in der vorliegenden Kombination übrigens: Der Körper isst sich selbst. Angesichts der vielen anderen Aufgaben, die ich zu bewältigen vorhabe, ist es nett, dass er mir was abnimmt. Ich habe genug zu tun. Erste Bilanz nach vier Wochen Sport und Ernährungsumstellung: minus sechs Kilo. 83 Kilo wiege ich nun. Kein SIXPACK, aber die alten Hosen passen. Um mich zu testen und nicht nur auf die Waage zu schauen bei der Suche nach Veränderung, mache ich auf dem Alten Nordfriedhof, der heute nur noch zum Flanieren und Joggen genutzt wird, den Cooper-Test. Die simple Aufgabe: Wie weit kann ich innerhalb von zwölf Minuten laufen? Es sind mittelgute 1,87 Kilometer geworden, und am Ende bin ich so fertig, dass es mir nur mit Mühe gelingt, nicht auf die Gräber zu spucken.

Zuhause erinnert mich der Tischkalender von Langenscheidt, der mich mehr oder weniger geregelt durch dieses Jahr begleiten, mich mit seinen täglichen Vokabel- und Sprüchelektionen auf meinen Spanischkurs vorbereiten soll und dessen Weisheiten die Kapitel in diesem Buch einleiten, freundlich daran, dass es noch so etwas wie ein Leben gibt: ¿Quieres jugar al las cartas? Möchtest du Karten spielen?

Noch bin ich zu sehr mit meinem neuen Leben beschäftigt, spiele nur ab und zu online von zuhause aus mit meinen Freunden Schafkopf. Aber ich habe sehr wohl vor, mich Laborratte bald wieder in die Wildnis namens Gesellschaft freizulassen. Das wird schon, oder? Schließlich habe ich einen eisernen Willen und bin klug genug zu wissen, was gesund und vernünftig ist. Ich werde mich wehren gegen die Versuchungen, Annehmlichkeiten, Bräuche, Rituale, Gepflogenheiten, Stressfaktoren, Routinen, Automatismen meines bisherigen Alltags da draußen.

Wood kontert erbarmungslos: Nein, ich bin nicht klug, sondern höchstens blind. Blind wegen meines starken inneren Vorsatzes, blind für die Reibung, die von meiner alltäglichen äußeren Umgebung ausgehe. »Wir vergessen beinahe, dass wir einen Körper haben und dass dieser Körper in einem Raum existiert, der von unseren alltäglichen Kontexten durchdrungen und beeinflusst ist.« Man denke ja, es seien immer die anderen, die ihrer Umgebung ausgeliefert sind, sagt die Wissenschaftlerin.

In einem Experiment bat sie ihre Versuchspersonen, zwischen zwei Büchern auszuwählen, mit deren Hilfe sie ihr Verhalten ändern sollten. In dem einem stand, wie man seine Umgebung besser gestaltet. In dem anderen, wie man sich Ziele setzt und erreicht. Die meisten wählten aus Selbstüberschätzung das zweite Buch. »Viele Menschen wissen nicht, wie wenig ihr Verhalten durch ihren Willen gesteuert wird«, sagt Wood. »Man könnte glatt übersehen, dass das eigene Ich aus so viel mehr besteht als aus Klugheit.« Puh. Erste Erkenntnis beim Lesen ihres Buches: Die Hölle, das sind die anderen, und ich bin nicht klug, sondern blind, und ich bin zwei.

Hier drinnen, in meinem »Labor«, beobachten mich meine Frau und unsere Tochter einigermaßen interessiert, würde ich sagen. Es ist nicht so spannend, wie einer Schlange beim Häuten zuzusehen, aber es reicht für ein paar verwunderte bis anerkennende Blicke. Ich führe tagsüber ein ruhiges Leben und nachts ein noch ruhigeres. Bin ich früher oft wach geworden und ins Grübeln abgeglitten, war ich morgens dann gerädert und tagsüber müde, schlafe ich nun entspannt dank neuer Nachtstrukturen: Ich habe regelmäßige Schlafenszeiten, trinke keinen Alkohol, führe überhaupt einen gesünderen Lebensstil.

Als ich einmal für einen Text über das die Liebe und das Leben gefährdende Phänomen Schnarchen recherchiert und dabei eine App ausprobiert habe, die den nächtlichen Geräuschpegel aufzeichnet, zeigte das Diagramm nach einer nüchternen Nacht kaum Ausschläge, es sah aus wie eine Wüste, in der hier und da ein Sträuchlein steht. Nach einer Partynacht glich es der Skyline von New York. Die App würde in diesen Januartagen eine Ebene zeigen, sie würde nicht viel hören.

So schlafen dann auch alle gut. Das Ungeheuer in unserem Schlafzimmerschrank bestimmt auch.

¡Estoy harto de perder tanto tiempo!
Ich habe es satt, so viel Zeit zu verlieren!

Jueves, 4 Febrero

FEBRUAR
MUSIK UND ZEITMANAGEMENT

Üblicherweise verliert man die Angst vor Ungeheuern, sobald man erwachsen wird. Bei mir war es anders. Denn ich habe, als ich 18 Jahre alt wurde, eines geschenkt bekommen. Seitdem lebt es in meinen Schränken, erst in meiner alten WG, jetzt in unserer Wohnung. Es hat jeden Umzug mitgemacht. Ich ignoriere es, mich ihm zu stellen, ist mir zu riskant. Wir haben eine stille Übereinkunft: Wenn ich es in Ruhe lasse, nervt es mich nicht noch mehr, als es das jetzt schon durch seine bloße Existenz tut. Es ist unschuldig. Um ehrlich zu sein, weiß ich gar nicht, wie es ihm geht. Ob es noch lebt. Es gibt ja keinen Ton von sich.

Jeder hat so ein Wesen bei sich zu Hause, und ich meine nicht die harmlosen, derer man sich kopfschüttelnd beim Ausmisten entledigen kann (Express-Mariniergerät von Tchibo »bis zu 8-mal schneller mit Vakuumtechnologie«), sondern die Gewissensbeißer. Jene Gegenstände, deren Anschaffung man nicht des Geldes wegen bereut, sondern der Selbstverpflichtung wegen, die mitbestellt oder mitgeschenkt wurde.

Bei dem einen ist es die schicke Küchenmaschine, beim nächsten der Hometrainer, beim dritten Thomas Manns *Zauberberg*. Mein Ungeheuer ist die Gitarre. Seine pure Präsenz bedrängt mich passiv-aggressiv, seine ständige Verfügbarkeit macht mir ein durchgehend schlechtes Gewissen.

Gitarre: Klampf meines Lebens

Den Kampf mit so einem Ungeheuer kenne ich von früher, nur dass ich damals zum Klavierunterricht geschickt wurde. Zwei Jahre lang, jeden Montag. Damals habe ich wenigstens ab und an gespielt, in den Stunden nämlich. Ich war danach immer glücklich, sechs Tage lang. Bis zum folgenden Montag, da habe ich dann panisch geübt und mich anschließend zitternd durch die Stunde getastet. Als die vorüber war, fühlte ich mich wieder gut. Mit Freude am Musizieren hatte das alles nichts zu tun, die Erleichterung war eher zu vergleichen mit dem nachlassenden Schmerz nach einer Verletzung, besser gesagt einer Selbstverletzung. Ich war ja freiwillig dort, wehrte mich sogar einmal gegen den von den Eltern vorgeschlagenen Stopp des Unterrichts. Ich wollte ein Instrument spielen können, so wie die anderen Kinder. Ich wollte es nur nicht spielen lernen.

Die Lehrerin war immer sehr zufrieden, wenn meine Eltern mich abholten und die Klavierstunde bezahlten. Ob sich die Zufriedenheit auf den Unterricht oder auf die Bezahlung bezog, wurde an jenen Montagnachmittagen nicht weiter erörtert. Irgendwann hatte irgendjemand ein Einsehen, die Lehrerin, meine Eltern, das Schicksal, ich weiß es nicht mehr. Sicher ist, dass der Klavierunterricht ein Ende fand. Wenn ich heute mit meinen Eltern spazieren gehe in dem Dorf, in dem ich aufgewachsen bin und in dem sie immer noch leben, passiere ich das Haus der Lehrerin mit dem Gefühl wie ein einst Entführter sein ehemaliges Verlies.

Dabei höre ich seit jeher viel Musik. Meine passive Begeisterung war auch der Grund, weshalb mir die Gitarre zum 18. Geburtstag geschenkt wurde. Ich mochte Nirvana, Freundeskreis, Die Ärzte, The Strokes, Beastie Boys, später Florence and the Machine und Mumford and Sons, Beatsteaks, Jan Delay, LaBrassBanda, Black Sabbath oder Trail of Dead. Warum ich speziell diese Künstler aufzähle? Weil ich sie (oder einzelne Mitglieder dieser Bands) später als Journalist interviewen oder sogar begleiten durfte. Was für ein Job! Fast so unfassbar wie der Umstand, dass ich von diesen tollen Begegnungen null inspiriert worden bin. Im Gegenteil. Je näher ich dran war, desto weiter entfernt war ich davon, selbst ein Instrument zu spielen.

Warum höre ich gerne ihre Musik, mache aber selber keine? Zum einen, weil all die genannten Musiker ihre Instrumente so meisterhaft spielen, dass sich jede amateurhafte Imitation ihrer Kunst anhören muss wie kulturelle Aneignung durch Barbaren. Dabei sind viele der Künstler gar nicht so selbstzufrieden oder größenwahnsinnig, wie man denkt. Diese Virtuosen vergleichen sich ja auch wieder mit anderen, noch virtuoseren Virtuosen. Jeder lebt in seiner eigenen Blase, selbst Stars. Sogar, wenn sie mal bei den Dire Straits spielten.

Mark Knopfler besuchte ich in seinem Studio in London und nannte ihn einen »Musiker«, er korrigierte mich auf der Stelle. »Ich bin Songwriter, ich will nicht kleinlich sein, aber das ist was anderes.« Seine Begleitband hingegen bestünde aus Musikern, »großartigen Musikern«. Der Schlagzeuger etwa, der sei so gut, ein ganz anderes Level. Aber er selbst lande doch regelmäßig auf der Liste der besten Gitarrenspieler der Welt, nicht? »Ich würde gerne besser werden, bräuchte aber einen Lehrer, wahrscheinlich einen Jazz-Gitarristen, der damit klarkommt, dass ich wie ein Klempner spiele. Er müsste mir etwas Unorthodoxes beibringen, mich vor ein kleines Problem stellen, eines, das mich üben lässt. Und eine Woche später schauen wir, was daraus geworden ist.«

Sein eigenes Spiel nannte er »ordentlich«. Ob er sich überschätzt fühlte, wenn ich ihn einen Musiker nenne? »Absolut überschätzt. Es ist einfach etwas anderes. Fragen Sie meinen Schlagzeuger.«

Ich hab den Schlagzeuger nicht gefragt. Der wird nämlich von Knopfler bezahlt, und so wäre er mit dessen Spiel wohl ähnlich zufrieden wie meine Klavierlehrerin damals mit meinem.

Die Distanz zwischen mir, dem Musikhörer, und den Musikmachern wurde durch solche Erfahrungen nur noch größer. Je mehr Knopfler mit seinem Klempnerniveau kokettierte, desto sinnloser erschien mir die Vorstellung, selbst eine Gitarre in die Hand zu nehmen. Das ist, wie gesagt, das eine Problem. Das andere ist, dass ich dafür einfach zu faul und zu feige bin. Besser gesagt: *war*.

Und hier beginnt mein zweites Projekt. Ich hole die krötengrüne Instrumententasche aus dem Schrank. Ein prickelndes Gefühl nach so vielen Jahren. Die Gitarre darf nach all der Zeit zum ersten Mal an die frische Luft. Kurzes Innehalten: Was, wenn es eine Gag-Gitarre ist, aus Käse gemacht? Was, wenn das Instrument nur das eine Geschenk war und das andere, versteckt im Korpus, ein Kätzchen? Oder, sagen wir, alte Apple-Aktien? Aber nein, in der Tasche sind weder Skelette noch Stinkekäse oder Wertpapiere, da ist nur die Gitarre, nach all den Jahren der Nichtbeachtung nachvollziehbar verstimmt. Sie auszupacken, ist der erste Schritt im Kampf gegen das nach hinten gerichtete Gefühl, jetzt bräuchte ich auch nicht mehr damit anzufangen. Es hilft eine einfache Rechnung: Würde ich heute mit dem Gitarrespielen beginnen und, sagen wir, neunzig Jahre alt werden, wäre ich die meiste Zeit meines Lebens Gitarrenspieler gewesen. Jimi Hendrix hat das nicht geschafft.

Mir ist klar, dass fleißiges Training hilft, um ein Instrument zu lernen, schließlich schreibt der Philosoph Peter Sloterdijk in *Du musst dein Leben ändern!* über eine beim Üben zu erwartende

»Hyperadaption«. Dieses Phänomen bewirke, dass »Nerven- und Bewertungssysteme gewissen regelmäßigen Stimulationen unter günstigen Bedingungen durch ein Art von vorauseilender Ausführungsbereitschaft entgegenkommen – so können selbst hochunwahrscheinliche Bewegungen wie Prestissimo-Läufe am Klavier oder Tricks von Taschenspielern (französisch: *prestidigitateurs,* wörtlich: Schnellfingerer) ins Körpergedächtnis eingeprägt und zu einem virtuosen Habitus stabilisiert werden«. Beim Lesen merke ich: Sloterdijk zu verstehen braucht auch Training.

Wie werde ich an der Gitarre ein Schnellfingerer? Erster Schritt: Ich stelle sie ins Wohnzimmer, wo sie mir jederzeit ob ihrer schieren Größe ins Auge fällt. Ich muss mich nicht bücken, muss mich nicht strecken, sie steht da, griffbereit. Ich muss nur zugreifen, wie beim Kaugummi an der Supermarktkasse.

Nähe ist für die Bildung von Gewohnheiten wichtig, sagt die Psychologin Wendy Wood. »Es gibt wohl kaum einen Kontexteinfluss, den wir besser in unser Leben einbauen können als simple räumliche Nähe. Nähe bestimmt über die äußeren Kräfte, denen wir ausgesetzt sind, wir lassen uns auf das, was in unserer Nähe ist, besser ein und neigen dazu, das, was weiter weg ist, zu ignorieren.« Sie schildert ein Experiment, bei dem Teilnehmerinnen und Teilnehmer, bevor ein angeblicher Test begann, in einem Zimmer warten mussten. Der Interviewer vertröstete sie, er komme gleich mit den Fragebögen wieder, sie könnten sich bis dahin gern an den Äpfeln oder an der Schüssel Popcorn bedienen, die im Zimmer standen. Allerdings wurde die Position der beiden Angebote variiert. Wurde die Schüssel mit Popcorn auf dem Tisch platziert und die Äpfel so weit entfernt, dass die Teilnehmer aufstehen mussten, um zuzulangen, nahmen sie etwa dreimal mehr Popcorn zu sich als bei der Konstellation, bei der das Obst in der Nähe stand und die ungesunden Snacks weiter entfernt.

Das glaub ich sofort. Nicht nur, weil es logisch klingt und ich mich mit den faulen Probanden identifizieren kann (ich greife eher zu einem mittelmäßigen Buch, das neben dem Bett liegt, als zu einem Meisterwerk, das aber einen Meter weiter, quasi unerreichbar, im Schrank steht). Sondern auch, weil der Begriff »Studie« bei mir, zumindest im Privaten, eine unerschütterliche Glaubwürdigkeit aktiviert. Meine Frau ist da glücklicherweise ein kritischerer Geist. Als ich ihr begeistert von dem Experiment erzähle, fragt sie nach: Sind die Äpfel gewaschen? Wie groß sind die? Man muss ja schließlich jeden Moment damit rechnen, dass man drankommt, was will man da mit einem angebissenen Apfel? Und das Popcorn, steht das da seit Ewigkeiten offen und für jedermann herum, oder ist das eine frisch geöffnete Tüte? Darum geht es nicht, sage ich, und sie: Doch, darum geht es auch. Und natürlich hat sie recht. Die Variablen, für die ich mich nicht interessieren will, weil das Ergebnis mich bereits überzeugt, sind mitentscheidend. Im vorliegenden Fall einigen wir uns darauf, dass die Probanden bestimmt Studenten sind (wir selbst jedenfalls haben nach unserer Studienzeit an keinen Studien mehr teilgenommen) und diese sich solche Fragen noch nicht stellen.

Ich will, ich muss Wood glauben. Also: »Bei Ihnen zu Hause kann ein passend eingerichteter Kontext dafür sorgen, dass Ihre erste Option die beste ist. Das kann so einfach aussehen, dass Sie die Fernbedienung verstecken und den Roman, den Sie endlich zu Ende lesen möchten, gut sichtbar ins Wohnzimmer legen«, schreibt die Psychologin. Der Fernseher selbst steht bei uns schon seit Längerem hinter einer Schranktür versteckt. Will ich fernsehen, muss ich die erst öffnen. Um den Effekt nun zu steigern, nehme ich die Fernbedienung vom Tisch und lege sie zum Fernseher in den Schrank. Betrete ich das Wohnzimmer, weist erst mal nichts darauf hin, dass es hier eine Glotze gibt. Dafür sticht mir die Gitarre ins Auge.

Zeitmanagement: Wer hat an der Uhr gedreht?

Ich nehme sie zur Hand, setze mich hin, lege das Instrument auf meinem Oberschenkel ab und öffne die Gitarren-App. Sie soll Einsteiger wie mich beim Lernen unterstützen. Gleich die erste Benachrichtigung, die aufpoppt, deutet an, warum so viele Lernwillige am Lernen scheitern: Es fehlt ihnen an Zeit. Als durchschnittlicher Nutzer sozialer Medien würde ich täglich mehr als drei Stunden durch Feeds scrollen, verklickert mir die Gitarren-App. Reduzierte ich das um zehn Prozent, bliebe genug Zeit fürs Üben.

Zwar habe ich Instagram nie wirklich benutzt (und fange jetzt auch nicht mehr damit an), und auch Facebook habe ich weitgehend ignoriert. Aber ich bin passiver Nutzer von Twitter, und das recht zeitintensiv. Die CSU-Politikerin Dorothee Bär meinte einmal: »Auf Twitter sind nur Politiker, Journalisten und Psychopathen.« Ich bin mindestens eines davon. Doch nun verbanne ich die Twitter-App in eine App-Sammlung, sodass ich nicht mehr bei jedem flüchtigen Blick aufs Handy darauf stoße (und sie dann auch öffne), sondern aktiv danach suchen müsste. Sie ist jetzt das, was die Gitarre lange im Schrank war.

Trotz dieser diätetischen Bemühungen sagt mir mein Handy, dass ich im Tagesdurchschnitt immer noch 1 Stunde und 46 Minuten auf sozialen Medien verbringe. Ich muss radikaler werden. So wie Jens Spahn. »Sobald ich ins Auto oder in den Fahrstuhl stieg, habe ich früher schnell nachgeschaut, was bei Twitter los ist. Da ist immer schlechte Laune«, sagte er in einem Interview. Er habe die App dann gelöscht. Ohne sei er innerlich viel ruhiger und fokussierter.

Ich lösche die Twitter-App. Ihren einst prominenten Platz nimmt ab sofort die gute Tipps gebende Gitarren-App ein. An einem schon dunklen Donnerstagabend setze ich mich also in die Küche, schaue auf die Uhr und stimme meine Gitarre. Ich zupfe eine

Saite, es klingt nicht gut, ich drehe am Stimmwirbel, und die App zeigt mir, wie sich der Ton aus dem roten Bereich eines Tonspektrums langsam in den grünen schiebt. Allein das ist schon so befriedigend, dass ich geneigt bin, mich auf ewig aufs Gitarrestimmen zu beschränken.

Aber dann endlich beginnt die Show. Die App spielt einfache Lieder ab, die Töne laufen wie bei einem Jump'n'Run von rechts nach links durchs Bild, als würde ich aufs Ende der Songs zulaufen. Mir wird angezeigt, zu welchem Zeitpunkt ich welche Saite zupfen muss. Habe ich Timing und Ton richtig gewählt, werde ich mit einem aufploppenden »Perfect!« belohnt. Es klingt alles sehr abgehackt, die Melodie ist langsam, die eigentliche Musik macht die App, aber ich mag es.

Bereits an diesem ersten Abend werde ich ungeduldig. Ich beende die App und öffne YouTube, es fühlt sich so verräterisch an, als würde Karate Kid sich von Mister Miyagi wegschleichen, um das Kämpfen auf der Straße lernen zu wollen. Ich suche einfache Gitarrenlieder für Anfänger, einer der ersten Treffer ist »Nothing Else Matters« von Metallica. Wie es klingt? Egal, es klingt!

Und ich erinnere mich an meine Kindheit: Ungeheuer sind entweder zu vertreiben oder aber zu umarmen. Denn manche sind ja nur so lange furchterregend, solange sie einem unbekannt bleiben. Sobald man sie kennenlernt, werden sie liebenswerte Gefährten.

Listen: Tattoos bleiben ewig, To-dos auch

14 Febrero verkündet der Abreißkalender am 18. Februar und hinkt damit der Gegenwart leicht hinterher. Im Januar geriet ich zweimal mit dem Spanischlernen in Verzug und musste dann mehrere Seiten auf einmal abarbeiten, in diesem Monat passiert es mir gerade schon das vierte Mal. Ich gewinne virtuell Zeit. Das

ist auch dringend nötig, weil ich in der Realität Zeit verliere. Meine To-do-Listen werden kaum kürzer, die »Zu erledigen bis«-Fristen, die ich darüber setze, verlängere ich wieder und wieder. Ich habe neben der großen To-do-Liste mit meinen Projekten und einer kleinen mit den tagesaktuellen Aufgaben auch eine mittellange, mittelfristige. Sie ist die hartnäckigste und steht exakt so und seit Jahresbeginn kaum verändert in der Notizen-App:

Madrid

Lampe

Wintergarten

Cooper Test

Memory wetten

Madrid

Büchercheck

Australier

Drive

Onenote

Computer/Handy-iPad

Nachlass

Steuer

Zur Erläuterung: Ich plane (heimlich) für den Herbst eine Reise nach Madrid mit meiner Frau, um dort mein Spanisch zu testen (also damit anzugeben); im Schlafzimmer ist nicht nur das Bett kaputt, sondern auch die Lampe; Wintergarten nennen wir den verglasten Rumpelkammerbalkon, der mal eine Neugestaltung bräuchte; den Cooper-Test (wie weit kann ich in zwölf Minuten laufen?) möchte ich noch mal machen, um zu sehen, ob ich Fortschritte gemacht habe; Memory wetten bedeutet: Wir spielen manchmal am Küchentisch Lumina, ein Brettspiel, bei dem man sich wie beim Memory merken muss, wo bestimmte Bilder liegen, und bei dem ich immer chancenlos war gegen unsere Tochter –

aber ich wette mit ihr, dass ich mich bis Ende des Jahres dermaßen steigere, dass ich sie zumindest einmal besiege; Madrid noch mal, einfach weil: schlampig geführt.

Hinter dem Büchercheck versteckt sich, dass ich mir für dieses Jahr ausschließlich Romane im Regal und auf dem Lesegerät aussuche, die von Frauen geschrieben wurden; australische Freunde haben uns ein nettes Päckchen geschickt, wir wollen uns natürlich revanchieren; Google Drive aufräumen; die Organisations-App Onenote ausprobieren (sie sollte das ganze Jahr über mein Notizbuch und Fotoalbum werden); die genannten technischen Geräte, die hier im Schrank versauern, will ich spenden; das Nachlass-Set habe ich mir gekauft, um wirklich alles abgehakt zu haben nach diesem Jahr. In der Werbung dafür steht schließlich:»Das Nachlass-Set der Stiftung Warentest klärt alle wichtigen Fragen: Wie sichere ich meine Angehörigen ab? Was ist besser – ein Testament oder ein Erbvertrag? Was gehört in eine Vermögensübersicht? Wen muss ich informieren?« Das sei»übersichtlich, praxisnah« gestaltet.»Damit der Letzte Wille in Erfüllung geht.«

Ach ja, und dann ist da noch die Steuer.

Draußen tänzeln die letzten Flocken des Winters, drinnen schippe ich meine Aufgaben von der Liste wie Schnee vom Hof. Doch je mehr ich schippe, desto stärker scheint es zu schneien. Eigentlich wollte ich diese Liste längst abgearbeitet haben, aber ich schiebe die Frist, die ich mir selbst dafür gesetzt habe, Woche für Woche nach hinten, etikettiere die Liste einfach um wie schamlose Supermarktverkäufer das abgelaufene Fleisch in der Kühltheke. Warum komme ich nicht dazu? Wo ist die Zeit hin?

Man könnte sie im Spiegel suchen.»Wir Menschen sind die Zeit. Unser Dasein ist so untrennbar mit unserer endlichen Zeit verbunden, dass die beiden eigentlich synonym sind: Wir haben nicht eine begrenzte Zeit, wir sind eine begrenzte Zeit. Wenn man das akzeptiert, dann beginnen einige Gewissheiten zu bröckeln: dass man Zeit wie eine Ressource betrachten kann, die getrennt von uns existiert. Dass man Zeit erkaufen kann, sie besitzen kann, sie verlieren kann«, sagt der britische Autor Oliver Burkeman in Bezug auf Martin Heidegger im Interview mit dem SZ-Magazin. Man könnte die Zeit auch östlich von Indien suchen, auf Inseln, wo biologische Rhythmen die Zeit bestimmen. Die Andamanen etwa leben ihrer Nase nach, sie strukturieren ihre Zeit nach Gerüchen: Wir treffen uns am nächsten Tag, wenn der Durianbaum am stärksten riecht. Physiker Marco Wehr erklärt in einem SWR2-Podcast auch, warum im Erwachsenenalter die Zeit so schnell vergeht: weil wir da hauptsächlich Altbekanntem begegnen.»Und damit verliert es seinen Zauber. Das Gefühl, dass die Zeit rast, ist deshalb der Preis für die Illusion, sich kompetent zu fühlen.« Ein stressfreies, gewohntes Leben zu führen,»nährt die galoppierende Zeit«.

Was würde ich für eine lediglich rasende, galoppierende Zeit geben. Meine fliegt. Dass meine To-do-Liste völlig falsch arrangiert ist, erfahre ich später von Organisationsexperten, aber das ist nur die eine Antwort. Die andere ist: Es ist heutzutage einfach alles zu viel. Immer und überall. Der Soziologe Hartmut Rosa hat dazu dem Helmholtz-Zentrum für Umweltforschung und dem Goethe-Institut luzide Interviews gegeben. Letzteres nennt ihn einen»Experten auf dem Gebiet der Zeitsoziologie«, er ist also selbst eine Art Zeitgeist.

In diesen Gesprächen zitiert Rosa die Berechnung eines amerikanischen Kollegen, nach der ein Pendler, der täglich von Connecticut nach New York und zurück fährt, an einem Tag mehr Menschen (persönlich und virtuell über Smartphone und soziale Medien) begegnet, als einer Person im Mittelalter im ganzen Leben. Bis zur Moderne vor 200 bis 250 Jahren kamen die Leute abends nach schwerer Arbeit vom Feld, hatten dann nichts mehr zu tun. Im 18. und 19. Jahrhundert, mit dem Aufkommen des

Kapitalismus, erlebten und erfühlten die Menschen dann eine ähnliche Beschleunigung ihrer Lebenswelt wie wir heute. Rosa zitiert Johann Wolfgang von Goethe: »Die Zeit überschlägt sich wie ein Stein vom Berge herunter, und man weiß nicht, wo sie hinkommt und wo man ist.«

Heute wundert man sich über Goethes ganz eigenen *rolling stone* – wenn man denn Zeit dafür findet. Wenn nicht, so denken wir, haben wir es einfach wieder mal nicht hingekriegt. »Wenn wir Zeitprobleme erfahren, geben wir uns selbst die Schuld. Man muss sehr genau hinsehen, um zu erkennen, dass dies soziale Ursachen hat. Die Rhythmen und Geschwindigkeiten, in denen wir uns bewegen, sind nicht unsere individuellen Entscheidungen, sondern haben strukturelle und institutionelle Ursachen.« Diese Ursachen seien jedoch nicht leicht zu bestimmen und überhaupt nicht im öffentlichen Bewusstsein. »Deshalb lautet eine meiner Thesen, dass diese Beschleunigungszwänge sich hinter dem Rücken der Akteure entwickelt und dort eine fast totalitäre Macht entfaltet haben.« Das klingt nach einem übermächtigen Gegner, den die Menschen sich hier geschaffen haben, nach einer Hollywood-Idee. Ich würde mich auf eine entsprechende Netflix-Serie freuen, wenn ich denn Zeit fände, Serien zu schauen.

Ziele: Clever und smart

15 Minuten Gitarre üben am Tag schlägt die App vor, das muss drin sein. Aber wofür eigentlich? Wo will ich hin? Was sind bei diesem Unterfangen meine Stretch Goals und was meine Smart Goals, wie Charles Duhigg die Ziele unterscheidet in seinem Buch *Smarter, schneller, besser: Warum manche Menschen so viel erledigt bekommen – und andere nicht?*

Stretch Goals sind Ziele, die erst mal unerreichbar erscheinen, aber nicht unmöglich sind und dabei keine bloße Steigerung des Bekannten sind, sondern was Neues. Ich denke an die Besiedlung des Mars oder an Anti-Kater-Mittel oder an Wetter-Apps, die das Wetter auch wirklich vorhersagen. Weil so was illusorisch klingt, empfiehlt Duhigg eine Kombination dieses Träumens mit kurzfristig wirkenden Methoden: »Studien zeigen, dass es uns entmutigt und abschreckt, wenn wir mit einer Liste konfrontiert werden, die nur aus langfristigen Zielen besteht. Eine Lösung wäre also, To-do-Listen zu erstellen, die Stretch Goals und SMART-Ziele kombinieren.« Das heißt: große Ziele auf konkrete Schritte herunterzubrechen. Das hieße: Ich will einmal in einer Band spielen (Stretch Goal). Um dahin zu kommen, setze ich mir kleine Ziele, die S wie spezifisch sind: Ich werde fünf Mal die Woche je eine Viertelstunde Gitarre spielen. Die M wie messbar sind: Ich will die acht wichtigsten Akkorde lernen. Die attraktiv sind wie A: Nicht nur »Marmor, Stein und Eisen bricht« möchte ich spielen können, sondern mindestens »Wonderwall«. Die realistisch sind – R: Auf Youtube gibt es »Anfänger«-Videos zuhauf, da wird doch was dabei sein, selbst für mich. Die T wie terminiert sind: Am Ende des Jahres will ich fünf Lieder spielen können. Egal wo, zur Not am Lagerfeuer.

Nach ein paar Tagen des Übens bemerke ich stolz, dass mir die Fingerkuppen wehtun. Aber ich erkenne auch, dass mir die Ohren und damit auch die Seele schmerzen. Ich kann mir selber nicht mehr zuhören, die einzelnen Töne ergeben kein Ganzes. Das Einzige, was sich in der Küche nach Melodie anhört, ist mein »Nothing Else Matters«, aber das Lied hat bald die Stadien Kennenlernen, Verliebtsein, Gewöhnung, Genervtsein durchlaufen.

Mein zweites Vorhaben lege ich vorerst auf Eis. Ich stelle die Gitarre ins Wohnzimmer und gebe dem Ungeheuer erst mal Zeit, sich auch an seine neue Umgebung zu gewöhnen, in der Hoffnung, dass wir ab und zu zueinander finden, die Gitarre, die 15 Minuten und ich. Nothing else matters.

Fleisch: Alles Wurst

Gegen Ende des Monats lockt mich endlich die Sonne aus der Küche, mit zugekniffenen Augen wage ich mich ins Freie. Ich verabrede mich mit meinem Freund Philip zum ersten Angeln des Jahres, und ich mache auch meine erste Radtour mit dem Gravelbike, das ich einem vertrauenswürdigen Bekannten abgekauft habe. Sarah und Wolfgang, im Gegensatz zu mir echte Soziologen, führen mich südlich von München in die Kultur des Radfahrens ein. Im Hintergrund die Alpen, im Vordergrund die neuen Eindrücke: Schuhe, die mit den Pedalen verbunden sind, Fitnessriegel, die in glänzendem Plastik verpackt sind wie früher nur Süßigkeiten, Rückentaschen am Trikot, in die mehr hineingestopft werden kann, als in einen Seesack passt, Straßen, die den Rennradfahrern zu gehören scheinen. Während der Tour erzähle ich den beiden von meinem Wunsch nach Verbesserung, und sie empfehlen mir zur Ursachenforschung Andreas Reckwitz zu lesen. Am Ende des Vormittags stehen 50 gefahrene Kilometer – und ein neues Freiheitsgefühl. Denn ich bin beim Radeln von meinem Viertel und der Arbeit und allem Bekannten weit genug weg, um mich bei einem Ausflug zu wähnen, aber immer nah genug, um in zwei Stunden daheim zu sein. Sichere Halbdistanz. Ich bin langsam genug, um die Natur um mich herum wahrzunehmen, aber schnell und mobil genug, um verschiedene Facetten der Landschaft zu erleben. Ich fühle mich frei von Schuld, weil ich keinen Motor brauche.

Und dennoch habe ich ein latent an mir nagendes Gefühl, als ich nach einem halben Tag heimkomme, den ich gut und liebend gerne auch mit meiner Familie hätte verbringen können. Ich dusche kurz und wir gehen spazieren – und wer bringt es übers Herz, nach einem buchstäblichen Egotrip, beim ersten Eisessen des Jahres, zu sagen: »Nein danke, für mich nicht, ich habe bereits gestern Zucker gegessen?« Ich kann das nicht. Einmal Pistazie, bitte.

Eine erste Ahnung beschleicht mich in diesen Wochen: Man kann nicht alles haben, was man will. Und dabei will ich jetzt ja noch nicht mal alles, was ich in diesem Jahr wollen will. Da gilt es ja noch ein Bett zu bauen, Spanisch zu lernen, meine Finanzen zu ordnen, Boxen zu lernen und so vieles mehr. Und neben meinen Projekten liegt noch so viel anderes auf dem Weg, die Möglichkeiten des Lebens machen mir regelrecht Angst: FOMA, *fear of missing out*, nennt man dieses Gefühl, immer etwas zu verpassen. Ob er denn nie das Gefühl hatte, etwas zu verpassen, wurde der Zeitforscher Karlheinz Geißler mal gefragt.»Natürlich, ich verpasse andauernd was, aber das macht mir nichts aus. Je mehr man tut, umso mehr verpasst man ja.«

Mein erstes Vorhaben, die gesündere Ernährung, habe ich nach Erreichen der alten Hosengröße nicht aufgegeben. Mein Blutbild ist wieder freundlicher. Rot sind nur noch die Triglyzeride und das Cholesterin. Zu viel Cholesterin trägt zur Arteriosklerose bei, für dieses Phänomen findet die Ärztin Petra Bracht eine schöne Beschreibung:»Ist die Konzentration zu hoch, fischen die weißen Blutkörperchen Cholesterin aus dem Blut, überladen sich damit, werden zu Schaumzellen, platzen und können sich an den Gefäßwänden entleeren.« Das führe zu Entzündungsprozessen, es drohen: Herzinfarkte, Schlaganfälle, Aneurysmen, oder wie Netdoktor nett schreibt:»Weil Betroffene häufige Gehpausen einlegen müssen, spricht man auch von der ›Schaufensterkrankheit‹.« Folgeerscheinungen der Arteriosklerose seien die häufigste Todesursache in den westlichen Industrienationen. Mein Alkoholverzicht immerhin schützt mich vor Kardiomyopathie, einem zu großen Herzen, oder wie Rainhard Fendrich sänge:»Weus'd a Herz hast wia a Bergwerk«.

Die lebensrettende Diät verschafft mir in Gesellschaft indes kein gutes Gefühl. Am Samstagmorgen am Familientisch die Tarte au citron und die Croissants vom französischen Bäcker abzulehnen, kostet mich erstaunlich wenig physische Überwindung (den Kaffee schwarz zu trinken, ist noch die größere Herausforderung), aber es ist emotional anstrengend. Beim Versuch, meine Gesundheit zu stärken, fühle ich mich wie ein schwächelnder Kranker. Wie ein Besserwisser, ein Spielverderber, ein vegetarischer Extrawurstler. Meine Mutter fragt am Telefon etwas besorgt, wann ich denn wieder Fleisch essen dürfe.

Meine Enthaltsamkeit entspringt nicht (nur) dem Missstand, dass die Tiere für mich leiden und sterben und vollgepumpt werden mit Medikamenten (in Deutschland werden 90 Prozent aller Hähnchen mit Antibiotika behandelt), dass ihre Haltung das Klima zerstört und die Menschen fertig macht, die das Elend organisieren müssen, dass in unserer Massentierhaltung laut Christian Drosten »das Risiko für künftige Pandemien« steckt und dass Wurst furchtbar ungesund ist.

Es geht mir um eine grundsätzliche Ernährungsumstellung, die zwar moraltheoretisch grundiert ist, deren Radikalität aber eher alltagspraktische Gründe hat: Bevor ich bei jedem Ćevapčići aufwendig recherchieren muss, auf welchem Hof und auf welchem Untergrund die Tiere dafür aufgezogen und geschlachtet wurden und wie die Kühlkette und die Fleischtheke und die Manschettenknöpfe des Filialleiters ausgesehen haben, mache ich es mir einfach und bestelle was anderes.

Das man sich als Pescetarier auch sehr besonders fühlen kann, merke ich, als ich mir in der Mediathek »Nelson Müllers Schweinefleischreport« anschaue. Habe ich mich früher eigentlich nie gewundert über die kuriose Leichtigkeit, mit der beim Zerschneiden eines gemästeten Schweins über Leberwurst philosophiert wird, während im Hintergrund »Take Five« läuft? Und ist mir früher nie aufgefallen, dass es bei dem leckeren bayerischen Wirtshaus in Landshut 26 Fleischgerichte gibt, aber nur eines mit Fisch (Zander) und drei maximal einfalls- und geschmacklose vegetarische (Rahmschwammerl, Gemüseschupfnudeln, Käsespätzle)?

Meine Frau isst wenig Fleisch (ausgewählt), unsere Tochter etwas mehr (wahllos). Von der hervorragenden chinesischen Köchin bei uns in der Nähe, bei der wir oft Essen holen und die ich nun nur noch am Freitag, dem Tofu-Tag, aufsuche, haben wir unserer Tochter einmal ein Fleischgericht mitgebracht. Zartestes Rindfleisch. Die Köchin hat es zu gut gemeint beim Portionieren. Unsere Tochter lässt etwas übrig.

Das war einmal ein Lebewesen, sage ich altklug zu ihr. Wenn es schon sterben muss, dann sollte man es auch möglichst ganz aufessen. Sie wählt die Offensive:»Tiere sind zum Streicheln *und* zum Essen gut.« Damit bin ich entwaffnet, noch bevor ich den Augen und Herz öffnenden Zusammenhang zwischen geliebtem Tierchen und geliebtem Schinken herstellen kann. Die Diskussion wird grundsätzlicher.»Du isst doch auch Fisch«, sagt sie. Touché.

Mein Fischkonsum passt tatsächlich nicht zu meiner etwas selbstgerechten Belehrung. Die Lösung des Problems finde ich bei Rolf Hiltl, dem Betreiber des ältesten vegetarischen Restaurants der Welt. Der sagt nämlich: Es sollte nur Fleisch essen, wer auch bereit wäre, das Tier selber umzubringen. Das Argument unterbreite ich unserer Tochter. Sie sagt:»Okay, dann los.«

Tiere: Der Tod und das Mädchen

Ich besitze den Fischereischein und die nötige Courage, gefangene Tiere auch eigenhändig zu töten. Hinderlich ist einzig, dass ich selten etwas fange. Ich bin nicht gerade ein Serienkiller. Ein paarmal im Jahr nur gehe ich ans Wasser, mit dem Philip und dem Alex und dem Ulei, und für gewöhnlich bringen drei von uns danach auch Fische mit nach Hause. Aber ich gebe die Hoffnung nicht auf.

Der Tag, an dem ich unserer Tochter das Töten beibringen will, beginnt diesig und kühl. Wir fahren an einen kleinen See; dort angekommen, packe ich die Angelsachen aus und biete an, die Funktion der Geräte zu erklären. Die Kinder, also unsere Tochter und ein Schulfreund, laufen daraufhin in den angrenzenden Wald und spielen in Hörweite mit dem Holz. Kein Mensch weit und breit. Der See liegt grün und ruhig vor mir, die Wolken haben sich verzogen, die Sonne spiegelt sich im Wasser. Vogelstimmen. Ich sinke in den Faltstuhl ein. Leben und leben lassen.

Als die Kinder angelaufen kommen, um sich Salzstangen und kein Obst zu holen, verpflichte ich sie, mit mir im Gras nach Würmern zu suchen. Der Mais, der bislang als Köder an der Angel hängt, versagt auf ganzer Linie. Unsere Tochter jedoch weigert sich mitzuhelfen. »Das ist fies«, sagt sie, »der arme Wurm.« Alsbald untersagt mir unsere Tochter auch noch, den von mir selbst gefundenen Wurm zu nutzen. Ihr Freund beobachtet die Szene interessiert, allein seine Anwesenheit macht aus dem Disput zwischen meiner Tochter und mir ein öffentliches Politikum. Ich muss mich entscheiden: Wurm oder Tochter? Das schmutzige Tier windet sich in der Dose, in die ich es geworfen habe, während meine Tochter ungerührt dasteht und darauf wartet, dass ich dem Wurm die Freiheit schenke. Angespannte Stille am See.

Sobald die beiden wieder im Wald verschwunden sind, sie stolz, er womöglich beeindruckt, suche ich nach dem Wurm, den ich gerade freilassen musste. Dass ich ihn nicht finde, ärgert mich nur kurz, denn tatsächlich, völlig unerwartet: die Angel zuckt. Sie biegt sich und ruckelt dringlich, ich rufe nach den Kindern und laufe zur Rute.

Mit einem Ruck ziehe ich die Angel nach oben, auf dass sich der Haken im Maul des Fisches verfängt. Die Kinder stehen hinter mir, sie starren gebannt ins Wasser. »Den Kescher«, verlange ich wie ein Chefarzt das Skalpell, und die Kinder holen ihn rennend. Der Fisch wehrt sich, ich lasse ihn noch ein bisschen herumschwimmen und kämpfen, bevor ich das endlich müde Tier zu mir an den kleinen Steg und dort in den wartenden Kescher ziehe. Ein fetter Spiegelkarpfen. Ich hole ihn aus dem Wasser. Aus dem Abenteuer wird eine Tragödie.

Am Haken hängt ein pumpendes Lebewesen, das sich verrenkt, das sich ergibt, und das sich plötzlich doch noch mal biegt und windet, ein 43 Zentimeter langer Fisch mit glänzenden Augen, im Todeskampf, in fremdem Element. Ich lege den Kescher ins Gras und packe den Fisch an seinem Rücken, ich richte ihn mir hin zur Exekution. Ich will ihn (und damit mich) erlösen, schnell. Zwei Schläge mit einem Knüppel auf den Kopf, um ihn zu betäuben. Das Geräusch, als das Holz den Schädel trifft, dieses Klacken, bringt die Tochter zum Weinen.

Oh Gott, was hab ich getan, durchfährt es mich. Zwei aufgelöste Wittmanns, ein betäubter Fisch und der stille Junge. Der steht immer noch ungerührt neben uns, nach dem ersten Akt (Wurm-Crescendo), dem zweiten (Angel-Action) nun der dritte (Familiendrama nach Fischmord). Die Tochter weint und weint immer bitterlicher, sie ruft die Revolution aus, »ich werd nie, nie wieder Tiere essen«, dann dreht sie sich um und stampft davon. Die blutigen Hände am Fisch, sehe ich sie im Wald verschwinden. Ich will ihr nachgehen, muss aber dem Fisch die Kiemen durchschneiden, und da kommt auch noch ein Auto angefahren. Der hier gefürchtete Aufseher steigt aus einem Jeep, er möchte meinen Tagespass sehen. Ich bleibe, um nicht den Eindruck einer Flucht zu erwecken. Außerdem bin ich womöglich etwas spärlicher ausgerüstet als vorgeschrieben, auf eine penible Kontrolle würde ich gerne verzichten. Eine Rüge würde mein Ansehen bei dem Jungen jedenfalls nicht steigern. Erst das Einknicken beim Wurm, dann ein Tadel vom Sheriff.

Natürlich, sage ich zu dem älteren Herrn und putze meine Hände mit der Küchenrolle ab, ich zeige die Papiere vor, und jetzt kommt auch noch der Junge auf mich zu, er müsse aufs Klo. Im Wald? Er schüttelt den Kopf. Ja, sage ich, wir packen es eh gleich. Im selben Moment, Gott sei Dank, kommt die Tochter zurück aus dem Wald. Ich knie am Boden und schöpfe Wasser aus dem See, dann nehme ich den glitschigen toten Fisch und lege ihn in den Wassereimer. Eiligst verstaue ich das Equipment im Kofferraum, den Eimer stelle ich in den Fußraum des Beifahrersitzes. Die Kinder nehmen auf der Rückbank Platz. Wir winken dem Aufseher, der nun ganz allein am See steht. Der Himmel ist jetzt strahlend blau.

Vorsichtig steuere ich den Škoda über den Feldweg. Der Eimer hat keinen Deckel, ich sehe meinen toten Beifahrer bei jedem Schlagloch kurz aus dem schmutzigen Wasser auftauchen. Eine scharfe Kurve, und das Wasser würde überschwappen und das Auto auf ewig nach Fisch riechen. Ausgerechnet mein Škoda, wo ich doch von allen am seltensten etwas fange. Von hinten wabert der Duft von Wienern nach vorne. Die Revolution frisst ihre Kinder auf? Eher andersherum.

Bald finden wir eine Toilette in einem Supermarkt (ich kaufe währenddessen Zitrone, Petersilie, Suppengrün, Schlagsahne, Eier und ein Glas Fischfond, Gemüsebrühe und Thymian dürften wir zu Hause haben), danach fahren wir noch übers Land, aber irgendwann würde der Stadtrand erreicht sein und dann ist es zu spät – daheim in der Küche kann ich den Fisch unmöglich ausnehmen, zu schmutzig ist die Angelegenheit. Und im Freien geht es dann auch nicht mehr, ich kann ja nicht einfach im Hof zu schlachten anfangen und die Gedärme in den Müll werfen. Was wir brauchen, der Fisch und ich, ist ein Waldstück.

Wenige Kilometer vor München biege ich in einen Feldweg, der zu einem Wald führt. An einer schwer einzusehenden Ecke zwischen ein paar Sträuchern grabe ich ein Loch. Mit dem Messer schneide ich den Bauch des Fisches auf, vom After bis zu den Kiemen, ritsch, ratsch. Angewidert ergreife ich alles, was in seinem Inneren zu ergreifen ist, ziehe es heraus und werfe es ins Loch. Es platscht. Ich schütte das Loch zu und lasse das Wasser aus dem Eimer über den ausgenommenen Fisch laufen.

Wieder daheim, mundet der Fisch exzellent, meine Frau ist angenehm überrascht von dem Karpfen, der unter Feinschmeckern keinen guten Ruf genießt. Meine Tochter speist, als hätte es diese Lektion fürs Leben nicht gegeben. Dass der gebackene Karpfen und der gefangene Karpfen ein und dasselbe Tier ist, wird bei Tisch einfach ignoriert. Auch später wird nicht mehr an den Fisch erinnert werden. Aus den Augen, in den Magen, aus dem Sinn. Was aber bleibt: Nicht nur habe ich ausnahmsweise einen Fisch gefangen. Ich habe ihn ausnahmsweise auch selbst zubereitet.

Hay mas cervezas en esa caja.
Es gibt noch (wörtl.: es gibt mehr) Bier in diesem Kasten.

Miércoles, 17 Marso

MÄRZ
KOCHEN UND ERZIEHUNG

Zu Beginn des Jahres konnte ich nicht kochen, immer noch nicht, trotz mehrerer Anläufe und Aufläufe. Doch nun versuche ich geflissentlich aufzuholen, die Männer meiner Generation sind ja glücklicherweise schon viel weiter, sie sind mir enteilt und stehen längst in der Küche. Als *role models* dienen mir weniger die Meistergriller und Fernsehköche, sondern Sebastian und David, keine Stars, sondern meine Freunde. Sie haben irgendwann angefangen zu kochen und machen das seither ständig. Ich habe nur immer wieder angefangen. Ich habe es mit dem Kochen gehalten wie Mark Twain, nur andersherum. Er soll gesagt haben:»Mit dem Rauchen aufzuhören, ist die einfachste Sache der Welt. Ich muss es wissen, denn ich habe es schon hundert Mal ausprobiert.« Auf der Suche nach den Ursprüngen meiner erlernten Hilflosigkeit muss ich weit zurückgehen. Zwei Generationen, um genauer zu sein.

In der Nachkriegszeit hatten die Eltern meines Vaters ein Wirtshaus im Dorf, und obschon es längst geschlossen war, als ich auf die Welt kam, saß ich später oft mit in der Gaststube. Meine Oma erzählte nämlich sehr anschaulich davon, mein Vater tut das immer noch. Jede ihrer Geschichten ist ein Beweis dafür, wie die

Gesellschaft sich gewandelt hat. Nicht nur, weil es ihr damals natürlich an allem fehlte, was es heute gibt (vor allem Technik und Kommunikation und den Zwang zu beidem), und es vieles gab, was heute fehlt (Zeit und den Luxus, sich dessen nicht mal bewusst zu sein). Auch war das Wertesystem freilich ein anderes, und das wirkt sich bis heute auf die nostalgischen Narrative aus, es bestimmt das Genre der jeweiligen Geschichte. So kommt es vor, dass Begebenheiten einst, in den Fünfzigern, Sechzigern, als Schwänke eingeordnet und dann über Jahrzehnte nicht umsortiert wurden, selbst wenn der Wandel des Zeitgeists das verlangt hätte. Schwänke über den Mann, der im Wirtshaus nicht scherzte, sondern klagte, er würde lieber nochmals in den Krieg ziehen als seine Frau heiraten. Über den Mann, der sich regelmäßig in den Alkohol flüchtete, bis er sich in der Gaststube übergab. Über den Mann, der meine Oma so penetrant anbaggerte, bis es ihr reichte und sie ihn unvermittelt aufforderte, sich jetzt und auf der Stelle mit ihr zurückzuziehen (natürlich gab er da sofort eingeschüchtert auf). Über den Kriegstraumatisierten (»der hat's mit den Nerven gehabt«), den Abhängigen (»der hat's Bier gern gemocht«), den Aggressiven (»der hat den anderen einfach unter den Tisch geschlagen«). Hinter all diesen vermeintlich lustigen Geschichten verbergen sich bei genauerer, empathischerer Betrachtung heute düstere, traurige Schicksale. Tragödie plus Zeit gibt Komödie, lautet eine bekannte Formel, aber hier ist es andersherum: Komödie plus Zeit gibt Tragödie.

Frauen waren so gut wie nie in der Gaststube, das Wirtshaus glich, wenn sich nicht gerade Familien trafen oder Feiertag war, einem Ort, den man heute Man Cave nennen würde. Die Frauen kümmerten sich daheim um den Haushalt und die Kinder, außer eben sie waren Wirtinnen wie meine Oma. Dann kümmerten sie sich daheim um den Haushalt und die Kinder und in der Man Cave um die Gäste, die sich oft genug auch wie Höhlenmenschen benahmen, Landwirtschaft gab's obendrauf. Sie hat gekocht und serviert, während mein Großvater den Gästen und sich einschenkte und mit ihnen rauchte. Sie hatte ein hartes, freudloses Leben. Eines, das fast vierzig Jahre länger dauerte als das meines Opas.

Ich wuchs natürlich in einer moderneren Welt auf, aber ich war immer noch der Sohn eines Wirtinnensohns und einer Hausfrau, die erst teilzeit in einer Metzgerei, dann in einer Bäckerei verkaufte und von beiden Arbeitsstätten abends leckere Waren mitbrachte. Mein Vater war arbeitszeitlebens Beamter. Er mag mit seiner klassischen Vollzeitstelle das gewesen sein, was man früher Ernährer der Familie nannte. Aber ernährt wurden wir von unserer Mutter.

Ich kannte als Kind keine Familie, in der das anders gewesen wäre. Damals machten sich die Frauen im Dorf gern über ihre Männer lustig, diese seien so unfähig in der Küche, die könnten höchstens ein Spiegelei braten. Wenn sie das sagten, schwang immer ein wenig Respekt mit für den Mann, der die ihm zugedachte Rolle als ebensolcher derart konsequent ausfüllte, dass er fürs Erlernen und Ausüben weiblicher Aufgaben weder Zeit haben noch Interesse zeigen musste. Gleichzeitig konnte man da Stolz bei den Frauen erkennen, dass sie ihm diese Ignoranz überhaupt erst ermöglichten mit ihrer eigenen Rolle. Weil sie diesen Dienst zur vollen Zufriedenheit erledigten und die Männer sich aufs Essen (und aufs Trinken) konzentrieren konnten. Das »mein Mann kann nicht kochen« klang aber auch immer ein wenig nach »mein Mann, der Trottel«, und es schimmerte das Bewusstsein für die Macht durch, die den Frauen dank ihres Monopols gegeben war. Auch meine Mutter hatte dieses Monopol, sie hat es noch immer, und abseits aller feministischer Analysen muss man als Essender feststellen: Sie kocht wahnsinnig gut.

Mein Großvater und mein Vater hingegen passen ganz adäquat in die Typologie von Männern, wie sie der französische Soziologe Jean-Claude Kaufmann aufgestellt hat: »Der Pascha macht überhaupt nichts und lässt sich bedienen. Solche Männer gab es vor allem in den 1950er Jahren. Viele Frauen mochten das: Die Männer waren echte Genießer und ein dankbares Publikum. Heute gehören die meisten Männer einer zweiten Gruppe an, die ich als Handlanger bezeichne. Die Handlanger helfen zwar, aber nur ein bisschen. Sie decken den Tisch oder schneiden die Zwiebeln.« Mein Großvater war der Pascha, mein Vater deckt tatsächlich meist den Tisch. Ich fülle bisher, obwohl ich mich für einen einigermaßen aufgeklärten Geist halte, irgendwie beide Rollen ganz gut aus. Mutti kocht, »und Papa macht die Küche«, das ist eine geflügelte Ansage der Tochter bei uns. Ich bin nicht sehr stolz darauf.

In meiner Selbstanalyse komme ich auf eine multifaktorielle Erklärung für diesen anachronistischen Missstand: familiäre Wirtinnenwurzeln plus traditionelle Geschlechterrollen im Elternhaus plus superbequeme männliche Unfähigkeit minus Leidensdruck. Die Soziologin Stephanie Baum beschreibt die gesellschaftlichen Umstände etwas präziser: »Die hegemoniale Männlichkeit der Moderne ist historisch auf das Wachstum des Industriekapitalismus sowie des Imperialismus zurückzuführen. Sie beruht auf einer Trennung der öffentlichen und privaten Sphäre und platziert männliche Identitätsbildung hauptsächlich in der Arena der Erwerbsarbeit. Gerade dieser Sektor der Gesellschaft war in den letzten Jahrzehnten einem rapiden Wandel ausgesetzt, der mutmaßlich auch Auswirkungen auf männliche Identitätskonstruktionen hat.«

Dieser rapide Wandel hat die Identitätskonstruktionen meiner (männlichen) Freunde längst erfasst, sie sind von selbst nicht nur auf die schicke Möglichkeit, sondern auch auf die echte Notwendigkeit gestoßen, kochen zu lernen. Ich muss erst darauf gestoßen werden, von unserer Tochter.

Erziehung: Mütter und Feta

Sie sitzt schon am Esstisch, als ich eines Abends von der Arbeit nach Hause komme. Entrüstet erzählt sie uns, sie habe in Deutsch erfahren müssen, dass »herrlich« von »Herr« komme und »dämlich« von »Dame«. Weder das eine noch das andere ist richtig – das eine stammt von »hehr«, das andere von »dämmern« –, aber die Entrüstung ist nachvollziehbar (zur Sicherheit kommen in diesem Buch weder herrlich noch dämlich vor). Das ist schlimm, sagt unsere Tochter, und ich nicke und verweise auf glücklicherweise längst vergangene Zeiten.

Unsere Tochter sieht ihr Publikum an: Ihr Papa sitzt vor dem Teller und wartet auf das Essen, ihre Mama steht am Herd und kocht. Unsere Tochter macht sich über die Konstellation wohl keine Gedanken, die ist sie ja fatalerweise gewohnt. Ois ganz normal. *Das* ist schlimm, denke ich nun.

Ich, ich, ich. An dieser Stelle muss ich einmal erläutern, warum dieses Buch so ichbezogen ist. Mir ist bewusst, dass das sehr, sehr selbstverliebt und eigenbrötlerisch klingt. Aber der Eindruck täuscht. Ich bin höchstes sehr selbstverliebt, eigenbrötlerisch keineswegs, meine Familie kann das wohl bestätigen. Aber ich kann hier eben nur für mich sprechen. Tatsächlich müssten meine Frau und meine Tochter noch viel präsenter sein in diesem Jahresbericht, ihr Einfluss und ihr Verständnis und ihre Liebe (und meine für sie) sind essentiell für mein Leben, für das alte und erst recht für das neue. Aber um meine Frau gebührend vorzustellen, bräuchte es viele eigene, genreübergreifende Bücher, und unsere Tochter soll ihre Sicht lieber irgendwann mal selbst aufschreiben statt jetzt porträtiert zu werden vom peinlichen Papa.

Der steht jetzt in der Küche und verkündet: Ich lerne endlich kochen! Der Satz folgt nicht nur der offiziellen Drei-P-Regel, nach der Ziele persönlich, positiv und im Präsens formuliert sein sollen, sondern auch meiner eigenen: Ich will es aus praktischen, pädagogischen und politischen Gründen lernen. Unsere Tochter soll unbedingt mit dem Bild zweier kochender Elternteile aufwachsen. Mein drittes Projekt.

Der Plan ist gefasst, nur: Wie finde ich in meine neue Rolle? Und wie soll die aussehen? Soziologe Kaufmann schlägt mir eine dritte Kategorie Männer vor:»Und dann gibt es noch solche, denen es nicht genügt, nur Befehle zu empfangen. Sie bilden die dritte Gruppe: die Küchenchefs. Die stehen zu besonderen Anlässen am Herd und kochen ein Meisterwerk, über das sie sich ausführlich auslassen. Am Ende erwarten sie, dass man sie lobt.«

Obschon auch ich gerne gelobt werde: So ein eitler Küchenchef will ich meiner Familie keinesfalls werden. Ich würde so weit gehen, dass mich diese weit verbreitete Eitelkeit sogar vom Kochenlernen abgeschreckt hat, man darf sie sich in meiner Selbstanalyse-Formel ruhig als weitere Variable dazu denken. Diese Eitelkeit einfach zu ignorieren, ist nämlich, will man sich dem Kochen ernsthaft nähern, gar nicht so einfach (oder mit dem Titel von Yotam Ottolenghis Bestseller gesprochen: simple), denn sie steht nicht nur mit in der Küche, sondern auch auf Partys und in Büros herum, man hört sie als Gerede vom perfekten Steak, sie zeigt sich im Duktus der Hipster-Gourmets, die nicht das Küchenutensil, sondern sich selbst für die wahren Schöpfer in der Küche halten, in der Superfood-Blase, im TV-Geblubber, in den Prospekten mit dekadenten Luxusgeräten, im fixen Slowfood und im lahmen Schnellkochtopf, in der popkulturellen, konsumistischen Version des Essenmachens. Kaufmanns Kollegin Baum schreibt etwas differenzierter als er: »Das Kochen nimmt für Männer an Bedeutung zu. Sie praktizieren es nicht mehr nur als Profiköche, im Ausnahmezustand oder in Notsituationen, sondern es nimmt immer mehr einen Platz als alltägliche kulinarische Aktivität ein, als Ausdruck von Kreativität und Kennerschaft. Kochen ist Genuss und Marker des eigenen Lifestyles.«

Hier fällt das entscheidende Wort:»alltäglich«. Darum geht es mir eigentlich: um gewöhnliches, gutes Kochen bis hin zur wahren Meisterleistung – der Resteverwertung. In den Kühlschrank und nicht nur ins Kochbuch (oder auf die Rezeptseiten im Internet) schauen, bevor man sich überlegt, was die Familie heute kriegt. Gesund kochen: Die Zutaten sollen über den Tag verteilt die Regenbogenfarben abdecken, nichts Frittiertes, keine Fertiggerichte, die Big Five (Vollkorn, Obst, Nüsse und Samen, Hülsenfrüchte sowie Gemüse), keine Brezen. Das gibt mir ein Ernährungsberater mit auf den Weg. Muss ich nicht Fleisch servieren für eine vollwertige Ernährung?»Tiere haben kein Monopol auf irgendwelche Stoffe«, sagt er. Ich bin gut informiert. Ich darf nur nicht die alten Fehler wiederholen.

Kochen: Schmeckt gar nicht mal so ... gut

Ich erinnere mich an einen früheren Versuch, Bratkartoffeln zu machen. Die Kartoffelscheiben lagen brutzelnd und rauchend in der Pfanne und, das ahnte ich, wohl viel zu eng. Den nächsten Schritt kannte ich vom Zusehen, ihn zu imitieren, sollte nicht allzu kompliziert sein. Ich packte die Pfanne wie einen schweren Tennisschläger und schwang sie mit gedrosselter Kraft und doch energisch nach oben, auf dass die Scheiben durch die Luft wirbeln, sich drehen und auf der noch ungebratenen Seite wieder landen sollten. So hingeschrieben dann doch ein irre kompliziertes Manöver.

Natürlich fielen sehr viele Kartoffelscheiben zu Boden, manche mit dem Bremsweg über meinen Pulli. Einige aber lagen danach wieder in der Pfanne, und zwar richtig herum. Und ich bildete mir ein, dass es nun exakt so viele waren, wie eigentlich in die Pfanne gehörten. Das versehentliche Erreichen der idealen Menge an Kartoffelscheiben in der Pfanne – das dürfte rückblickend einer meiner größten kulinarischen Erfolge bis zu diesem Jahr gewesen sein.

Reüssiert habe ich ansonsten nur durch Schummeln: Die Tochter gab sich auch mit Pancakes zufrieden, wenn die Crêpes mal wieder zu dick geraten waren. Sie diente auch als gute Ausrede: Die Pasta war schwach gewürzt? Des Kindes wegen, sorry, muss bitte jeder selber nachjustieren (top mitgedacht, der Mann).

Heimlich habe ich in mir einen Berg an Fragen angehäuft: Warum gilt ein Käsebrot als vernünftige Mahlzeit, aber sobald man es erhitzt und zum Grilled Sandwich macht, als Fast Food? Bedachte man die Regel, zu jedem Glas Alkohol ein Glas Wasser zu trinken – warum hat man dann nach Weinschorlen trotzdem einen Kater? Von welchem Tier stammt Lachsschinken?

Überfordert dachte ich kurz an technische Lösungen, genauer: an die Anschaffung eines Thermomix. Wir haben ja auch einen Staubsaugerroboter und eine Spülmaschine. Als ich meiner Frau diese Logik unterbreitete, erkannte ich in ihrem Blick eine schneidende Ungläubigkeit: Du vergleichst wirklich die liebevolle, sinnliche, heilige Kunst des Kochens eines Gerichts, das uns schmecken und nähren und am Tisch zusammenbringen soll, mit dem Entfernen der Brösel auf dem Boden? Du willst uns und unseren Gästen in dieser Wohnung Essen aus dem Automaten anbieten?

Vor meinem geistigen Auge sah ich sie schon die Koffer packen und die Tochter und den Safran mitnehmen. Um beides vor mir und meiner Maschine zu schützen. In Wirklichkeit sagt sie ruhig, dass sie das für keine so gute Idee halte.

Der Unterschied zwischen ihr und mir zeigte sich allein bei den Begrifflichkeiten. Etwa bei dem Wort: kochen. Das merkte ich, als wir uns eines Abends buchstäblich die Türklinke in die Hand gaben. Sorry, sagte sie beim Rausgehen, sie sei in Zeitnot gewesen und habe nur ein Pestoglas und eine Nudelpackung am Herd bereitstellen können für mich und unsere Tochter. Ich meinte: No problem, koch ich gleich. Sie hielt im Gehen kurz inne und fragte: Was kochst du denn? (Gedankenblase: Oh Gott, er nennt das nicht wirklich kochen, oder?) Ach so.

Mit einer exzellenten Köchin verheiratet zu sein, bot auf den ersten Blick eine Chance auf Home Schooling. Doch so etwas funktioniert nur unter Schmerzen: Der Schüler kennt das Ergebnis nur zu gut, tausend Mal gegessen; aber er weiß den Weg dorthin nicht, das macht ihn seinem Alter unangemessen trotzig und unsicher. Die Lehrerin ringt mit ihrer Geduld, ihre Aufgabe ist undankbar: Führt sie ihn zu eng und zu kundig ans Ziel, ist der sensible Schüler eingeschnappt (aha, deswegen heißen Köche also Chefs, denkt er); lobt sie ernsthaft seine Fortschrittchen, fühlt er sich als der Idiot, der er ist.

Will sie ihn beruhigen mit dem unpräzisen Hinweis, hier brauche es lediglich etwas Gefühl und dort Geschmack, schüchtert sie ihn ein. Und ihr Rat, den Herd auszumachen, »wenn es so brutzelbrutzelbrutzelt, das merkst du dann schon von selber«, lässt ihn seelenverletzt zurück, da er zum einen nicht in Babysprache angeredet werden will und zum anderen doch einsehen muss, wirklich überhaupt gar nichts von selber zu merken. Es brodelbrodelbrodelt in ihm.

Draußen, in Gesellschaft meiner kochenden Freunde, war ich weniger sensibel, aber ich engagierte mich dort nur zurückhaltend. Die kochen zwar auch nur mit Wasser. Aber sie kochen damit sehr gut. Ich hingegen wurde in diesen abendlichen Essensrunden behandelt wie ein halber Analphabet, der zwar lesen kann, aber nicht schreiben. Heißt: Ich war der Gast, der am Ende wieder viel essen würde, von der Kunst und der Arbeit davor jedoch keine Ahnung hatte. Ich bot mich immerhin als bescheidener Helfer an. Ich schnippelte, rührte, knetete, trank den Rotwein, der eigentlich in die Sauce gehörte. Ich fühlte mich nützlich, außer, wenn Fleisch involviert war. Für mich hatte das immer eine leicht ekelhafte Komponente. Die Regel des scharfen Anbratens, damit die Poren sich schließen und kein Fleischsaft mehr austritt, das klang für mich alles nach Akne. Meine Überzeugung, es wäre besser, auf Fleisch zu verzichten, wuchs bei jeder dieser

Gelegenheiten. Zum ethischen Argument kam an solchen Fleisch-pflanzerl-Abenden ein ästhetisches hinzu.

Irgendwann war ich so verzweifelt, dass ich mir externe Hilfe suchte. Der letzte Kochkurs hieß »Blutige Einsteiger«, geleitet von Thomas, der schon auf Schiffen und in Gourmetrestaurants gearbeitet hat. Aber die Aufgabe, ein paar Hundert Feinschmecker zufriedenzustellen, war sicher nichts verglichen mit dem Job, vier Anfängern das Zwiebelschneiden beizubringen (Wurzelansatz dranlassen, Finger zur Kralle formen, Messer nicht drücken, sondern schieben). Er machte das gut, setzte nichts voraus, erklärte jeden Schritt, idiotensicher: »Die Steaks anbraten, bis ein schönes Grillmuster entsteht.« Oder: »Die Zwiebel grob in zwei Zentimeter große Stücke schneiden.« Oder: »Das Tomatenmark mindestens drei Minuten anschwitzen, damit es die Säure verliert.« Nur so funktionierte diese Art Alphabetisierung: Jede Buchstaben-kombination für sich genommen ist leicht und logisch; der Trick besteht darin, die Kombinationen so aneinanderzureihen, dass ein vernünftiges Wort entsteht. Hier gab es was zu tun und dort, das war fertig und dies, upps, Ofen aus, gerade noch mal gut gegangen. Und auf einmal stand da ein richtiges Essen.

Die Teilnehmer waren ausschließlich männlich. Beim Verspeisen der selbst gekochten Gerichte erfahre ich, dass die eine Hälfte freiwillig da ist und die andere, um Geschenkgutscheine einzulösen. Ein Witwer hatte den Voucher von seinen Kindern bekommen.

Wir kochten und aßen: Tatar vom Rind mit Senfcreme, Fregola Sarde mit gebratenen Garnelen, gegrilltes Rinderfilet mit BBQ-Hollandaise und Süßkartoffelecken. Das ist kein Essen, das blutige Anfänger mal eben zubereiten, das ist keine Mahlzeit, mit der sich ein Witwer versorgt, sondern eine (nur im besten Fall schmack-hafte) Aufforderung, gelobt zu werden: Das Essen, ein Gedicht.

Das mag nach Literaturwissenschaft klingen, aber Kochen hat dann doch fast mehr mit Mathematik zu tun, mit seinen Formeln und Viersätzen (Säure, Fett, Salz, Hitze), und sicher noch in den Geisteswissenschaften mit deren dramatischen Überhöhungen: »Das Kochen markiert den Punkt, an dem Nahrung von einem zunächst natürlichen Produkt in einen Kulturzustand überführt wird. Damit wird aus Nahrung Essen und aus dem Kochen mehr als eine Gartechnik. Es ist unmittelbar mit erlerntem, geteiltem und sozial vermitteltem Wissen verbunden und wird dadurch zur prägenden Struktur von Abläufen, Identitäten und ganzen Gesellschaften«, schreibt Stephanie Baum. Das bedeutet: Es geht beim Kochen mittlerweile auch darum, wer ich bin: Nicht ich mache die Kartoffeln, sondern die Kartoffeln machen mich.

Diesmal will ich bei meinem Vorhaben dem einfachen Rat des Pariser Sternekochs Jean-François Piège folgen: »Man lernt kochen, indem man nachkocht … Irgendwann entwickelt man dann seine eigene Küche.« Kochbücher sind vielleicht die ältesten Ratgeber der Welt, und wenn selbst meine Mutter und meine Frau ab und an darauf zurückgreifen, dann sollte man sich diesen Trick vielleicht abschauen. Die Auswahl ist riesig. Die Eleganz der Titel reicht von *Merci Mamie* bis zu *Zum Scheißen reicht's*. Ich kaufe weder noch, sondern Yotam Ottolenghis *Genussvoll vegetarisch*, *Das einfachste Kochbuch der Welt*, *Vegetarians Basics* und *Vegetarisch – Das Goldene von GU*.

Hier ein Tipp für die Autoren solcher Meisterwerke, von einem wirklich blutigen Anfänger: Wenn im Rezept von drei Tassen Mehl die Rede ist – welche Tassengröße ist gemeint? Warum steht nur »Sahne« im Rezept, wenn es saure und süße gibt? Anschlussfrage: Wie soll ich ahnen, dass für herzhafte Gerichte eher süße als saure verwendet wird? Woher wissen, dass Lauch und Porree dasselbe sind? Wer gibt den guten Nahrungsmitteln den bedrückenden Namen »Ballaststoffe« und den bösesten Kohlenhydraten den schicken Titel »raffiniert«? Warum ist selbst leichte Küche so schwierig?

Ich blättere durch die neuen Kochbücher wie durch einen Katalog. Das gefällt, und dies sieht lecker aus, und ui, so was will ich mal probieren. Post-its an jedes Rezept, das keine mir fremden oder für die Familie ungenießbaren Zutaten erfordert. Anschließend werden meine Frau und unserer Tochter mit offenen Worten gewarnt: Ich koche von nun an regelmäßig, das wird nicht immer gelingen, aber ich werde nicht aufgeben. Bitte ehrliches Feedback, sonst kommen wir hier nicht weiter.

Ich starte mit »Knusprigen Pappardelle« und ignoriere Ottolenghis ersten rätselhaften Satz (»Ich verwende hier Pankomehl, die knusprigen japanischen Semmelbrösel«). Doch schon der folgende Absatz wirft Fragen auf: »Das Olivenöl in einem großen Topf erhitzen (Anm. des Kochs: wie groß?). Die Pilze unter gelegentlichem Rühren darin anbraten (was heißt bitte: gelegentlich?), bis sie Farbe annehmen (welche?). Den Weißwein, das Lorbeerblatt, den Thymian und den Zucker hinzufügen. Zum Kochen bringen und die Flüssigkeit auf ein Drittel einkochen lassen (wie in aller Welt soll ich das abschätzen können?). Die Sahne zugießen und unterrühren (das kann ich, und zugießen ist noch dazu ein schönes Wort!). Probieren und großzügig mit Salz und Pfeffer würzen (großzügig, aha).«

Im Folgenden geht es noch um »reichlich« kochendes Wasser, um Nudeln, die »gerade eben gar sind«, und um Brokkoli, der »sorgfältig« geputzt werden muss (das heißt, bei den anderen Zutaten klopft man nur kurz den gröbsten Schmutz weg?) und in »nicht zu kleine Röschen« (come on) geteilt werden soll, die man »der Länge nach halbieren oder vierteln« (das eine ist doppelt so groß wie das andere!) solle, falls die Stängel »zu dick« seien (What the f*ck?).

Was ich lernen musste bei diesen ersten Versuchen: Nie kommt es auf Exaktheit an. Nie sollte man sich beim Ausprobieren über die Schulter schauen lassen. Nie sollte man eine Siebenjährige um ehrliche Gourmet-Kritik bitten. Bei den Pappardelle pickte sie sich die Brokkoli raus, bei den folgenden Gerichten meldete sie bereits beim Betrachten der Mahlzeit Bedenken an. Nach zwei Wochen und diversen vegetarischen Gerichten (Gemüse im Ofen, Linguine mit Spinat, Kartoffelsuppe, Kichererbsenpfanne) erklärte ich die familieninterne Feedbackrunde für beendet. Ich hatte da schon vieles verstanden.

Beim Würzen der Gerichte wie auch beim Abschätzen der Dauer, die ein Kuchen im Ofen verträgt, ist es wie bei dem Spiel, bei dem man Münzen möglichst nah an eine Wand schnippen soll. Trifft man die Wand, ist das Spiel verloren. Aber es braucht, um zu gewinnen, den Mut, dem Ziel verdammt nahe zu kommen. Beim Kochen hilft da Abschmecken sehr, beim Backen der Messertrick: in den mutmaßlich fertigen Kuchen stechen und schauen, ob noch Teig am Messer klebt. Wenn nicht: raus damit! Aus dem Mut wird bald Selbstvertrauen, und viel wichtiger: Irgendwann spüre ich auch das Vertrauen der Bekochten. Nicht, dass sie sich freuen. Aber sie haben keine Angst mehr. Das muss auch in der Politik manchmal reichen.

Wichtig: Man sollte sich ein Rezept immer vor Kochbeginn komplett durchlesen. Dann spart man sich die Überraschung, dass man die Linsen, die erst ab Punkt 7 in der Anleitung eine Rolle spielen und die man dafür gerade aus der Packung hat rieseln lassen, eigentlich, und das wird nur *en passant* erwähnt, über Nacht in kaltes Wasser einweichen sollte. Wendy Wood, die Gewohnheitsforscherin, zitiert einen Dozenten für Bäckerei und Konditorei, der über das Vorgehen neuer Studierender mit ihr sprach: »Sie gucken nach: ›Okay, Mehl, Zucker, das sind wahrscheinlich die ersten Zutaten des Rezepts.‹ Also gehen sie los und holen sich Zucker und Mehl. Dann fangen sie an zu rühren. Und dann merken sie: ›Oh, ich sollte nur die Hälfte des Zuckers einrühren.‹ Und dann müssen sie wieder von vorn anfangen.« Profiköche hingegen arbeiteten mit dem Konzept des *mise en place*, französisch für »bereitgelegt«. Der Küchenchef fange erst an zu kochen, wenn in einem ganz wörtlichen Sinne alles an seinem Platz sei: die Arbeitsgeräte bereitliegen, die Zutaten abgewogen und geschnitten seien und alles in der Reihenfolge des Rezepts angeordnet sei. »*Mise en place* reduziert Reibung. Die Kräfte, die der Zubereitung eines Rezepts im Weg stehen, werden beseitigt, die Kräfte, die das Kochen automatisch in Gang bringen, gefördert.« Ich spare mir nach dem Einkaufen nach Rezept einfach das Einräumen in den Kühlschrank und lasse die Zutaten neben dem Herd liegen, auch als Erinnerung daran, Essen zu machen statt Essen bringen zu lassen.

Nach dem Kochen stellt man zur Sicherheit Salz und Pfeffer mit auf den Tisch. Das Nachwürzen darf auf keinen Fall als Affront gewertet werden, sondern als dem Nachgehen individueller Vorlieben. Und man darf sich immer an den Besten orientieren, man darf nur nicht dem Glauben verfallen, das Wichtigste in kurzer Zeit bewusst zu erlernen, was andere ihr Leben lang unbewusst trainiert haben: Ich werde nie so viel Gefühl für das Kochen und damit auch für das Essen haben wie meine Frau. Sie ist der Mark Knopfler der Küche. Aber das darf mich nicht einschüchtern.

Wie schaffe ich es nun überhaupt in der Praxis, statt ihrer zu kochen, obwohl es doch länger dauert, umständlicher ist, die falschen Ressourcen verbraucht (den Käse, der fürs Frühstück gedacht war, statt dem Käse, der kurz vor dem Ablaufen ist)? Indem ich mir ihre Stärke zunutze mache. Sie kann nämlich recht spontan und zerstreut nebenbei kochen, ich brauche ewig für die Vorbereitung. Das bedeutet auch, dass ich immer schon frühzeitig ankündige, an welchen Tagen ich für ein Essen sorgen werde. Ich komme ihr zuvor, so ähnlich wie die Leute, die sich am Abend die Sonnenliege für den nächsten Morgen sichern. Wir sprechen hier nicht von Gerichten, die man über Nacht ziehen lassen muss, sondern von Rezepten aus der Kategorie »Schnelle Küche«: Übermorgen gibt es Nudeln mit Tomatensauce! Die

Spaghettipackung und die Sugogläser stehen schon bereit, *mise en place.*

Mit der Routine schleicht sich aber auch ein klein wenig Desillusionierung ein. Das Mystische und Magische, das ich selbst durchschnittlichen Köchinnen und Köchen entgegengebracht habe, verliert sich – Kochen ist mit etwas Übung dann doch ein der Anleitung folgendes Zusammenbauen eines Gerichts, das Summieren der einzelnen Teile. Gleichzeitig ist der Respekt, ja die Bewunderung gewachsen für die, die es ohne Anleitung besser können als mit, weil sie intuitiv, ja natürlich kochen. Die nicht schmecken, dass irgendetwas fehlt, sondern schmecken, was genau fehlt. Die kochen, als würden sie ein Lied (kein Gedicht) schreiben, während ich die Noten anderer lese und möglichst gut nachspiele, wie eine Coverband (mein Gott, wie gerne würde ich in einer Coverband spielen).

Die Küche ist mir als Proberaum ein ganz anderes Zimmer geworden. Sie ist mir näher. Ich gehöre jetzt auch in die Küche, und die Küche gehört jetzt auch mir. Mein Einzug in die Küche hat einen ungeahnten Effekt: Ich verstehe heute, dass meine Mutter, wenn sie für die Familie gekocht hat, nach dem Essen trotz unserer Angebote hartnäckig darauf besteht, die Küche zu machen. Weil es ihre Küche ist.

Einkaufen: Alles Erbsenzählerei

Zum Einkaufen habe ich ebenso ein ganz neues Verhältnis entwickelt. Ich gehe den Supermarkt nicht länger lustlos mit einem Zettel in der Hand ab auf der Suche nach Produktnamen, die mit den von meiner Frau notierten Wörtern übereinstimmen. Mittlerweile schlendere ich mit dem Bild eines Gerichts im Kopf (oder eben mit dem Rezept in der Hand) durchs Geschäft. Die Zutaten nehme ich nicht einfach, sondern wähle unter ihresgleichen aus.

Und wenn eine neue, nein: frische Bioland-Lieferung im Lidl eingetroffen ist, freue ich mich wie unsere Tochter, wenn es ein neues Lustiges Taschenbuch gibt. Diese meine Suche nach »guten« Zutaten wird bedient von einer exzellent sortierten Marktwirtschaft. Man kaufe heute ethisch korrekt ein, ökologisch, lokal, nachhaltig, artgerecht, schreibt Soziologe Andreas Reckwitz, und ich unterschreibe das alles. Das entsprechende Angebot geht längst über Fair Trade und Bio und Superfood hinaus, wie ich beim nun achtsameren Einkaufen merke.

Da gibt es Süßigkeiten, die sich gegen das berühmte Sündigen positionieren, sie heißen »Not guilty« und versprechen ein gutes Gewissen: »Wir kreieren Süßigkeiten, die gut schmecken und Gutes tun. Bio-Zutaten, vegan und mit weniger Zucker (ziemlich gut, oder?)!« Um das Essen frisch zu halten, gibt es neben den bewährten Tüten und Folien im Biomarkt ein Bienenwachstuch namens »Speisekleid«, handgemacht in München, plastikfrei, wiederverwendbar, für 10,95 Euro.

Die Firma Meßmer bietet nicht nur die Teesorten »Glut der Drachen« und »Elixier der Elfen« an, sondern auch die bemerkenswerte Sorte »Detox your feelings«. »So schmecke ich«, steht auf einem anderen Tee, man stelle sich das bei Rindern vor, die ihre Lenden ins Bild halten. Und wer ist auf der Packung der »kalorienarmen und sehr bekömmlichen« Sticks mit Minze »für einen frischeren Atem«? Ein Hund, denn es ist Tierfutter, das offenbar den Ernährungsansprüchen der Halter genügen möchte. Lustig ist auch die Aufmachung eines Produkts von Katjes, das ohne tierische Gelatine hergestellt wird. Es heißt »Fred Ferkel«, und dieser grüßt als treuherzige Comicfigur auf dem Packungsdesign. Im Wurstregal hingegen sind jede Menge Windmühlen, Landhäuser und lächelnde Kinder auf den Verpackungen zu sehen; ein Schwein sucht man hier vergeblich.

Das Essen, schreibt Reckwitz, sei seit den 1980er Jahren zu einem »Gegenstand der Sorge, des Genusses und Erlebens, des

Wissens und der Kompetenzen, der Performanz und des sozialen Prestiges geworden, ausgestattet mit einer identitätsbildenden Kraft: man ist, was man isst«. Und diese letzte Phrase stimmt nirgends so wie bei Aufstrichen, die aus der Verschwendung geweihten Lebensmitteln gemacht wurden, »Rettergut« genannt. Ich bin nicht nur die Rettung, ich bin der Gerettete. Detox your Feelings.

Nach drei Monaten fühle ich mich alltagsbereit. Ich habe geübt, getestet, Essen und Zeit und Nerven verbraten, habe kleine, explizite Erfolge gefeiert, wenn mein Essen erstaunt gelobt wurde, und große, stille Triumphe errungen, wenn meine Gerichte einfach gegessen wurden, so als wäre ich nicht mehr auf Bewährung, sondern akzeptiert als echter Ernährer – im buchstäblichen Sinne des Wortes.

Zudem habe ich einen Ehrgeiz entwickelt, nicht nachfrage-, sondern angebotsorientiert zu kochen, auf Zutaten aus dem Kühlschrank zurückzugreifen, die am Ablaufen sind oder durch erste Einfärbung um zeitnahe Verwendung bitten. Karotten rette ich in einen Marokkanischen Möhrensalat, hier hilft mir Ottolenghi ausnahmsweise sogar mit konkreten Anweisungen (»… in 1 cm dicke Scheiben schneiden«). Aus alten Brotresten mache ich einen Semmelschmarrn, der tatsächlich so gut schmeckt, dass ich dem Brot nicht mehr mit Bedauern, sondern mit Vorfreude beim Hartwerden zusehe. Ich versuche, mir selbst keine Riesenportionen auf den Teller zu laden. Wendy Woods hat in einer Studie die wenig überraschende Erkenntnis gewonnen, dass manche Menschen einfach immer den Teller leer essen, egal wie groß oder voll er ist. Diejenigen, die aus Gewohnheit gern ein Viertel ihres Essens übrig lassen, tun dies bei kleinen wie bei großen Portionen, ob es 100 Gramm Nudeln sind oder 400 Gramm.

Ich versuche immer, so zu kochen, dass alles zwanglos aufgegessen wird. Meine Frau versteht das nicht. Sie kocht umfangreicher, oder um es frei nach George Miller, dem australischen Regisseur, zu sagen (er bezog es ursprünglich auf italienisches Essen): Das Problem mit persischem Essen ist, dass du fünf, sechs Tage später wieder hungrig bist. Der Hilferuf »Der Papa kocht?« ist verstummt. Unsere Tochter und ich kochen und backen vielmehr gemeinsam, einmal scheitern wir zusammen an Blaubeer-Pancakes, ein anderes Mal gelingt uns ein Bananenkuchen so gut, dass wir ihn fortan fast jedes Wochenende machen sollten. »Alle höheren Kulturen nutzen die Beobachtung aus, daß jeder Tätige in der Lauge seiner Tätigkeiten gefärbt wird, bis sich an ihm das Wunder der ›zweiten Natur‹ ereignet: daß ihm das fast Unmögliche gleichsam mühelos von der Hand geht«, schreibt Sloterdijk. Mein Eifer ist meiner Frau fast zu viel. Zu viel des Guten. So weit ist es gekommen.

Ernüchterung: Kater unser

Wer vom Essen spricht, darf über das Trinken nicht schweigen. Ich hatte mir einen Dry January vorgenommen, jetzt sind noch ein trockener Februar und ein trockener März dazugekommen. Beim selbstverbessernden Nichttrinken konnte ich irgendwann den Hals nicht voll kriegen, oder wie die Soziologin Anja Röcke schreibt: »Der Sache nach ist also das grundlegende Prinzip bei der Selbstoptimierung das der Verbesser- und Perfektionierbarkeit, die nicht an einem festen Ideal orientiert, sondern offen und steigerbar ist. Daraus folgt das Prinzip der Überbietung, dem zufolge jedes Ergebnis wieder ›getoppt‹ werden kann.«

Drei Monate lang beschränkte sich das Trinken auf Kaffee (schwarz), Tee (grün) und Jever (Fun). Am 31. März gönne ich mir zum ersten Mal in diesem Jahr ein richtiges Bier. Auf dem nahen Königsplatz sitzen die Studenten in der Sonne. Meine Frau, meine

Tochter und ich gehen spazieren, wir gesellen uns dazu, ich mach mir ein Augustiner auf. Prost, altes Leben.

Dass ich wieder ab und an Alkohol trinken möchte, überrascht manche, mit denen ich in diesen Tagen spreche. Sie erinnern sich an mein Schwärmen von der alkoholfreien Zeit und haben noch im Hinterkopf, dass ich mir ein neues, besseres Leben zu führen vorgenommen habe. Daraus schließen sie, dass das eine die Voraussetzung ist für das andere, dass ich fortan also versuche, so konzentriert asketisch und leistungsorientiert zu leben wie möglich. Das kann nicht gut gehen, zumindest nicht bei mir. Bei anderen mag das giftfreie Leben dauerhaft funktionieren. Bei mir persönlich stellt sich aber ein Gefühl der Lustfeindlichkeit, ja der Selbstverleugnung ein. Das gute Leben, wie ich es mir vorstelle und wie ich es etablieren möchte, ist nicht extrem, weder in die eine noch in die andere Richtung. Ich strebe weder die komplette Askese an noch das ausschweifende Laisser-faire, sondern einen Lebensstil, der das Beste beider Welten vereint.

Gesundheit und Genuss? Die gewünschte Balance zu erreichen, ist in diesen Zeiten nicht einfach, und ich meine damit nicht die Blutwerte. Die Philosophin Svenja Flaßpöhler hat das Dilemma so beschrieben: Nach einem langen Abend in der Kneipe fühlten wir »uns wertlos, was uns den Genuss sofort wieder vergällt. Deshalb haben wir uns angewöhnt, nach getaner Arbeit lieber noch eine Runde joggen zu gehen, zum Zwecke körperlicher Ertüchtigung und seelischen Ausgleichs, was gut tut nach einem harten Bürotag. Und wenn wir dann müde, verschwitzt und erschöpft nach Hause kommen, essen wir, um uns zu sättigen, Blattsalat und knabbern vorsichtig an einem Stück Käse, um die abgearbeiteten Kalorien nicht nutzlos wieder zuzulegen und den Organismus vor dem Schlaf nicht unnötig zu belasten.« Welcome to my life.

Mit einem Genuss im ursprünglichen Sinne, so Flaßpöhler weiter, das heißt mit Rausch, Selbstverlust, Grenzauflösung und, damit einhergehend, gemeinschaftlicher Vereinigung, habe ein solcher Wohlfühlgenuss nichts mehr zu tun. Wohlfühlgenuss bedeute vielmehr das genaue Gegenteil, nämlich Selbstkontrolle, Abgrenzung, Individuation und, damit einhergehend, Vereinsamung. »Schweigend dreht der rationale Genießer im Park seine Runden, stumm schwitzt er in der Sauna, und Feste verlässt er natürlich immer viel zu früh. Ja, es besteht sogar die Gefahr, dass er aus der selbstkontrollierenden Beschäftigung mit sich selbst überhaupt nicht mehr herauskommt und sich auf nachgerade tödliche Weise um sich selbst dreht.«

Flaßpöhlers Kollege Robert Pfaller schreibt von der für unsere Zeit charakteristischen totalen Besorgtheit um Leben und Gesundheit. »Ein Leben, welches das Leben nicht riskieren will, beginnt unweigerlich dem Tod zu gleichen.« Am Ende ist es Homer Simpson, der die Dialektik des Saufens mit einem Trinkspruch am besten zusammenfasst: »Auf den Alkohol – die Ursache und Lösung aller Probleme.«

Echte Räusche sind bei mir sporadisch. Ich will nicht auf das Gefühl dieser Abende verzichten. Wohl aber auf die darauffolgenden Morgen. Das zu lösende Problem, vor allem in Zeiten der chronischen Produktivität, ist also erst mal: der Kater. Mit ihm sind meine vielen Vorhaben nicht durchzuziehen. Es ist erst März, es warten in den kommenden drei Quartalen ja noch das Spanische, das Bett, das Coaching, die Planungen mit (oder besser gesagt ohne) Auto, das Helfen, das Radeln, das Kämpfen und das Tanzen. Bei der Vorstellung, das alles anzupacken, wird mir schwindeliger als bei jedem Kater. »Wenn ich heute nach dem Konzert richtig feier, bin ich am nächsten Tag platt. Das geht nicht, dafür haben wir heute zu viel Verantwortung. Das Konzert ist das Wichtigste überhaupt.« Das sagte mir mal Torsten Scholz, Bassist der Beatsteaks, da war er Ende dreißig. »Ab und zu sind Freunde auf dem Konzert, mit denen trinkste vielleicht mal ein Bier mehr.

Aber die Zeiten sind eigentlich fast vorbei. Das heißt nicht, dass wir langweilig geworden sind.« Alles klar.

Bin ich auf dem Weg, langweilig zu werden? Das Gaudi-Gift-Dilemma jedenfalls wird fieser, je älter ich und je härter der Morgen danach werden. Ernsthaft dazu zu recherchieren begann ich vor ein paar Jahren. Es ging mir dabei nicht um die Langzeitschäden von Alkohol, die dürften bekannt sein – sondern um die kurzfristigen.»Ein Kater ist nichts anderes als eine Alkoholvergiftung«, sagt mir Elke Oetjen. Sie ist Fachärztin für Pharmakologie und Toxikologie an der Uniklinik Hamburg-Eppendorf. Die Beschwerden am nächsten Tag kommen hauptsächlich von dem enormen Flüssigkeitsverlust der – so viel Ironie erlaubt sich der Kater – ausgerechnet durch das Trinken entsteht.»Alkohol hemmt die Ausschüttung von Vasopressin«, sagt sie, der Flüssigkeitshaushalt des Körpers ist durcheinandergebracht. Er gibt zu viel Wasser ab.

In Zahlen übersetzt: Wer einen Cocktail trinkt, für den 50 Gramm Alkohol in 250 Milliliter Wasser aufgelöst wurden, scheidet nach zwei bis drei Stunden bis zu einen Liter Urin aus. Diese Trockenlegung rächt sich später. Dagegen helfe natürlich Wassertrinken, sagt die Pharmakologin. Und salziges Essen, auf dass man Durst bekomme und das Salz die aufgenommene Flüssigkeit im Körper binde. Wer diesen Rat befolgt und am nächsten Tag fleißig weitermacht mit dem Wassertrinken, dürfte nach so einem Zyklus zwar putzmunter sein, aber mehr Wasser verbraucht haben als eine Jeans bei ihrer Herstellung. Und einmal abgesehen davon: Ganz so einfach ist es nicht. Mitverantwortlich für den Kater sind die üblen Zusatzstoffe im Getränk, wie Methanol, Fuselöle oder Tannine. Wobei Drink nicht gleich Drink ist. Bourbon etwa hat von diesen Stoffen 37 Mal so viel wie Wodka.

So weit die Theorie. Die Praxis nun kennt niemand besser als Conrad Keely, ein weiterer Rockmusiker, allerdings einer, der nicht so vernünftig ist wie der brave Beatsteaks-Bassist. Wir sind verabredet an einem Frühlingsnachmittag 2019, um 14 Uhr vor dem Münchener Club Strom. Keely steht im Wind der Lindwurmstraße, ganz in Schwarz, wie ein dunkler Turm, der den Sturm auszuhalten gewohnt ist. Er blinzelt in die Sonne, seine Hand fährt durch die kinnlangen Haare, darunter wütet das Gewitter in seinem Schädel, Blitze und Orkane. Das Interview wäre besser um 15 Uhr zu führen, sagt er.

Seine ganz eigene Stoffsammlung: »Aperol, Tequila, Bier und Jägermeister.« Das alles habe der Sänger am Abend zuvor getrunken, sagt eine Stunde später nicht der Sänger, sondern sein Tourmanager. Das Gespräch müsste bitte ein weiteres Mal verschoben werden. Der Sänger sei zu einem eiligst in der Stadt organisierten Physiotherapeuten gefahren, die Schulter und, na ja, die ganze Verfassung.

Per Definition hat der Mensch einen Kater (abgeleitet wohl vom griechischen Wort Katarrh, das »herunterfließen« heißt), wenn er an mindestens zwei der folgenden Symptome leidet: Durchfall, Appetitlosigkeit, Zittern, Müdigkeit, Kopfschmerzen, schlechter Allgemeinzustand. Bei Conrad Keely sind es mindestens die drei letztgenannten. Was hilft?

Gegenüber vom Strom, dem Club, in dem er am Abend in München spielen soll, ist ein georgisches Restaurant. Dort nachgefragt, wie der arme Sänger (und irgendwann auch mal ich) bei zu viel Alkohol am Tag zuvor wieder auf die Sprünge kommen könnte, erhält man »Tschakapuli« zur Antwort: gekochtes Lamm mit Estragon, Mirabellen, Kartoffeln und ganz viel Kräutern. Das würde mich in diesen vegetarischen Tagen allerdings herzlich wenig weiterbringen.

In der einschlägigen Literatur heißt es, die Russen würden den Kater mit dem Wasser von eingelegten Gurken bekämpfen. Die Isländer kochen einen enthaarten Schafskopf in Salzwasser ein. In der Bretagne wird ein Glas Meerwasser mit trockenem Brot serviert. Die Österreicher trinken ein Konterbier, das sie aber viel charmanter Reparaturseidl nennen. In Großbritannien haben sie dafür den Ausdruck »Hair of the Dog«, angelehnt an den schottischen Aberglauben, dass die Wunde, die ein tollwütiger Hund verursacht hat, am besten mit den Haaren ebendieses Tieres behandelt werden sollte.

Conrad Keely ist Anfang der 1970er Jahre in England geboren, hat in Texas eine Rockband gegründet, und als wäre das noch nicht prädestinierend genug für einen trinkfesten Lebenslauf, ist er mit seiner Band auch noch seit mehr als 25 Jahren ausgiebig feiernd auf Tour. Mutmaßlich gelänge es ihm, sich wiederbelebende Drogen jedweder Art zu beschaffen. Und doch: Eine echte Medizin gegen den Kater kennt nicht mal er, Hundehaare hin oder her.

Warum gibt es gegen wirklich alles ein Mittel, aber kein einziges gegen Kater? Dieser Markt müsste doch ein riesiges Potenzial haben. Stellt man die Frage den großen Pharmazieunternehmen, wird man mit hehren Antworten abgespeist: Man konzentriere sich »auf Erkrankungen mit hohem medizinischen Bedarf« in anderen Bereichen (Bayer) oder auf »Therapien für schwere und komplexe Erkrankungen« (Abbvie). Das genannte Gebiet gehöre »nicht zu unseren Forschungsschwerpunkten« (Novartis); »unser Anti-Kater-Mittel wäre die Empfehlung, nicht zu viel Alkohol zu trinken und in jedem Fall viel Wasser dazu« (Teva); man habe sich auf »die Vorsorge und Behandlung von schwerwiegenden und lebensbedrohlichen Erkrankungen« spezialisiert (Coronaimpfung- und Viagra-Hersteller Pfizer). Wenigstens die Deutsche Homöopathie-Union wird konkret und empfiehlt das Mittel Nux vomica D6. Das ist Lateinisch für: die Kotznuss.

Hilfreicher ist es da schon, im Emergency Room der Selbsthilfe zu suchen: in den Kommentarforen bei Amazon. Dort gibt es eine Grauzone namens Off-Label-Use, ein Medikament wird für eine Sache genutzt, obwohl es für eine andere zugelassen wurde. Gegen die Verkaterung soll zum Beispiel ein Durchfallmittel helfen.

Am beliebtesten scheint Elotrans zu sein, eine Elektrolyt-lösung zum »Ausgleich von Salz- und Wasserverlusten«, wie es in der Packungsbeilage heißt. Ein Amazon-Kunde schwärmt: »Dem Erfinder bzw. der Erfinderin dieses superben Pülverchens gehört m. E. der Nobelpreis für Chemie verliehen. Mir fehlen vor Begeisterung schlichtweg die Worte.« Ein anderer: »Dieser magische Feenstaub ist quasi der heilige Gral für den gefürchteten Horrorkater, welcher folgt, wenn man sich mal wieder mit den Boys auf abartigste Art und Weise das Blechdach verbogen hat.« Die ersten fünf Spitzenbewertungen handeln von erfolgreicher Katerbekämpfung, von Durchfall ist keine Rede.

Am Telefon sagt Elke Oetjen, die Pharmakologin, dass die Diarrhö-Patienten unter Flüssigkeitsverlust genauso litten wie die Alkoholvergifteten, insofern seien Elektrolyte sinnvoll. Gegen das Kopfweh könne man Schmerzmittel nehmen. Aber das Supermittel, das nicht nur die Symptome lindert, sondern den Kater heilt, das gebe es schlicht nicht.

Man stelle sich kurz vor, welche Auswirkungen so ein Mittel hätte. Die Leute würden sich vermutlich noch hemmungsloser und ausgiebiger berauschen, weil sie keine Angst vor dem körperlichen Korrektiv am nächsten Morgen hätten; und die Wirtschaft würde nicht mehr von blaumachenden oder zumindest matschbirnigen Menschen gelähmt werden. Für Deutschland gibt es keine Zahlen, aber in Keelys Heimat Großbritannien soll der Schaden durch verkaterte Angestellte laut einer Studie 1,68 Milliarden Euro im Jahr betragen.

In München ist der Sänger zurück vom Physiotherapeuten und schleicht durch den noch leeren Club, sorry, ein paar Minuten Ruhe brauche er noch. Und weg ist er. Seine Band bereitet unterdessen den Soundcheck vor. Sie heißt … And You Will Know Us by the Trail of Dead, übersetzt: Und du wirst uns an der Spur der Toten erkennen.

Toten-Erweckungs-Suppe, so nennen die Peruaner ihr traditionelles Katerfrühstück, da sind Fleisch und Kartoffeln drin, auch Zwiebeln, Kürbis und Chili. Was würde wohl Conrad Keely jetzt dafür geben? Der Musiker lässt sich endlich und vorsichtig auf einer Bierbank im Strom nieder. Das am Vorabend sei eine Ausnahme gewesen, sagte er, eigentlich versuche er, nicht so viel zu trinken. Nun habe er schon den ganzen Tag Kopfschmerzen, zur Linderung trinke er Kokoswasser. Die beste Katervermeidung sei aber immer noch, nichts zu trinken. Er habe schon ganze Touren nüchtern verbracht, erzählt er sehr langsam, »die habe ich genossen, ich konnte mich an alles erinnern«.

Nun könnte man sagen, dass einem Rockmusiker so ein Kater nicht übel genommen wird. Aber das sei kein Privileg der Branche, sagte der Soziologe Sacha Szabo. »Der Verkaterte darf in unserer Gesellschaft ganz grundsätzlich damit rechnen, dass sein Prestige durch seinen Zustand eher steigt.« Szabo forscht zum Rausch, und er kann dabei den Kater so wenig ignorieren wie der Berauschte selber, auch wenn der sein weltvergessenes Besoffensein wohl kaum wie der Soziologe »einen transzendenten Moment der scheinbar immerwährenden Gegenwart der Aufhebung der Reflexivität« nennen würde.

Der Kater habe bei aller Qual durchaus eine soziale Funktion, sagte Szabo. Beim Rausch erfahre man Außeralltägliches, aber zur guten Geschichte werde er erst, wenn man am nächsten Tag im Büroalltag davon berichten könne. »Der Kater und das Erzählen davon eröffnen die Möglichkeit, den Mitmenschen zu signalisieren, dass man am Vorabend etwas unternommen hat.« Der schmerzende Körper werde dadurch zur »Erlebnisinstanz«. Und weiter: »Das Kopfweh trägt man mit Stolz, man vermittelt: Ich erlebe was und krieg' es dennoch hin.«

In München, im ausverkauften Strom, ist es Abend geworden, 500 Leute warten auf die Band, die meistens mit »Trail of Dead«, manchmal mit »Tod« abgekürzt wird. Sie warten. Und warten.

Wo steckt Conrad Keely? Pflegt er noch seinen Kater? Kocht er einen enthaarten Schafskopf ein? Um kurz vor zehn Uhr kommt die Band auf die Bühne. Das Publikum jubelt, im Gegensatz zu mir weiß es nichts vom harten Tag des Sängers. Der hat ein Getränk in der Hand, das verdächtig nach einer Schnaps-Cola-Mischung aussieht. Gut gelaunt beugt sich Keely zu den Fans, stößt mit ihnen an. Zwei Stunden wird er an diesem Abend Gitarre spielen und singen, geschmeidig wie eine Katze über die Bühne wandeln. Als gäbe es kein Morgen.

Un consejo para estar sano:
Desayuno como un rey, come como un príncipe
y cena como un mendigo.

Ein Rat, um gesund zu bleiben:
Frühstücke wie ein König, iss zu Mittag wie ein Prinz,
und iss zu Abend wie ein Bettler.

Sábado, 3 Abril

APRIL
FINANZEN UND ORDNUNG

Mit dem Gefühl, endlich das Richtige zu tun, bricht das Bedauern durch, nicht schon früher damit angefangen zu haben. Verfluchtes Hätte-man-doch-damals-Denken, es zielt immer auf den imaginären Verlust ab, auf ein unterlassenes Erwerben, sei es von Sprach-, Musik- und Kochkenntnissen oder Aktien. Ausgeblendet wird, dass es womöglich gute Gründe für dieses Unterlassen gab: Geld und Zeit wurden, statt in Wertpapiere und Unterricht, mutmaßlich in etwas Schönes investiert. Aber niemand sagt: Was ein Glück, dass ich damals mit 16 den Sommer meines Lebens hatte, mit der Vespa und dem Fußballspielen, und auf den freiwilligen Spanischkurs in der Schule verzichtet habe. Ausgeblendet wird dabei auch, dass sich von den zahlreichen Geldanlagen und Zeitvertreiben, die man aus Lebenslust ignoriert hatte, viele als nicht nachhaltiger Unsinn entpuppt haben. Man frage Telekom-Aktionäre, Macarena-Tanzlehrer und Minidisc-Hersteller.

Dieses Denken führt im zweitschlimmsten Fall zur übertriebenen Zermarterung von einem selbst (Wie froh wäre ich jetzt als Erwachsener, hätte ich als Kind doch schon …) und im schlimmsten zur übertriebenen Motivation der Tochter (Als Erwachsener wirst du so froh sein, wenn du jetzt schon …). Klar: Beides sollte man verhindern. Auch klar: Ich neige wie viele andere zu beidem.

Was wäre eigentlich gewesen, wenn meine Freunde mir damals tatsächlich Apple-Aktien in die Gitarre gelegt hätten, sagen wir 100 Stück? Der Kurs lag damals bei etwa 22 Pfennige, so ein Paketchen hätte 22 Mark gekostet. Ich stelle mir die Unterhaltung auf dem Schulhof in etwa so vor: Hey, was schenk ma denn dem Witti zum 18.? Gitarre kriegt er schon, MiniDisc hat er schon, Doc Martens auch. War er schon in »Verrückt nach Mary« im Kino? Ach, lasst uns ein Spaßgeschenk besorgen, jeder fünf Mark, wir ärgern ihn mit Aktien, irgendwas halt, Apple klingt lustig.

Wären meine Freunde damals so dummschlau gewesen, dann hätten in der Gitarre heute Aktien im Wert von 15 000 Euro gelegen. Vielleicht hätte ich die Aktien aber auch in der Zwischenzeit vergessen, ich habe mich nie wirklich damit auseinandergesetzt. Über Geld spricht man nicht – mit dem Satz konnte ich immer gut leben. Nicht, weil ich einer der Reichen bin, die diskret mit ihrem Vermögen umgehen, um keinen Neid oder Begehrlichkeiten zu wecken. Nicht, weil ich so wenig davon habe, dass mich das Thema schmerzt. Es ist eher so, dass ich nicht über Geld spreche, weil ich ja auch nicht über Quantenphysik oder Tangotechnik spreche. Ich verstehe schlicht nichts davon.

Dass die recht deutsche Diskretion das Finanzielle betreffend nicht nur den Kontostand der anderen, sondern auch meine Ahnungslosigkeit ganz gut verschleiert, kommt mir entgegen. Daneben hat sich bei mir in jungen Jahren eine gewisse Attitüde manifestiert, Geld als etwas Unanständiges zu verurteilen, als einen Wert im Leben, der jenen lieb und teuer ist, von denen ich mich abgrenzen wollte. Vielleicht aus Überzeugung, sicher aus Bequemlichkeit: Mir war es zu anstrengend, erst die Finanzsprache und dann die Mechanismen und Methoden zu lernen, um differenzieren zu können, was davon ich für okay und sinnvoll halte und was für haifischig und unnütz.

»Der Kapitalismus, der alte Schlawiner, is uns lang genug auf der Tasche gelegen«, singt Peter Licht, doch: Niemand sollte in meinem Alter noch so naiv sein zu denken, der Welt würde es besser gehen, wenn man selbst gedankenlos mit Geld umgeht. Finanzielle Sorgen, mit denen man als Student noch kokettieren konnte, sind einfach nicht mehr schick. Als Vater spürt man Verantwortung, intrinsisch natürlich, aber auch durch sozialen Druck, das Kind jetzt und für alle Zeit finanziell zu versorgen. Nicht bloß »hier sind deine zwei Euro Taschengeld für neue Legos«, sondern auf diese Steine kann die Tochter bauen.

Geld: Knete formen

Mein viertes Vorhaben: Geld vermehren. Langfristig wegen der Steine, akut wegen meiner Projekte. Die kosten jetzt schon eine Menge und werden bis Jahresende ein Vermögen verschlingen. Ich bestelle etwa Holz für das Bett, Spanisch- und Gitarrenbücher, einen E-Reader, um nachts lesen zu können, weil ich das Handy vor dem Schlafengehen konsequent im Flur ablege, um gar nicht erst in Versuchung zu kommen. Auf Ebay kaufe ich einen Stand-Boxsack für den Balkon. Ein klassisch hängender kam nicht infrage, die Glasdecke des Balkons ist zu fragil. Die stehenden haben unten ein breites Fundament, den Standfuß, der mit Wasser gefüllt wird. In der Mitte des Standfußes ragt übergangslos eine Säule nach oben, der eigentliche Boxsack aus Leder, der die Schläge abfedert. Kurz: Auf unserem Balkon steht ein riesiger schwarzer

Dildo. Daneben lehnt das Fahrrad am Geländer, 1000 Euro hat es gebraucht gekostet, und da ist noch die fancy Ausstattung: Trikots, Trinkflaschen, Regenjacken etc. Eine große Einkaufstour, die natürlich Spaß macht.

Kein Wunder, dass Shoppen das zweitbeliebteste Hobby der Deutschen ist, gleich nach Gartenarbeit. Der Trendanalyst Carl Tillessen sagt: Die entsprechenden biochemischen Prozesse im Gehirn seien jenen ähnlich, die durch Verliebtsein ausgelöst werden oder durch Kokain. Der Vergleich klingt so steil, dass ich im Internet nach Bestätigung der These suche. Dabei erfahre ich zweierlei: Zum einen gibt es so einen Zusammenhang wirklich, zum anderen eröffnen sich einem sehr interessante Pfade, wenn man »Einkaufen Kokain« in die Suchmaschine eingibt.

Damit ist jetzt Schluss, ich gehe auf Entzug. Keine neuen Nike Air, keine neuen Tennisschläger, keine Tchibo-Gimmicks. Ich kauf nur noch das Nötigste. Lebensmittel, Batterien, Kaffeefilter, auch eine neue Klobürste. Für deren Erwerb drehen wir ein weit verbreitetes Vorgehen um: Statt sich in einem netten Laden über ein Produkt zu informieren, um es dann bei Amazon zu kaufen, informieren wir uns erst bei Amazon, um es dann woanders zu kaufen. Ein Verfahren so lieb wie teuer. Und manchmal auch verstörend. Zu der Klobürste fragt ein Amazon-Nutzer, ob die im Geschirrspüler gereinigt werden könne.

Sparen ist das eine. Das andere ist die Geldvermehrung. Zu Jahresbeginn habe ich mich darüber zu informieren versucht, aber schnell gemerkt, dass mich von den unzähligen Facetten des Kapitalismus vor allem die »bunten« interessierten. So habe ich nach reiflicher, mehrminütiger Überlegung erst mal auf Finanzinstrumentchen gesetzt, mit denen ich mich identifizieren kann, die nachhaltig sind oder die Spaß machen. Ich schieße ungenau und mit kleiner Munition in die Runde, zwölf Mal um die 100 Euro, Bam, und nenne die Methode ratgebergerecht, also den Anfangsbuchstaben der Ziele folgend: SCHROTFLINTE. Motto: Mehr Wert steuern. Als Berater lege ich mir diverse Apps zu. Es ist kinderleicht, muss es ja auch sein für mich.

1. Schafkopf: Von meinen vielen Leidenschaften ist mir dieses Kartenspiel eine der liebsten. Hier die Regeln zu erklären, würde den Rahmen sprengen. Es ist ein kompliziertes Spiel. Von den vielen Aktivitäten, die ich nicht mag, ist mir das Lehren dieses Kartenspiels eine der unliebsten. Meine engsten Freunde spielen es fast alle. Sich mit ihnen zu treffen, heißt oft, miteinander zu spielen. Weil diese Treffen aber weniger geworden sind, durch Corona, das familienbedingte Wegziehen der meisten Freunde oder andere Katastrophen, spielen wir häufig online. Nebenbei telefonieren wir in der Gruppe, so lässt sich das Spielerische mit dem Sozialen verbinden. Niemand muss reden, jeder kann. Wir spielen immer um Geld. Meist sind es nur ein paar Euro, die am Ende des Abends hin und her transferiert werden, aber es können auch mal 30 oder 40 Euro sein, die einer gewinnt oder verliert. Das hängt davon ab, welche Karten man bekommt, aber auch davon, wie man mit ihnen umzugehen weiß. Schafkopfen ist die einzige dieser Geldanlagen, bei der mein Können eine Rolle spielen wird.

2. Coin: Ich habe irgendwann im Gymnasium mit dem Schafkopfen begonnen und seither zwei finanzielle Revolutionen erlebt, die beide skeptisch erwartet und dann flugs akzeptiert wurden: das Pfennige-System wurde vom Cent-System abgelöst und das Bare vom elektronischen Geld. Wir zahlen einander via Paypal aus, wer daran scheitert, nutzt Online-Banking. Als Nächstes wartet der Übergang in die Kryptowährung. Ich wäre gewappnet, denn ich kaufte Anfang des Jahres online 0,003 Bitcoins (BTC) zum Preis von 33 314,83 Euro pro BTC für 99,44 Euro. Nach drei Monaten steht der Kurs eines Bitcoins bei über 50 000 Euro.

3. Human Health: Ich kaufe Aktien eines dänischen Biotechno-
logieunternehmens, das »Lösungen, die ein gesünderes Leben
für Menschen, Tiere und Pflanzen ermöglichen«, sucht, und als
Aktionär (mit einem einzigen Wertpapier) darf ich sagen: gefälligst auch zu finden hat!

4. Risiko: Über eine App, mit der man Kleingeld groß machen
könne, wie es in der Werbung heißt, investiere ich 100 Euro in
Fonds. Meine Risikobereitschaft wird abgefragt, zur Auswahl
stehen Mild, Würzig, Scharf und Feurig. Ich wähle die riskan-
teste (90 Prozent Aktienfonds, 10 Prozent Anleihenfonds) und
bekomme vor lauter Fonds und Würze Hunger. Nach drei Monaten habe ich bereits 4,67 Euro Gewinn.

5. Ozapft is': Über das Unternehmen Conda beteilige ich mich an
Crowdinvesting. Das ist laut Conda eine Form des Crowdfun-
dings, bei der sich einzelne Anleger an der Finanzierung von
Firmen beteiligten und von starken Renditepotenzialen profi-
tierten. Zwischen 4 und 8 Prozent lägen diese Potenziale, in
meinem Fall sind es wohl erst mal Promille: »Investier ins Hier
und Bier«. Die 7-Prozent-Verzinsung werden als Bierzeichen
ausgezahlt. Naturtrübes Helles, gebraut mit einer Gerstensorte
namens Steffi, wie ich dem Dankesschreiben der unterstützten
Brauerei interessiert entnehme.

6. Tippen: Bis Ende März habe ich insgesamt 43 Sportwetten ab-
gegeben, vor allem Fußball, englische Liga, italienische, Bundes-
liga, American Football, auch Tennis. 14 Mal habe ich gewonnen, 29 Mal verloren. Das Geld ist futsch.

7. Freunde. Ich kaufe am Kiosk um die 50 Bayernlose, den selbst
ernannten Klassiker unter den Brieflosen. Sofortgewinne bis
zu 300 000 Euro sind möglich. Ich habe immer ein paar Lose
im Geldbeutel und verteile sie unangekündigt bei Treffen mit
Freunden oder Kollegen am Tisch. Servus, ich gebe eine Runde
aus, Spiel, Spaß und Spannung. Unsere Tochter liebt das, ein
Hauch von Rummel im Alltag. Und bei den Erwachsenen führt

es zu unterhaltsam kniffligen Frage: Was, wenn jetzt einer hier 300 000 gewinnt? Und wie wird der Gewinn dann aufgeteilt?

8. Lotterie. Natürlich spiele ich auch Lotto. Und zwar nachhaltig. Wer könnte dem Werbeslogan »Gib dem Planeten eine Chance ... und knack den Eurojackpot!« widerstehen? Mit dem 5-Euro-Los »Das grüne Glück« sorge ich dafür, dass ein Baum gepflanzt und mir die Chance mit einer anonymen Spielgemeinschaft auf abermals insgesamt 300 000 Euro verschafft wird. Und ich gewinne sogar! 0,28 Cent. Gleichzeitig kaufe ich ein Los der gemeinnützigen ARD-Fernsehlotterie. Etwa 30 Prozent ihrer Einnahmen gehen für Steuern und Verwaltung drauf. 40 Prozent bekommt das Deutsche Hilfswerk für die Förderung sozialer Maßnahmen. Etwa 30 Prozent werden »ausgeschüttet«, was so klingt, als müsste ich auch mal im Geldregen stehen. Eine monatliche Sofortrente wäre möglich, was verlockend nach plötzlichem Reichtum mit auferlegter Mäßigung klingt. Was ich nach dem Kauf auf meinem Kontoauszug sehe: Dort steht immer noch der Kolonialspruch, mit dem die Lotterie seit 2012 nicht mehr wirbt: »Ein Platz an der Sonne«. Ich gewinne gleich mal 10 Euro, die ich in Form eines Schecks zugeschickt bekomme. Süß.

9. Immobilien: Bergfürst beschreibt sich als eine der führenden deutschen Online-Plattformen für digitale Immobilien-Investments. Ich investierte in Innovation, genauer in die »Errichtung eines vom Bundesministerium für Wirtschaft und Energie geförderten Innovationszentrums zur Vernetzung von Wirtschaft und Wissenschaft im Technologiepark Bremen« mit fester Verzinsung von 6,50 Prozent. Klingt visionär. Im ersten Quartal: 60 Cent Zinsen.

10. Nerdigkeit: Mein alter Freund Michael ist Lehrer in den Fächern Altgriechisch und Latein und auch sonst interessiert an jenen Details der Geschichte, die viele für lässlich erachten. In unserem Freundeskreis wird er für seine Leidenschaft

aufgezogen und doch respektiert dafür. Ihm wird sogar nachgesehen, dass er beim Auszahlen der Schafkopf-Verluste nicht auf das neumodische Paypal zurückgreifen kann oder mag. Wie ich hat er alte Bücher zuhause im Regal stehen. Anders als meine sind seine wertvoll. Michael sammelt, wenig verwunderlich, historische Werke, in stark bebrillten Kennerkreisen gelten sie als Geldanlagen. Ab und zu nimmt er dafür an einschlägigen Auktionen teil. Ich bitte ihn, für mich einzukaufen, er täte mir da einen riesigen Gefallen (uns beiden ist klar, dass ich ihm mit der Bitte einen noch größeren tue). Um die 100 Euro hätte ich als Budget.

»Herzlichen Glückwunsch! Sie sind Besitzer dieser prächtig kolorierten Inkunabelseiten aus der Schedelschen Weltkronik aus dem Jahr 1493. Sie zahlten nur 110 Euro!«, heißt es bald. Zu sehen auf dem Bild ist ein Text, eingerahmt von zwölf Porträts. Michael übergibt mir das Kunstwerk mit einem von ihm erstellten Erklärblatt, das die Personen und ihre Schicksale skizziert: Unter anderen ist zu sehen die heilige Sophia von Rom (gehängt), die heilige Seraphia (mit glühenden Zangen gefoltert und geknüppelt), die heilige Sabina (hingerichtet), der heilige Quirinius (enthauptet), der heilige Quadratus (soll gerade so eine Steinigung überlebt haben), der heilige Achatius von Armenien (wurde zusammen mit seinen 10 000 Soldaten mit Dornenzweigen zerfleischt und anschließend gekreuzigt). Kurz: Ich bin sehr glücklich darüber, dass er mir das Bild besorgt hat, und auch darüber, dass wir in Zeiten wie diesen leben.

11. Tradition: Ich investiere in Gold. Dass Gold rar und deshalb wertvoll ist, dürfte niemanden überraschen, interessant ist aber schon, dass alles Gold, das jemals auf der Erde geschürft wurde, zusammenpackt einen Würfel mit lediglich 22 Meter Kantenlänge ergeben würde. Ich entscheide mich gegen das pure Edelmetall und für »Open End Turbo Call Options-

scheine« auf Gold. Mit dem Erwerb eines Knock-outs könne ich als Anleger überproportional an der Entwicklung des Basiswertes partizipieren, heißt es in der Beschreibung. Auf der Risikoskala, die bis 7 geht, bekommt die Anlage eine 6. Selbstverständlich verstehe ich das alles nicht. Aber eine Anlage, welche die Wörter Gold, Turbo und Knock-out vereint, scheint mir mehr als vernünftig zu sein.

12. Ebay: Ich schlage zwei Fliegen mit einer Klappe und mache Überflüssiges zu Flüssigem: Ich schaffe erst mal Ordnung bei mir zu Hause, sortiere alles Unnötige aus – und verkaufe es auf Ebay.

Ordnung: Alles muss raus

Los geht's mit Ausräumen. Ich stehe vor dem Schrank. Gut, das hier und auch das hier, das kann ich doch noch brauchen, irgendwie. »Möchten Sie ein ›Irgendwie-Leben‹ führen? Bleiben Sie standhaft und behalten Sie nur, was Sie wirklich glücklich macht«, schreit mich die Ordnungshüterin Marie Kondo an, zumindest ihr Geist, der mir streng über die Schulter blickt. Natürlich habe ich mir *Magic Cleaning* besorgt, ihr äußerst erfolgreiches Buch übers richtige und auch dringende Ausmisten.

Um 1900 beherbergte jeder mitteleuropäische Haushalt im Durchschnitt etwa 400 Objekte. Heute sind es 10 000, die auch viel schneller als damals ausgetauscht werden. Ich will allerdings nicht tauschen, sondern geben, weggeben. Es geht los mit den Schubladen. Kondo sagt: Vom offensichtlich Überflüssigen zum Emotionalen. Also erst Kleidung, dann Bücher, Kleinkram und schließlich Erinnerungsstücke. Auch wichtig: Nicht nach Zimmern, sondern nach Kategorien aufräumen, also in einem Rutsch die Winterjacken aus der Kiste mit den Übergangsjacken von der Flurgarderobe mit den Jacketts aus dem Kleiderschrank häufen und begutachten.

Macht mich die hässliche Regenjacke wirklich glücklich? Bei Regen schon, aber für den Fall hab ich noch mindestens zwei andere. Der Jogginggürtel mit den Wasserfläschchen dran? Wer weiß, vielleicht trainiere ich ja mal wieder auf einen Triathlon oder gehe als Asterix im Fasching? Die Chino, die einen Ticken zu kurz ist und die ich deswegen noch nie anhatte? Macht mich natürlich nicht glücklich, aber was zieh ich an, wenn die eine, die ich immer anhabe, in der Wäsche ist und die anderen sieben gleichzeitig auch, vielleicht sogar die Lederhose? Je weiter ich mich vorgrabe in meinen Schränken, desto offensichtlicher wird, dass ich das Leben eines Preppers führe: Ich habe alles daheim für den Fall, dass die Welt untergeht und ich nie mehr etwas waschen, geschweige kaufen kann. Mich jedenfalls wird die Apokalypse sicher nicht vom Hosentragen oder vakuumbasierten Marinieren abhalten können.

Gerade bei Jacken merke ich, dass mich diverse Arten von Kleidungsstücken, wenn ich sie anfasse, nicht wie von Kondo gefordert glücklich machen. Ich trage sie vielmehr aus jenen Schutzgründen, aus denen Kleidung erfunden wurde. Bevor ich mit einem Haufen Jacken auf dem Bett ins Existentielle abgleite (aber was macht mich dann eigentlich glücklich?), konfiguriere ich Marie Kondos KonMari-Methode zur WittMarti-Methode um und frage mich bei jedem Stück: »Weg damit! Oder?« Funktioniert auch.

Dann noch der ganze Kleinscheiß in Boxen (Schuhkartons habe ich ja genug), und was an Shirts und Unterwäsche bleibt, würde Kondo zu Päckchen falten und nach Farben sortieren, die dunkleren nach hinten und die helleren nach vorne, aber ab da wird's mir endgültig zu esoterisch, zumal mir die Vorstellung, beim Öffnen der Schublade von einer »Welle des Glücks« erfasst zu werden, Angst macht und nochmals an die Apokalypse erinnert.

In unserer kleinen Wohnung stapeln sich nun Kartons mit Hosen, Uhren und Kleinmöbeln. Vieles spende ich, die Kaffeemaschine, die wunderbar funktioniert, aber zu wuchtig ist für unsere Küche, bringe ich einer Freiwilligenagentur in unserer Straße. Andere aussortierte Gegenstände packe ich ins Auto. Spielzeug und Schuhe kommen zur Diakonie, ein Stuhl zu einem Laden, in dem Menschen mit Handicaps gespendete Möbel verkaufen, und ein Tisch zu einem Geschäft, das Drogensüchtige unterstützt. Ich fahre herum wie der Weihnachtsmann.

Aber auch der Weihnachtsmann muss von was leben, und der Plan war ja, mein Zeug auch auf Ebay zu verkaufen. Und alles, was es dazu braucht, sind Beharrlichkeit, Sorgfalt, Geschäftssinn, Selbstermächtigung, Akkuratesse, Hingabe und auch Altruismus. Zumindest beobachte ich das bei einer Verkaufsexpertin sondergleichen: meiner Mutter. Ist doch so, oder? »I glab, du spinnst a bisserl«, antwortet sie belustigt, auf der Couch im Wohnzimmer sitzend, die Augen auf den Laptop gerichtet. »Ois ganz normal.«

Meine Mutter ist Rentnerin, aber sie ist keinesfalls untätig. In den vergangenen zehn Jahren hat sie Tausende Artikel übers Internet verkauft. Sie hat etwa 4000 Bewertungen von anderen Nutzern. Alle positiv.

Verkaufen: Steigern im Versteigern

Ois ganz normal heißt: Morgens checkt meine Mutter am Handy, ob sich über Nacht neue Kaufinteressenten gemeldet haben. Beim Frühstück erinnert sie meinen Vater daran, doch mal zu schauen, ob Überweisungen reingekommen sind. Vormittags verpackt sie ihre Verkäufe in Päckchen und Briefe, sie legt diese, während es in der Küche bereits brodelt und brutzelt, auf dem verstimmten alten Klavier ab. Wenn wir zu Besuch sind in meinem Elternhaus auf dem niederbayerischen Land, kümmert sie sich um uns Gäste, um Garten und Getränke. Zwischendurch ertönt immer mal wieder ein altmodisches Kassengeräusch aus ihrem Handy. Eine Online-Auktion ist beendet oder ein Artikel wurde über die Funktion »Sofort kaufen« veräußert. Hoffnungsvoll schaut meine Mutter mich an: »Des werden jetzt endlich deine Turnschuh' sein.« Wenn es dann doch nur ein T-Shirt für 1,50 Euro ist und sie sich weiter über meine alten Schuhe ärgern muss, sagt mein Vater befriedend: »Lass ihn, so ein Turnschuh ist ja auch bloß a Mensch.«

Am meisten freut es sie, wenn sie einen Ladenhüter losgeworden ist, ein Buch etwa, das sie schon seit einem Jahr anbietet. Das bringt im Zweifel nur einen Euro, ein Witz, aber beim Schafkopfen freut und ärgert man sich ja auch über eigentlich lächerliche Beträge. Am Ende ist alles ein Spiel.

Als sie und mein Vater im Abstand von vier Tagen jeweils siebzig geworden sind, haben die drei Enkelkinder bei der Feier Gstanzl vorgetragen, das sind Verse, mit denen der Besungene gepriesen und geneckt wird, bayerisches Roasting: »Bücher und Kleidung, CDs, Küchenläufer – für ois findt die Oma den passenden Käufer.« Die Gäste lachten, einige hatten meiner Mutter schon mal ihre alten Sachen zum Versteigern vorbeigebracht. Mein Vater scherzte, wie geknechtet er sich fühle, weil er die Pakete zur Post radeln müsse. Das mit dem Geknechtetsein stimmt nicht, das mit dem Radeln schon. Die Buchführung macht er auch. Jeder Euro wird von ihm, dem pensionierten Beamten, gewissenhaft vermerkt – bevor das Geld an den früheren Besitzer der Waren weitergereicht wird. Also oft an uns. Meine Mutter will nichts verdienen; sie will nur was verkaufen. Und die Käufer macht sie auch noch glücklich. Dieses Spiel kennt nur Gewinner.

Meine Mutter erfüllt es, wenn jemand eine Sache brauchen kann, mit der wir nichts mehr anzufangen wissen. Wenn wieder mit Sinn versehen wird, was bei uns an Bedeutung verloren hat. Mein Vater hingegen will das Zeug einfach loswerden, »weida damit«. Und spätabends, wenn meine Mutter immer noch am Laptop sitzt, drängt er sie sanft in den Feierabend: »Jetz' schalt doch mal den Deppen aus.« Dann spielen sie zusammen Rummikub bis zwei Uhr nachts.

Mein Vater und die Enkelkinder waren es auch, die meine Mutter überhaupt erst zur Ebay-Verkäuferin werden ließen. Es hat Tradition, dass mein Vater sich mit allem Neuen und Technischen auseinanderzusetzen hat. Computer, Kameras, Fernseher. Die Angst vor dem Unbekannten, die Furcht, im Umgang damit zu versagen, die gehörten der Mutter. Als sie Mitte der Neunziger am Verzweifeln war, weil sie sich für die neue Stelle in der Bäckerei auf eine elektronische Kasse einzustellen hatte, motivierte (sie würde sagen: schimpfte) sie mein Vater: »Ah geh, Deandl, des hilft ois nix«, dem Computer gehöre nun mal die Zukunft. »Stell dich nicht so an.« Dem werd ich's zeigen, dachte sie.

Als mein Vater für einen Bekannten dessen Swimmingpool-Abdeckung versteigerte, auf Ebay, war meine Mutter endgültig angefixt. Sie lernte, den vermaledeiten Computer zu bedienen, die Fotos von der Kamera zu ziehen, Online-Auktionen freizuschalten. So richtig Fahrt nahm das Geschäft auf, als der erste Enkel auf die Welt kam. Weil Kinder ihre Kleidergrößen ständig wechseln, wuchs auch das Angebot meiner Mutter. Das Verschicken der Strampler ging leicht, schwierig wurde es erst beim Kinderwagen. Ein Familienvater meldete sich, er würde den Wagen gern abholen. Wie er denn mit öffentlichen Verkehrsmitteln von Rosenheim aus in unser Dorf käme, fragte der Äthiopier. Das sei unmöglich, sagte meine Mutter. Und dann sind meine Eltern eineinhalb Stunden mit dem Auto nach Rosenheim gefahren und haben der Familie den Wagen gebracht. Von der Frau gab es frisch gebrühten Tee.

Normalerweise begegnete sie ihren Kunden nicht mehr direkt. Das war gewöhnungsbedürftig: nur noch am Laptop zu sitzen und im Netz zu surfen. Aber das Internet ist halt, wenn man es genauer betrachtet, auch bloß ein Mensch.

Ohne sich dessen gewahr zu sein, haben meine Eltern mit den Ebay-Geschäften ein gemeinsames Seniorenstudium begonnen. Hauptfach Betriebswirtschaftslehre, Nebenfächer Psychologie und Soziologie. Es ist ein Fernstudium. Was ich von den beiden lernen kann? Wie lebenslanges Lernen geht.

Meine Mutter weiß inzwischen: Am 1. und am 15. des Monats laufen die Geschäfte besonders gut, da kriegen die Leute ihr Geld; bei schlechtem Wetter geht mehr als bei gutem; werktags, am frühen Abend vor allem, wird gern eingekauft, am Wochenende eher nicht; die Preise der Konkurrenz für vergleichbare Ware sind stets im Auge zu behalten; das Wichtigste aber, sagt sie, sei das Porto. Viele Artikel brächten nur zwei, drei Euro, da seien die Versandkosten kaufentscheidend. Die Tabellen der Post liegen in einer Klarsichtfolie im Schrank, aber meine Mutter kennt alle Beträge auswendig.

Die Ratschläge meiner Mutter bedenkend, stelle ich bei Ebay die Pulsuhr ein, T-Shirts, einen Schal und einen Handschuh fürs Fitnesstraining. Es ist der rechte, der linke ist bedauerlicherweise unauffindbar. Vielleicht geht es ja irgendjemand da draußen genau andersherum?

Ich verkaufe den Schal für 4,50 Euro, die vier Shirts für 7,50 Euro und die Pulsuhr, sie kostet einen Käufer aus Russland

2,60 Euro plus 8,89 Euro Porto. Jetzt weiß ich, was meine Mutter meinte. Die Einnahmen reichen natürlich nicht für meine finanzielle Revolution. Zwar ist jetzt mein Schrank leer, aber das Konto deswegen nicht gefüllt. Zwar habe ich Geld in die Hand genommen, aber mit dem Schrotflinten-Schabernack komme ich nicht ernsthaft weiter, mit Betonung auf ernsthaft.

Die ernste Frage: Was mache ich mit dem Ersparten und noch zu Sparenden? Da geht es ja nicht mehr nur um ein Jahr, sondern um die Zukunft. Ich frage dazu meinen Schwager, er ist in der Finanzbranche tätig, muss es also wissen. Er empfiehlt ETFs, Exchange Trading Funds, also Fonds, in denen verschiedene Aktien, Anleihen oder Rohstoffe stecken, die an den Börsen gehandelt werden. Wenn es sich mit irgendwas zu beschäftigen lohnt, dann damit, denke ich.

Über das Online-Portal meiner Bank mache ich einen klassischen Termin mit einem ihrer Berater. Ich möchte den Menschen eine Chance geben. Aber sie machen es mir nicht einfach. Als ich zum Termin erscheine, weiß niemand etwas davon. Die Mitarbeiterin, die mich empfängt, hat lediglich vage Ahnung davon, was ich mit Online-Termin-Buchung meine, und keine davon, was ich mit ETF-Beratung meinen könnte. Und nein, der gebuchte Kollege sei heute gar nicht da. Beim nächsten Versuch ein paar Tage später ist er vor Ort und auch sehr freundlich. Ja, börsengehandelte Fonds, die seien beliebt, und ja, da gebe es auch nachhaltige. Warum es dann nicht mehr ETF-Experten wie ihn in der Filiale gebe? Nun ja, sagt er, die meisten Kunden machten das online. Das gehe bequem von zuhause aus und koste bedeutend weniger Gebühren. Kurze Stille. Wir sitzen einander gegenüber und fragen uns wahrscheinlich das Gleiche. Ich verabschiede mich dankend und verlasse die Filiale mit Zukunftsängsten. Nicht um mich, sondern um den netten Berater.

Zuhause eröffne ich ein Depot bei meiner Bank und stecke das überschaubare Ersparte in ETFs. Ich entscheide mich für den

Testsieger unter den politisch einigermaßen korrekten Angeboten, also solchen, die nicht ausschließlich in Zangenfolterungen, Steinigungen und großflächiges Zerfleischen mit Dornenzweigen investieren. Jetzt noch ein ETF-Sparplan, ganz wichtig: mit Dauerauftrag. Wendy Wood schreibt: »Im Alltag nutzen wir bewusst die Vorteile von Reibungsreduzierern. Wir wissen, dass es leichter ist, Geld zu sparen, wenn wir einen Dauerauftrag von unserem Konto auf ein Sparkonto einrichten. Obwohl es am Anfang wehtut, bemerken wir irgendwann nicht mehr, dass wir weniger Gehalt in der Tasche haben. Indem wir eine antreibende Kraft automatisieren, legen wir von jedem Gehalt, das uns ausgezahlt wird, einen Teil zurück.«

So ist Projekt Nummer 4 im Gegensatz zu meinen vielen anderen Vorhaben nach einmaliger Mühe vorerst abgeschlossen. Um das Geld muss ich mich nicht mehr kümmern, ich schicke es in die weite Welt des alten Schlawiners, es wird schon alleine zurechtkommen. Und wenn ich es dann irgendwann wiedersehe, werde ich hoffentlich sagen: Mei, bist du groß geworden.

Gier: Zu viel des Guten

Noch bin ich nicht reich, aber die Aussicht auf satte Gewinne bringt mich schon heute auf dumme Ideen. Billiger Luxusgedanke: Ich will meiner Frau einen Hummer kochen. Auf eine Überraschung verweisend, verabschiede ich mich an einem trügerisch sonnigen April-Nachmittag von meiner Frau – unsere Tochter übernachtet bei meiner Schwester, ein weiteres Tiertrauma will ich ihr nicht zumuten – und fahre zu einem Fischladen auf dem Viktualienmarkt.

Der Verkäufer nimmt meine Bestellung abgeklärt entgegen, holt backstage ein Exemplar und legt es in eine Schüssel. 800 Gramm bringt es auf die Waage, das macht dann 73 Euro. Ob der passe, fragt er mich, und ich sage, ohne wirklich hinzuschauen: Sieht gut aus. Ob ich wisse, wie man den zubereitet? Er sieht mir meine Ratlosigkeit an und beginnt: den Hummer mit Karotten, Lauch, Zwiebeln, Petersilie, Pfefferkörnern und Kümmel in sprudelndes Wasser geben, sieben Minuten lang ziehen lassen, danach den Rücken aufklopfen, etwa mit einem Nussknacker, und dann noch mal für fünf Minuten bei 160 Grad in den vorgeheizten Ofen. Danach das Fleisch aus Scheren, den Scherengelenken, den Beinen und dem Schwanzstück holen, wo nötig mit dem Nussknacker den Panzer brechen. Dazu passe Baguette, sagt der Mann in Weiß, und wirbt für einen Becher Aioli, während der Hummer immer noch in der Schüssel neben ihm liegt.

Ah, sage ich zerstreut, den Verkäufer fixierend, um dem Tier nicht in die Augen sehen zu müssen. Mir gelingt es, Sichtkontakt zu vermeiden, aber im Augenwinkel sehe ich ihn seine Antennen bewegen. Er winkt.

Betäube ich das Tier, bevor ich es ins kochende Wasser lasse?, frage ich. Nein, sagt der Mann, das gehe nicht, wie bei allen Krebsarten verdürbe sein Fleisch in kürzester Zeit. Ich müsse den Hummer lebend mit dem Kopf voran in den Topf schieben und dann die ersten paar Sekunden wegschauen. Weil es spritze, frage ich ihn?»Nein, um den Todeskampf nicht zu sehen.«

Zuhause schleiche ich mich mit der raschelnden Tüte in die Küche und rufe meiner Frau durch die geschlossene Türe zu, sie dürfe erst mal nicht reinkommen. Ich lasse ihn aus der Tüte in die Spüle gleiten. Es hilft nichts, jetzt muss ich ihm in die Knopfaugen schauen. Ich wasche ihn, indem ich kaltes Wasser über seinen Körper laufen lasse, maximal distanziert. Das Wasser im Topf kocht. Ich schneide das Baguette und stelle die Weißweingläser auf den Tisch, *mise en place*, dann hole ich meine Frau.

Sie kommt in die Küche und sieht mich den Hummer aus dem Spülbecken holen und mit dem Kopf voran in den Topf stecken.

Kein Todeskampf, zum Glück. Meine Frau ist weder geschockt noch beeindruckt, eher stützt sie meine stolze Freude an der Idee, wie Eltern, die möglichst glaubhaft »Ui« rufen, wenn das Kind zum ersten Mal ins Töpfchen gemacht hat. Wie hat der französische Soziologe die dritte Gruppe der Männer noch mal beschrieben, zu der ich partout nicht gezählt werden wollte? Als Küchenchefs, die zu besonderen Anlässen am Herd stünden und ein Meisterwerk kochten, über das sie sich ausführlich ausließen. »Am Ende erwarten sie, dass man sie lobt.«

Ich hole den Hummer nach sieben Minuten aus dem Topf, klopfe den Panzer auf und schiebe ihn in den Ofen. Ich verbasele Zeit und Temperatur und hole das Tier zu früh raus. (Monate später werde ich in dem Fischgeschäft noch mal nachfragen, der Verkäufer von damals ist nicht da, sein Kollege hat noch nie von der Kochtopf-Ofen-Kombination gehört und spricht von 20 Minuten Kochen; vielleicht hatte ich mich damals in Todesangst um den Hummer auch verhört.) Wir essen das Fleisch, es schmeckt okay, ein paar Stücke sind natürlich noch halbroh und liegen am Tellerrand, ich bin angefressener als der Hummer. Die Menge des Fleisches ist überschaubar. »Das Essen, scheint es, dient nicht mehr primär der Nahrungsaufnahme, sondern vielmehr der Schaulust, ja, der Genuss des Essens degeneriert gewissermaßen zum pornographischen Akt«, schreibt die Philosophin Svenja Flaßpöhler. Wir essen uns unerotisch am Baguette und der Aioli satt. Ein Desaster. Man frage den Hummer.

Die bittere Wahrheit: Mir ging es zum ersten und hoffentlich einzigen Mal beim Kochen nicht um das Gekochte oder die Bekochten, sondern nur um den Koch. Um mich. Von dem vielen, was ich gelernt habe in meiner beginnenden Küchenkarriere, ist diese Lektion in Demut eine der wichtigsten. Und sie war nicht mal lecker.

Koch zu sein, gehört mittlerweile zu meinem Leben, besser gesagt zu einem der drei, die ich führe. Ich lebe das alte, auf dessen Automatismen, Abläufe, Charakteristika, Talente, Wissen, Gefühle, halt auf alles, was mich 41 Jahre lang ausgemacht und angemacht hat, ich mich verlassen kann. Daneben lebe ich das alltägliche neue, das mich morgens um 6.45 Uhr erst mal warmes Wasser auf den in jeder Hinsicht nüchternen Magen trinken lässt (Ayurveda-Lifehack, schadet sicher nicht), dann einen kalorienfreien schwarzen Kaffee. »Ein Rat, um gesund zu bleiben: Frühstücke wie ein König, iss zu Mittag wie ein Prinz, und iss zu Abend wie ein Bettler«, heißt es zwar im Spanisch-Kalender, aber der scheint mir nicht auf dem neuesten Stand der Wissenschaft zu argumentieren. Mittags koche ich eben oder hole mir etwas Nichtfleischiges; abends schenke ich mir beim familiären Essen alkoholfreies Bier ein und gehe gegen 22.30 Uhr ohne Handy ins Bett, mit Dankbarkeit im Herzen und einem Sachbuch in der Hand. Irgendwo dazwischen meine Vorhaben.

Das dritte Leben, das ich führe, ist dann auch das eines Projektmanagers. So schleiche ich mindestens einmal die Woche frühmorgens aus dem Haus, um konditionsaufbauend 60 Kilometer mit dem Rad zu fahren und danach rechtzeitig zu Arbeitsbeginn am Schreibtisch zu sitzen. Donnerstags habe ich mittlerweile eine halbe Gitarrenstunde bei meinem Freund Philip, nach Jahren des tatenlosen Zusammenlebens in einer WG unterrichtet er mich nun über Zoom, absurd, da darf man gar nicht drüber nachdenken. Am Wochenende lese ich Spanischkrimis und mache Boxübungen, die mir ein netter Trainer in einer kleinen Privatstunde gezeigt hat: Linker Fuß vor, seitliche Stellung, leicht in die Knie, Unterarme senkrecht hoch, Kopf nach unten, Blick nach oben, gerader Rücken, beim seitwärts Bewegen nie über Kreuz gehen, immer anfangen mit dem Fuß, der in die Richtung der Bewegung geht, beim Schlagen die Hüfte drehen, locker bleiben, nicht ausholen, Arm lang machen, die Hand, die nicht schlägt, oben halten, nicht nach vorne fallen, hinteren Fuß drehen, aber nicht die Ferse hochziehen. Die Basics halt. Jetzt schon bisserl viel für mich, ehrlich gesagt.

Mein Vorhaben, sozial engagierter zu leben, ist hingegen noch nicht richtig in die Gänge gekommen, keine Zeit. Aber ich nutze die Erfahrung der Reibungslosigkeit und starte einen zweiten Dauerauftrag, um zumindest mit Geld zu helfen: Ich schließe eine Patenschaft für ein Mädchen in Sierra Leone ab. »Mit nur 92 Cent am Tag (das sind 28 Euro im Monat) unterstützen Sie Ihr Patenkind und seine ganze Gemeinde durch nachhaltige und kindorientierte Selbsthilfe-Projekte«, steht auf der Homepage der verantwortlichen Organisation. Mir wird ein Foto des zwei Jahre alten Mädchens zugeschickt, es steht da in zu großen Sandalen und mit ernstem Blick unter Palmen, trägt eine eierschalenfarbene Hose mit Rüschen, ein weißes Shirt. Es heißt Maseray und wohnt in einem Steinhaus mit Metalldach und »einem Fußboden aus Erde«, wie es in der Broschüre heißt. Als Toilette dient eine Grubenlatrine, zum Kochen benutzt die Familie Holz. Wahrscheinlich ist es Zufall, dass mir Maseray zugeteilt wurde, ganz vielleicht aber hat die Organisation sie wegen der ersten beiden Buchstaben im Namen des Mädchens ausgewählt, die es mit mir teilt: der sogenannte Name Letter Effect, in den 1980er Jahren von einem belgischen Sozialpsychologen entdeckt, führt dazu, dass man Menschen, deren Namen mit demselben Buchstaben beginnt wie der eigene, tendenziell anderen vorzieht.

Neben all den Projekten versuche ich natürlich, der perfekte Ehemann und Vater zu sein, mit ostentativer Anwesenheit und Aufmerksamkeit, mit penetrantem Angebot knapp terminierter Quality Time. Ich überkompensiere mein schlechtes Gewissen, das ich aufgrund meiner vielen Egoprojekte habe. Allmählich komme ich mir vor, als würde ich meine Familie betrügen. Als hätte ich eine Affäre mit mir selbst.

Es ist der 23. April, Tag 114 des Jahres, als meine Frau sagt:

Du, da fehlt gerade was. Es fehlt das Spontane, Unsinnige, Un-ernste, Lockere, Gesellige, Gemütliche in unserem Alltag, »wir leben zu vernünftig«, sagt sie und meint wohl: »Mann, was bist du für ein langweiliger, getriebener Yuppie geworden!« Das war die Abmachung, die wir vor diesem Jahr getroffen haben: Sie sagt mir rechtzeitig Bescheid, wenn es zu viel wird oder etwas zu kurz kommt.

Und sie hat recht. Jeder in den Tag gelebte Tag fühlt sich mitt-lerweile an wie ein laufender Wasserhahn. Eigentlich wollte ich, dass ich mein Leben ändere, nicht, dass mein Leben mich ändert. Der nette Boxer würde sagen: Ich brauche mehr Takt, Rhythmus, Timing. Weniger Verkrampftheit, weniger Hektik.

So ist es. Erst mal Urlaub.

La vida es tan corta y el oficio de vivir tan difícil,
que cuando uno empieza a aprenderlo,
ya hay que morirse.
Das Leben ist so kurz und das Handwerk des Lebens
so schwierig, dass man dann, wenn man (gerade) beginnt,
es zu lernen, auch schon sterben muss.
(Ernesto Sabato)

Viernes, 21 Mayo

MAI
LEHRE UND LEIDENSCHAFT

Flucht aufs Land. Wir, also Frau, Tochter, Škoda und ich, erreichen den einsamen Bauernhof im Südtiroler Ultental nach etlichen, inzwischen vertrauten Kurven. Wir waren schon ein paarmal hier. Wie immer laufen Ziegen, Hühner, Enten herum, ein eitler Pfau und ein alter Hund, und wenn man ihr Mähen, Gackern, Quaken, Pfeifen und Bellen nicht komplett falsch deutet, dann erzählen sie einander Geschichten, die nicht von meinen Alltagsproblemen handeln. Wobei: Diese eine meckernde Ziege klingt schon verdächtig genervt.

Der Hof liegt auf 1550 Metern, nicht viel weiter oben liegt in diesem Mai noch Schnee. Die Gastgeber haben ihre ganz eigenen Sorgen, das vierte Kind ist gerade auf die Welt gekommen. Ein von den Nachbarn aufgestellter Holzstorch an der Einfahrt kündet von dem Glück. Er wird so lange stehen bleiben, bis die glücklichen Eltern für sämtliche Nachbarn eine Feier ausrichten.

Wenn man, diesen Brauch kennend, durch die Ortschaften des Tals fährt, bekommt man den Eindruck, dass die Ultner entweder die Ruhe der Pandemie produktiv zu nutzen wussten oder aber recht knausrig sind oder beides. Störche, wohin man auch schaut.

Drei Tage nach der Geburt ist die Bäuerin schon wieder auf den Beinen. Die besorgten Töchter im Teenageralter müssen sie regelmäßig mit der Notlüge aus dem Stall holen, das Neugeborene schreie. Der Junge, ein unschuldiger Zweitklässler, fragt mich neugierig, warum ich als Mann denn Flipflops trage. Sein Vater habe immer einen Blaumann an. Viele Schreinerarbeiten in den nach Zirbenholz duftenden Ferienwohnungen hat er selbst durchgeführt, er genießt meine Bewunderung. Die Geschwister verleben eine typische Bauernhofkindheit – mit Pflichten und Freiheiten, die wir Großstädter so nicht kennen. Sie spielen viel mit den Tieren, aber müssen sie auch am Leben erhalten. Das tun sie in ihrem ganz eigenen Rhythmus.

Wenn wir hierherkommen, müssen wir unser übliches Tempo immer erst mal herunterdrosseln. Alles läuft gemächlicher ab als daheim, das wurde mir am eindrücklichsten bei einem anderen Besuch klar, als wir zur Apotheke im Ort mussten, weil die Tochter Ohrenschmerzen hatte. Fünf Einheimische standen vor der Tür in der Morgensonne. Die Kundin, die gerade eingetreten war, brauchte ewig. Ich berechnete, wie lange das Schlangestehen wohl dauern würde, rief meine Frau an, die im Auto wartete und daraufhin, effizient die Zeit nutzend, schon mal in den Supermarkt zum Einkaufen ging. Dann checkte ich kurz die echten und die persönlichen Nachrichten auf dem Handy, blickte ungeduldig auf, immer noch fünf vor mir.

Die anderen Wartenden taten etwas Ungewöhnliches, fast Verdächtiges: Sie warteten. Einfach so. Kein Handy, kein Auf-die-Uhr-Schauen. Eine Frau zündete sich eine Zigarette an. Manche von ihnen kamen miteinander in ein unverbindliches Gespräch. Als ich nach etwa zwanzig Minuten dran war, trat ich mit dem Vorsatz ein, in Rekordzeit wieder draußen zu sein, *no nonsense*, einfach das Spray und den Saft kaufen, deren Namen mir Matthieu, der Freund und Arzt unseres Vertrauens, aus München gewhatsappt hatte. Ich grüßte die Apothekerin und bestellte. Aber sie weigerte sich, bei meinem Speed Dating mitzumachen. Sie erklärte mir, warum wir keines der genannten Nasensprays benutzen sollten, wie sich der Umgang damit in Italien von dem in Deutschland unterscheide, was das pflanzliche Mittel, das sie mir stattdessen empfehlen würde, für eine Wirkung habe und wie der Saft einzunehmen sei. Sie holte dazu den Beipackzettel aus der Packung und sah ungefragt für mich nach, welche Menge wir unserer Tochter verabreichen sollten. Dann suchte sie die Handynummer des diensthabenden Arztes heraus, für den Notfall, und schrieb sie mir auf.

Anfangs konnte ich es kaum aushalten, wie viel Zeit sie sich für ihre Kunden nahm, in diesem Fall mich. Im Laufe der Beratung aber wurde ich ruhiger. Zum einen, weil ich den Reflex, den ich vom atemlosen Zahlen an den Supermarktkassen kenne – jetzt bloß nicht trödeln, die hinter mir schauen schon! –, angesichts der hier entspannt vor der Apotheke Wartenden gut unterdrücken konnte. Sie wirkten nicht, als würde man ihnen Zeit stehlen. Zum anderen, weil die Apothekerin mich ziemlich gut beriet, was nicht das Schlechteste war, wenn man mit einem weinenden Kind auf einem Berg urlaubte.

An diesen uns bekannten Ort zu fahren, hat in diesem Jahr gleich mehrere Vorteile. Da wäre das Allgemeine: der Urlaub, der uns aus dem Alltag reißt. Wir flutschen auch diesmal sofort in die bekannte Routine: Unsere Tochter verlässt frühmorgens im Dunkeln das Haus, hilft im Stall, kommt fürs Frühstück mit frischen Eiern und frischer Milch zurück, wir zwingen sie in eine Wanderung, am Nachmittag sind wir zurück und sie ist bis zum späten

Abendessen mit den anderen Kindern draußen unterwegs. Gut gelaunt und übel riechend.

Hinzu kommt diesmal das Spezielle: die vertraute Atmosphäre, in der sich das neue mit dem alten Leben vergleichen lässt. Und hier zeichnen sich leichte Veränderungen ab: Meine Frau und ich kochen nun gemeinsam, wenn auch nicht auf Augenhöhe. Immer mal versuche ich mich an der Gitarre, die ich mitgenommen habe, meine Frau gekonnt an der Ukulele. Mein Gitarrelernen hat sie dazu ermuntert, ihre eigene Musikalität (sie ist viel musikalischer als ich) wieder zu aktivieren. Sie hat nach mir angefangen, das Instrument zu lernen, und spielt nun schon ganze Lieder, wo ich noch Saiten zupfe. Der kleine Hügel, den ich zum Parkplatz hochgehen muss, bringt mich weniger aus der Puste als die letzten Male, aus der Sonnenliege muss ich mich nicht mehr wuchten, sondern entsteige ihr schwungvoll. Das Zirbenholz im Chalet lässt uns darüber nachdenken, das zu bauende Bett aus ebenjenem zu machen. Auf den Hütten schmecken die vegetarischen Schlutzkrapfen auch, ich vermisse den Speck nicht. Ich verspüre hier, auf neutralem Boden, eine bestätigende Genugtuung: Aha, allmählich lohnt sich der ganze verdammte Aufwand. Und dann ist da noch die erhellende Sache mit den Socken.

Wahlmöglichkeiten: Nichts ist entschieden

In München habe ich vergessen, Strümpfe einzupacken. Vergessen und Verlegen sind neue Phänomene für mich, ich muss an so viele Dinge gleichzeitig denken, dass mir die Aufmerksamkeit für scheinbar unwichtige fehlt.

Mir kommt es vor, als bliebe eine neue Spanischvokabel oder ein Gitarrengriff nur hängen, wenn mein Gehirn dafür anderes Wissen löscht. Ich habe, wie der Tischkalender mir sagt, *la memoria de grillo*, das Gedächtnis einer Grille. Was dazu führt, dass ich den Code meines Handys nach Tausenden von erfolgreichen Entsperrungen auf einmal falsch eingebe. Und wieder. Und wieder. Jede falsche Eingabe zieht aus Sicherheitsgründen eine immer längere Zwangspause nach sich, und so passiert es, dass ich über Stunden mein Handy nicht benutzen kann, bevor sich mein Verstand oder meine Finger wieder an die richtige Zahlenkombination erinnern. Die unauffindbare FFP2-Maske? Baumelt am Arm. Das Thema dieses Kapitels? Ah ja, Coaching, kommt später. Wie soll ich mit diesem Hirn am Ende des Jahres beim Lumina-Spiel bloß gegen die Tochter gewinnen?

Jedenfalls fahre ich am zweiten Urlaubstag runter ins Dorf, das nur aus ein paar Häusern an der Hauptstraße besteht, wo es aber, und das ist der Punkt, das Nötigste gibt. In einem Schuhladen werde ich fündig auf der Suche nach Socken. Und ich spüre, wie erleichtert ich bin. Erleichtert, dass es keine große Auswahl gibt, sondern für jeden Zweck wenige Paare. Wandersocken, Businesssocken, Sportsocken. Bei Letzteren habe ich sogar noch das Glück, dass sich die Auswahl auf ein einziges Modell beschränkt, weil die anderen nicht in meiner Größe vorrätig sind. Mein Glück besteht darin, mich nicht entscheiden zu müssen.

Der Psychologieprofessor Barry Schwartz hat sein Buch nach diesem Effekt benannt: *Paradox of Choice – Why more is less*, die deutsche Ausgabe heißt: *Anleitung zur Unzufriedenheit – Warum weniger glücklicher macht*. Seine These: Autonomie und Wahlfreiheit seien erwiesenermaßen wichtig für das Wohlbefinden der Menschen; und doch seien die Menschen heute, da sie von beidem mehr haben als je zuvor, nicht glücklicher als früher, im Gegenteil. In einem Interview erzählt er von einer Studie zu Marmeladen in einem kalifornischen Supermarkt. Der einen Testgruppe wurden sechs Sorten angeboten, der anderen 24. Ergebnis: »Bei geringer Auswahl kauften mehr Kunden die Marmelade. Bei großer Auswahl waren sie offenkundig überfordert.« Bei Netflix sei es bekanntlich ähnlich: Die riesige Auswahl überfordere die Zuschauer. In ihrer Not griffen sie zu Serien, die sie schon tausendmal gesehen hätten (bei uns daheim war das: »The Office«). Diese Erkenntnis nehme ich aus Südtirol mit nach Hause. Und den Vorsatz, mal Schlutzkrapfen zu machen. Und fünf Paar neue Socken.

Daheim flutschen wir genauso schnell zurück in den Alltagsstress wie im Urlaub in die Bauernhof-Gemütlichkeit. Ich verzichte wie selbstverständlich auf das Frühstück (was ist das gleich noch mal?), hake mit einem Porridge mit Früchten mein tägliches Nährstoff-To-do ab, bändige, wenn wir doch mal abends feiern gehen, den Kater mit Elotrans und einem sündteuren Mittel, das Dihydromyricetin (DHM) enthält, einen Stoff, der aus dem Japanischen Rosinenbaum (Hovenia dulcis) gewonnen und seit Jahrhunderten in der chinesischen Naturheilkunde genutzt wird. Er soll dem Körper helfen, Giftstoffe schneller abzubauen. Zu jedem alkoholischen Getränk soll man eine der pflanzlichen Kapseln nehmen, 50 Stück kosten 9 Euro, der Versand plus Zoll weitere 10 Euro. Schon die Exotik und die komplizierte Anschaffung lassen mich an Wunder glauben (und es wirkt!). Meine Finanzen finanzen so vor sich hin, die machen ihr Ding, ich meines. Ich koche weiterhin fleißig, und vieles gelingt auch besser als die nachgekochten Schlutzkrapfen, die bei mir viel zu teigig werden. Ich habe nebenbei einen Küchen-Lifehack erfunden und damit meine Frau beeindruckt: In die Nudelsauce gehören bekanntlich ein paar Löffel Nudelwasser; und in den Sugodosen und -flaschen bleiben bekanntlich immer ein paar Reste zurück. Warum also nicht diese Gefäße mit etwas Nudelwasser ausspülen und das Ganze in die Sauce schütten? Beim Schnippeln der Zutaten höre ich Spanischlektionen oder neuerdings Radio. Wenigstens bei der Musikauswahl will ich die Kontrolle aus der Hand geben.

Immer öfter radle ich nun frühmorgens mit Kolleginnen und Kollegen ins Münchner Umland, immer Richtung Süden. Wir sind mit den Gravelbikes unterwegs. Grob gesagt ist ein Gravelbike ein

Hybrid aus Rennrad und Mountainbike. Auf der Straße schnell unterwegs, kann man damit spontan auch mal einen Abstecher machen in die kontemplative Natur. Eine Art Impressionismus-Express. Unsere Strecke führt nicht allein über aus- und einladende Radwege, sondern auch über schottrige Abfahrten abseits der Straßen. Wiesen, Dörfer, Isar, ein verfluchter Berg. Die Heimat kennenlernen, das Regionale umarmen, Peter Wohlleben den Wald wieder wegnehmen.

Was ein Glück, dass man Fahrradfahren nie verlernt (ich lerne wahrlich genug in diesem Jahr). Was ein Pech, dass man es dann doch noch mal lernen muss, sofern man sich an Klickschuhen versucht. An Schuhen also, die während der Fahrt mit den Pedalen verbunden sind und die, bevor diese Fahrt zum Halt kommt, mit einem Fußschwenk aus der Verbindung klickend gelöst werden müssen. Sonst fällt man einfach um, ganz langsam. Trotz dieser schmerzhaften Erfahrung bin ich diesem zunehmend anstrengenden Jahr schon jetzt dankbar für die Entdeckung des Radfahrens. Aber das Radeln ist, bei aller Liebe, in diesen Monaten doch in erster Linie ernstes Training für Projekt Nummer 9, die Radtour.

Tennis: Die Wahrheit liegt auf dem Platz

Spaß? Einfach nur Spaß? Den vermisse ich bei meinen zielgerichteten Projekten zuweilen. Die Lösung dafür liegt auf dem Sandplatz, im Tennis. Es ist mir das liebste Hobby. Ich wollte es mir aufheben, ihm die Unschuld lassen, um eskapistisch Pause machen zu können von meiner allumfassenden Transformation. Um Spaß zu haben. Aber was ist das eigentlich?

Dazu braucht es drei Ingredienzien, schreibt die Autorin Catherine Price in ihrem Buch *The Power of Fun*: Flow, Verbindung und

Verspieltheit. Im Flow ist, wer so konzentriert einer Beschäftigung nachgeht, dass die Zeit in Vergessenheit gerät. Mit Verbindung meint Price die unmittelbare Beziehung zu einem Mitspieler, mit Verspieltheit nicht das Game an sich, sondern die Leichtigkeit, etwas nur der puren Freude wegen zu tun. So weit kann ich ihr folgen. Aber dann schreibt sie: Echter Spaß bedeute, frei zu sein von Selbstkritik und Beurteilung, »von Selbstzweifeln und existentieller Malaise«. Für diese Freiheit, so steht es da, gäbe es prädestinierte Orte wie eben Tennisplätze.

Catherine Price ist gewiss eine kundige Wissenschaftsjournalistin. Ziemlich sicher aber hat sie noch nie in ihrem Leben Tennis gespielt. Zumindest nicht so wie ich. Betrete ich den Tennisplatz, betrete ich eine zweite Welt, eine, in der ich Emotionen und Gedanken, ja eine existenzielle Malaise verhandeln kann, denen ich im Alltag nicht begegnen muss. Es geht um nichts und dabei um alles.

Eigentlich ist Tennis ein sehr simples Spiel. Zwei Menschen mit Schläger, ein abgesteckter Platz, ein Netz, eine Filzkugel. Oder was ein schwedischer Trainerguru sagt, wenn er nach dem Geheimnis erfolgreichen Spielens gefragt wird: »übers Netz, ins Feld«. Man kann das Spiel nun heillos überhöhen wie der Schriftsteller David Foster Wallace, der Tennis nicht nur die schönste und anspruchsvollste aller Sportarten nannte, sondern Kunst. Seiner Logik folgend müsste man den von ihm vergötterten Roger Federer den größten Filzkünstler seit Joseph Beuys nennen. Man kann die Tradition dieses oft versnobten Klubsports aber auch demystifizieren wie Gerhard Polt in seiner Nummer »Longline«: »Bei uns spielen heute Leute Tennis, die hätte man vor zwei Jahren noch aus dem Bierzelt rausgeschmissen.«

So oder so machen es sich Tennisspieler nicht leicht. Man muss nur mal in eine Tennishalle hineinhören. Man muss nur mal in sich hineinhören. Urschreie. Profi Andrea Petkovic schrieb auf

Twitter: Bei jedem Match durchlaufe man die fünf Phasen der Trauer.»Leugnen. Wut. Feilschen. Depression. Akzeptanz.« Das klingt für mich schon nachvollziehbarer als die These der Spaßexpertin. Denn das Wissen um diese Einfachheit – übers Netz, ins Feld – kann erst recht in die Verzweiflung treiben. Tennis ist dafür geschaffen, den Spieler oder die Spielerin in die erbarmungslose Reflexion, ins ganz Eigene, in die Tiefe des Selbst zu treiben. Der Gegner ist zu weit weg, um ihm körperlich zu begegnen wie beim Fußball, aber zu nah, als dass man seine Gefühle vor ihm verbergen könnte wie beim Schwimmen. Man ist schutzlos und einsam und dabei gesehen und belauert. Selbsthass, Selbstliebe, Unglaube, Glaube, Euphorie, Enttäuschung, Hoffnung, Desillusionierung. Auf Tennisplätzen geht es enthemmter und nackter zu als in der Therapeutenpraxis oder im Darkroom.

Um auch hier auf die Soziologie zu sprechen zu kommen: In Zeiten, in denen der Einzelne die volle Verantwortung für sein Glück trägt, ist Tennis eigentlich der Sport der Stunde. Es gibt keine externen Hindernisse oder Instanzen, auf die eine Niederlage oder schlechtes Spielen zu schieben wäre. Keine Ausreden. Der Wind entscheidet Skispringen, aber keine Matches. Beim Langlauf ist eine schwache Kondition verhängnisvoll, beim Gewichtheben fehlende Kraft fatal, beim Tennis beides lässlich. Beim Eislaufen zählt Ästhetik, beim Tennis kann man hässlichst gewinnen. Der Trainer vercoacht schon mal ein Fußballspiel, beim Tennis ist der Spieler mit sich allein. Das Material mag bei der Formel 1 siegbringend sein, aber wenige Spieler haben jemals wegen eines schlechteren Schlägers verloren. Die Piste wird beim Slalom weicher mit jeder Fahrt, die Athletinnen und Athleten starten nacheinander. Tennisspieler aber teilen alles, unmittelbar. Das Spiel wird nicht abgepfiffen, es dauert für beide so lange, bis der Sieger den Matchball verwandelt, das kann ewig dauern, Tennis relativiert die Zeit.

Ist ein Radfahrer langsamer als der andere, fährt der ihm davon.

Doch einem übermächtigen Gegner beim Tennis zu begegnen, erlaubt einem in jedem Moment das Gefühl sowohl von möglicher Macht als auch von drohender Ohnmacht – jeder Punkt ist eine neue Chance, jedes Spiel, jeder Satz beginnt mit 0:0, jeder Schlag könnte theoretisch den Punkt, die Wende bedeuten; ist man praktisch außerstande, dieses immer und immer wiederkehrende Angebot anzunehmen, stellt sich eine zermürbende, demütigende, entmutigende Ohnmacht ein. Es geht nur um den eigenen Kopf. »Gewonnen oder verloren wird zwischen den Ohren«, sagte schon Boris Becker.

Natürlich kann man sich fragen, ob das angebracht ist: sich dermaßen reinzusteigern in ein belangloses Tun? Von Trauerphasen auf dem Platz zu sprechen, wenn es außerhalb des Platzes wirklich Betrauernswertes zur Genüge gibt. Darf man so etwas Unwichtiges wie Tennis so wichtig nehmen? Man muss, denke ich. Tennis mag dem einen (seltsamerweise) weniger bedeuten, der anderen mehr, aber wenn man es nicht gerade als Beruf betreibt (und selbst dann), ist es eben: nicht die Welt.

Je mehr meine Projekte mich in ihrer Massierung stressen, desto mehr brauche ich den Eskapismus: kurz eintauchen in das, was in der Soziologie das Außeralltägliche heißt, in das, was die Psychologie Introspektion nennt. Und irgendwo hört der Spaß ja auf, dann taucht man wieder auf ins echte Leben, das geprägt ist von meinen Vorhaben. Tennis gehört da ja nicht dazu. Wobei ...

Über jedes meiner Projekte war ich mir im Klaren, bevor ich in dieses Jahr gegangen bin. Nur Nummer 5 – welches Coaching passt zu mir? – blieb vage, ich wusste nur, dass ich in Zeiten wie diesen an dem Thema nicht vorbeikomme, wenn ich mich mit dem Besserwerden beschäftige. Jetzt denke ich mir: Ach, was soll's, warum nicht zusammenbringen, was zusammengehört: den Optimierungswillen und den Spaß? Dass sich beides nicht ausschließen sollte, dafür plädiert der berüchtigte ehemalige Profi Brad

Gilbert in seinem Buch *Winning Ugly*. Ehrgeizlosen Freizeitspielern, die behaupteten, sie spielten doch nur zum Spaß, entgegnet er: Ja, aber es macht auch in der Freizeit mehr Spaß, wenn man gewinnt.

Mentaltraining: Mach's gut

Ich buche, quasi zum Aufwärmen, ein Mentaltraining für Tennisspieler. An einem Mittwochabend erscheinen drei, vier Dutzend Teilnehmer auf Zoom, darunter Menschen, die den Sport noch viel ernster nehmen als ich. Er sei vor einem Mannschaftsspiel so aufgeregt, schreibt ein 51-Jähriger in dem Chat, »dass ich die Nacht vorher nicht schlafe, mehrfach die gekachelten Räume aufsuchen muss und mind. bis zum 5. Spiel zitternde Hände habe«. Der Coach liest das Bekenntnis allen noch mal vor. Seit 35 Jahren betreut er weltbekannte Athleten verschiedener Disziplinen, ein älterer, sportlicher Herr mit Pferdeschwanz. Könnte Schwede sein. Er ist beneidenswert gut drauf. Das Seminar dauert nur 90 Minuten, und so kommt er gleich auf den Punkt. Er stellt Werkzeuge vor, die dem schlaflosen Mann und den anderen Teilnehmerinnen und Teilnehmern helfen sollen und die ich hiermit in aller Kürze weitergebe, auf dass sie alle Tennisspieler besser machen (wenn sie nicht gerade gegen mich spielen).

Der Coach unterscheidet einerseits in Ergebnisziele (ich will siegen), die zu vermeiden sind, weil sie nur Druck erzeugten und eben den Spaß minimierten, und andererseits in sinnvollere Handlungsziele (heute gehe ich möglichst oft ans Netz). Der Weg ist das Ziel? Das Ziel ist im Weg! Denn: Man soll sich nicht zu sehr aufs Gewinnen konzentrieren, sondern sich an den Grund erinnern, warum man gerne Tennis spielt, nämlich »aus Liebe«. Gewinnen ist im besten Fall die Folge davon. Weitere Tipps: Vor dem Spiel alle Schläge einmal geistig durchgehen und als Trocken-übung durchführen, die berühmte Visualisierung. Wenn im Spiel die Körperspannung fehlt: hinstellen und sich gerade nach oben ziehen, als wäre man eine Gitarrensaite und würde am Knöpf-chen drehen, um sie zu spannen (ach, Ungeheuer, wir finden schon noch zusammen). Die Faust ballen nach Fehlern, »denn nach einem Punkt kann ja jeder Depp die Faust machen!«. Nicht mit sich schimpfen, sondern sich in der Verzweiflung mit »Interessant!« und »Auf geht's« pushen.

Nicht revolutionär, aber auch nicht ganz blöd, denke ich – be-vor das Seminar kippt wie ein See. Wir sollen einen Schlüssel an eine Schnur hängen und ruhig halten. Nun sollen wir uns vorstel-len, wie das Pendel sich bewegt. Und siehe da, bei vielen Teilneh-mern bewegt es sich. Verwunderte Gesichter auf dem Bildschirm. Keine Esoterik, sondern das Unterbewusstsein, versichert der Coach. Bei mir bewegt sich nix.

»Worte wirken«, sagt er bedeutungsschwanger und lädt zu ei-nem weiteren Test. Wir sollen Gefühle auf einen Zettel schreiben, als Erstes: »Unsicherheit«, diesen auf den Boden legen und uns ein paar Sekunden draufstellen. Im Chat sollen die Teilnehmer danach beschreiben, wie sie sich dabei gefühlt haben: »schwach«, »fragil«, solche Antworten ploppen auf. Ich schreibe wahrheits-gemäß: »neutral«. Nun schreiben wir auf den Zettel »Selbstbe-wusstsein« und steigen drauf. Im Chat übertreffen sich die Re-aktionen: »stark«, »freudig«, »mehr Energie«. Das funktioniere auch ohne Zettel, man müsse es sich nur vorstellen, zwischen-durch im Spiel, im Leben. Dann liest der Coach, dass ich meine Gefühlslage auch hier mit »neutral« beschrieben habe. Ja, sagt der Coach, dass hier auch Teilnehmer dabei seien, die nichts Be-sonderes spürten, sei ganz normal, bei einem von sieben funktio-niere das erfahrungsgemäß nicht. Pech gehabt.

Gegen Ende wird es gar gruselig. Der Coach zeigt Bilder, die seine These bestätigen sollen, dass Worte mächtiger seien, als viele denken würden, »das kann euer Leben verändern«: Zwei Gläser mit gekochtem Reis stehen nebeneinander, auf dem einen klebt ein Stück Papier, auf dem »Liebe, »Zuversicht« und »Dankbarkeit« stehen, auf dem anderen eines mit der Aufschrift »Wut«, »Ärger« und »Hass«. Über mehrere Wochen standen die Gläser demnach bei den Probanden zuhause herum, das erste Glas bekam zwischendurch Lob, ihm wurde Freude entgegengebracht. Das zweite wurde beschimpft, es bekam die schlechte Laune ab. Angebliches Ergebnis: Der Reis im ersten Glas sah noch frisch und weiß aus. Der im zweiten war schwarz vor Schimmel. Der Coach ist ergriffen von den Bildern, viele Teilnehmer sichtbar beeindruckt. Das Seminar geht zu Ende. Bildschirm aus.

Zufällig haben wir gekochten Reis und auch zwei Gläser zu Hause. Ich befülle und beschrifte sie. Schau mer mal.

Motivation: Er schafft alle(s)

Das Mentaltraining mache ich zur persönlichen Orientierung, aber schon auch mit der heimlichen Hoffnung, womöglich doch etwas Nützliches zu erfahren. Dabei müsste ich es eigentlich besser wissen. Ich habe lange vor diesem Jahr bereits zum Thema recherchiert. Wer sich privat und journalistisch mit Weiterentwicklung in Zeiten der Selbstoptimierung auseinandersetzt, im Großen (Gesellschaft) wie im Kleinen (ich), im Essentiellen (Persönlichkeit) wie im Unwichtigen (Tennis), kommt an Coaching nicht mehr vorbei. Auch nicht an seiner fragwürdigen Ausprägung. Die verfolgt mich seit Jahren. Seit der Geschichte mit den Hühnern.

Ein Bauer findet ein Adler-Ei und legt es zu Hause einer Henne ins Nest. Die brütet das fremde Ei zusammen mit ihren eigenen aus, und da sich der Adler für ein Huhn hält, gackert er und pickt

Körner. Eines Tages sieht er einen mächtigen Vogel, der hoch oben am Himmel seine Kreise zieht. »Wer ist das?«, fragt er bewundernd ein Huhn. »Das ist der Adler, der König der Lüfte«, antwortet das Huhn. Er sagt: »Wäre es nicht herrlich, wenn wir auch so hoch am Himmel kreisen könnten?« Das Huhn sagt: »Vergiss es. Wir sind Hühner.«

Der trainierte und gebräunte Mann auf der Bühne erzählte diese Geschichte denkbar ergriffen. Er stand auf einer breiten Bühne, vor ihm saßen 10 000 Hühner, die bislang nicht am Himmel gekreist waren, obwohl sie laut Fabel womöglich zu fliegen imstande wären – ja, würden sie es sich doch bloß zutrauen.

Für eine Zeitungsrecherche habe ich ein ganzes Wochenende in der Münchner Olympiahalle verbracht, um Jürgen Höller zuzuhören. Er ist immer noch Deutschlands prominentester Coach, oder »Der Motivationstrainer«, wie eine sehenswerte ARD-Dokumentation über ihn heißt. Etwa zwei Millionen Menschen will er in seinen Seminaren geschult, mehr als zehn Millionen Bücher und Medien unter die Leute gebracht haben. Wegen Meineides und Steuerhinterziehung saß er mal im Gefängnis. Seine Resozialisierung natürlich hat er in seine Erfolgsgeschichte eingewoben.

Der Schweinfurter, Jahrgang 1963, sagte in München, er sei bereits als junger Mann beseelt davon gewesen, sein Wissen weiterzugeben. Eine zentrale Frage lasse ihn dabei bis heute nicht los: »Was unterscheidet erfolgreiche von weniger erfolgreichen Menschen?« Die Antwort ist naturgemäß kompliziert (in Höllers Büchern geht es viel um Zielsetzung, Harry Belafonte, Träume, Durchhaltevermögen), aber mittlerweile würden wohl sehr viele Menschen sagen: Der Unterschied besteht eben darin, dass der eine einen Coach hat und der andere nicht. Wobei »einen Coach haben« und dann den Massenmotivator Höller nennen so ähnlich klingt wie »einen Personal Trainer haben« und auf das Tele-Gym zu verweisen. Der Begriff ist so schwammig, dass dahinter alles stecken kann. Der Umstand, dass die Berufsbezeichnung Coach nicht geschützt ist, macht es nicht besser, sondern führt zu einer Inflation an Anbietern. 2019 soll es in Deutschland 35 000 haupt- oder nebenberuflich tätige Coaches gegeben haben. Pro Stunde bekommt sie oder er in Deutschland laut Umfragen im Schnitt 175 Euro, netto. Bereits 2016 wurde der Umsatz im deutschen Coaching-Markt auf eine halbe Milliarde Euro beziffert.

Die Bandbreite ist enorm, da gibt es etwa Life Coaching, Change Management Coaching, natürlich Business Coaching und eben Mentalcoaching für Sportler jeder Art, und in der Buchhandlung finden sich viele weitere Spielarten: *Der Cardio Coach – Wie Führungskräfte an Herzerkrankungen wachsen*, *Der Ruhestands-Coach*, *Coach to go: Selbstliebe*, *Schüßler-Salze-Coach*, *Der 5-Minuten-Coach: Die wichtigsten Coaching-Modelle auf den Punkt* oder der Coachcoach *Erfolgreich selbstständig als Coach*. Wer will, ist Coach. Die Methodik ist frei wählbar, ihre Lautstärke auch.

»Ich bin einmalig, einzigartig, wunderbar!«, schrie Höller in München auf der Bühne. Nach einer rhetorischen Pause rief er den Zuhörern entgegen: »Und jeder von euch ist es auch!« Seine Vorbilder heißen Nelson Mandela, Muhammad Ali, Steve Jobs, Jesus Christus, Arnold Schwarzenegger. Ich liebe mich, sagte er, denn nur wer sich liebt, kann andere lieben. »Schon Jesus hat gesagt: Liebe deinen nächsten wie dich …«, und das Publikum ergänzte im Chor: »selbst!«

Die Leute reisten aus ganz Deutschland an, sie wollten daran glauben, was Höller ihnen versprach. Aber die Rechnung, und das ist das Bittere an Höllers oft ganz unterhaltsamer Massenmotivation, geht nicht auf. Wenn jeder der 10 000 Menschen unbedingt der Erste und Beste im Wettbewerb da draußen sein will, dann ist es schon rein mathematisch unmöglich, dass alle glücklich werden. Wir sind nicht alle Adler. Andrea Petkovic, die Tennisspielerin, hat diese Härte mal auf ihre Sportart herunter-gebrochen geschildert: Zig Athletinnen, alle gut und ehrgeizig und hoffnungsfroh, fliegen zu einem Turnier – und alle bis auf eine fliegen als Verliererinnen wieder weg. Aber Tennis ist, selbst für Profis, nicht der Ernst des Lebens. Der saß vielmehr hier in der Olympiahalle, in Gestalt von verzweifelten Familien, die in Höllers Formeln die einzige Möglichkeit sehen, ihr Unternehmen noch zu retten; in Gestalt von verschüchterten, stark übergewich-tigen jungen Männern, die sich laut Höller ein Bild ihres Kopfes auf ein Poster eines Traumkörpers pappen sollen, »dein Unter-bewusstsein wird dann automatisch reagieren und du wirst weni-ger Hunger haben«; in Gestalt von Selbstständigen, denen ein-gebläut wurde, sie sollten immer 110 Prozent geben, was nicht nur ein weiterer mathematischer Schwachsinn ist, sondern auch gefährlich.

Die Verantwortung für Unzulänglichkeiten und Misserfolg wer-den bei Höllers Coaching strikt dem Einzelnen übertragen. Packt man es nicht, ist man selber schuld. Ein bekanntes Narrativ in der kapitalistischen Logik der Leistungsgesellschaft, der auch die ge-sellschaftliche Optimierung unserer Tage folgt. Der Soziologe Ulrich Bröckling schreibt: »Weiterbildung, lebenslanges Lernen, persönliches Wachstum – die Selbstoptimierungsimperative im-plizieren die Nötigung zur kontinuierlichen Verbesserung«, an-getrieben werde dieser Zwang zur Selbstüberbietung vom Me-chanismus der Konkurrenz. Weil man seine Position stets nur für den Moment und in Relation zu seinen Mitbewerberinnen und Mitbewerbern behaupten könne, dürfe niemand sich auf dem einmal Erreichten ausruhen. Es reiche nicht aus, einfach nur kre-ativ, findig, risikobereit und entscheidungsfreudig zu sein, man müsse kreativer, findiger, risikobereiter und entscheidungsfreu-diger sein als die anderen. »Die Einsicht, dass es ein Genug nicht geben kann, erzeugt den Sog zum permanenten Mehr.«

Wer dieses Mehr zu leisten nicht imstande ist, hat sich das selbst zuzuschreiben. Der weitsichtige Frank Schirrmacher erkannte bereits 2013: »Wer in die strahlende Lobby der ›Erfolgsgeheimnisse eines Millionärs‹ eintritt, dem ruft es, wenn er gleich durch die Drehtür wieder hinausfliegt, höhnisch hinterher: Alles ist möglich, nur nicht für dich.«

Pause in München. Der Motivationstrainer machte sich unten in den Katakomben der Olympiahalle einen Espresso, dem Journalisten gewährte er dabei eine Privataudienz. Höller erzählte mir da von seiner Wandlung, von der Zeit im Gefängnis, von seiner Erleuchtung. Geld sei ihm heute immer noch wichtig, aber genauso wichtig sei die Liebe. Achtsamkeit habe er erst lernen müssen. »Heute mache mir jeden Abend bewusst, wofür ich dankbar bin.« Nein, er finde nicht, dass das gefährlich sei, was er da auf der Bühne veranstalte. Er helfe den Menschen nur, das Beste aus sich herauszuholen. Der Druck, den sich die Zuhörer machen, die völlig überzogene Erwartungshaltung, die abzusehende Enttäuschung? Höller sagte: Wenn die Menschen scheiterten, dürften sie halt nicht aufhören, sondern müssten weitermachen. Verlierer hörten auf, wenn sie scheiterten; Gewinner scheiterten, bis sie Erfolg hätten.

Höller wirkte trotz des Unsinns nicht unsympathisch, sein fränkischer Akzent, vor allem, wenn er Englisch redete, machte ihn zum etwas ehrgeizigen, aber harmlosen Jürgen von nebenan.

Oben wurden dann noch Stangen verbogen und die ultimative Reichtumsformel vorgestellt, bevor am Sonntagnachmittag endlich der Stargast auf die Bühne kam: Arnold Schwarzenegger. Nicht als Poster wie damals im Fitnessstudio, sondern in echt. Kräftig schleppender Gang, weißes Hemd, dunkler Anzug, Cowboystiefel. Die Halle tobte. Aus irgendeinem Grund hielt er seinen Vortrag auf Englisch. Die Motivationsrede war ein Abriss seiner Biografie: vom Bodybuilder zum Hollywood-Star zum Gouverneur von Kalifornien, gegen alle Widerstände. Er sagte: Dafür müsse man hart arbeiten, »wer acht Stunden schläft, soll gefälligst schneller schlafen«. Die Zuschauer lachten, ach, Arnie. Der verabschiedete sich, natürlich, mit »I'll be back«. Mit Hunderten Besuchern, die dafür jeweils bis zu 2500 Euro bezahlt hatten, ließ er im Akkord gemeinsame Fotos schießen. Und Jürgen Höller ging an diesem Abend wie immer dankbar zu Bett.

Coaching: Mach's besser

An Kritik an Höller und Konsorten mangelt es wahrlich nicht. Der lustige Heinz Strunk etwa sagte mal: »Ein Quell der Freude sind auch die Idiotien sogenannter Motivationstrainer. Von Bodo Schäfer habe ich gerade den Satz aufgeschnappt: ›Ich habe heute Morgen zwei Geschenke aufgemacht – es waren meine Augen.‹ Das ist doch unerreicht.« Plakativer drückte Hartmut Rosa seine Haltung aus. Seine Antwort auf die Frage der Jenaer Hochschulzeitung *Akrützel* »Wie schauen Sie auf einem Motivationscoaching?« sollte der Soziologe nicht verbalisieren, sondern demonstrieren, ein Bild als Antwort. Das Foto zeigt ihn mit zwei ausgestreckten Mittelfingern.

In der Branche sind die plakativeren Coaches, wenig verwunderlich, ebenfalls verpönt. Eine Münchner Coachin, die mir als äußerst seriös empfohlen worden war, sagte zu mir: Höller wisse ja überhaupt nicht, wer da vor ihm sitze. Da seien Menschen, die sich ohnehin schon selbst die ganze Zeit die Peitsche über den Rücken zögen; die glaubten, die ganze Welt sei schön, nur sie seien nicht dabei – weil sie sich nicht genug anstrengten. Was Höller da mache? »Körperverletzung.«

Kern hinter dem Coaching, wie sie es in siebenjähriger Ausbildung gelernt habe: Man gehe davon aus, dass sich alles, was lebt, verändert. Wenn sich Menschen nun einer Veränderung verschlössen, hätten sie in der Regel einen guten Grund. Aber den würden sie nicht kennen. »Einfach zu sagen: Du musst dein Leben ändern! ist fehl am Platz.«

Ich hörte ihr aufmerksam zu, zum einen als Journalist am gesellschaftsrelevanten Thema, zum anderen als Veränderungswilliger an der praktischen Philosophie interessiert. Sie berichtete mir von einem Klienten, der einerseits noch mal ganz von vorne anfangen wollte. Daraufhin habe sie gesagt: »Mach doch!« Nun sei beim Coachee die andere Seite zum Vorschein gekommen: »Stopp, stopp, stopp, da sind die Kinder, das Haus.« Jetzt wäre es beim Coaching fatal, sagte die Coachin, sich ausschließlich mit der Seite auseinanderzusetzen, die nach Veränderung strebt. Der Coachee sollte sich fragen: Welche Funktion hat diese Seite, die ihn von der Veränderung abhält. Das zu verstehen, sei häufig enorm entlastend. Die Aufgabe des Coaches sei es schließlich, die Veränderung wieder möglich zu machen. Viele Coachees stünden auf der Bremse, kämen zu ihr mit dem Wunsch, mehr Gas zu geben, sagte die Coachin. Wenn jemand sage, er oder sie möchte agiler und besser werden, aber supererschöpft aussehe, dann wäre es gefährlich, die Person weiter anzutreiben, bis sie zusammenbricht.

Für mich klang das alles – die widersprüchliche Gefühlslage der Coachees genauso wie die analytische Sicht der Coachin – recht nachvollziehbar.

Ihre Methodik setze sich zusammen aus Psychoanalyse, Gesprächstherapie, Gestalttherapie, aus Transaktionsanalyse, aus philosophischen Richtungen, sagte die Coachin, und auch wenn das nach einer arg wilden Mischung klang, war das Interview mit ihr damals ein erster Schritt für mich, die ernstzunehmendere Seite der Branche kennenzulernen. Und je mehr ich mich danach damit beschäftigt habe, desto sinnvoller erschien mir das Prinzip. Mittlerweile kenne ich genügend vertrauenswürdige Leute, die ausgesprochen Coaching-affin sind. Eine Mittdreißigerin, die eine

Führungsposition übernommen hat, will herausfinden, wie sich ihre Harmoniebedürftigkeit mit der neuen Personalverantwortung verträgt. Ein Mann Anfang vierzig möchte wissen, wie er als Führungsperson wirkt, und da hat er erst mal erfahren, wie er als Mensch wirkt. Eine andere sagt, ihre Coachin schaffe es, im Gespräch die vagen Gedanken zu kanalisieren und auf das Wesentliche zu bringen; durch Nachfragen zu entdecken, was wirklich hinter dem Widerstand von Kollegen und auch hinter ihrer starken Reaktion darauf stecke. Bei ihnen klingt es, als sei ein Coach eine Art Verkuppler, der einen mit sich selbst zusammenbringt.

Was bringt mir das alles jetzt in diesem Jahr? In diesem Frühjahr treibt mich ein beruflicher Termin um, und ich erzähle meiner Frau davon. Nicht nur, weil sie klug und empathisch ist, sondern weil die Geschichte der Menschheit voll ist mit Magengeschwüren, erlitten von still Besorgten. Man denke nur an die stummen Kriegsheimkehrer in der Gaststube meiner Oma. Etwas aufzuarbeiten ist bei Männern immer noch verpönt, vor allen in meiner Heimat. Im Bayerischen bedeutet der Begriff »aufarbeiten« nämlich auch: etwas kaputt machen.

Meine Frau hört mir zu und meint meint, das sei doch mal eine Gelegenheit, eine Expertin um Rat zu fragen. Warum nicht mal eine Coachin und warum nicht jene, die ich damals interviewt hatte und die ich ohnehin recht überzeugend fand? Ich frage die Coachin an, sie stimmt zu. Kein intensives Coaching nach den üblichen Standards, sondern eher ein Terminchen.

Wir videotelefonieren. Ich erzähle ihr von meinem gedanklich bereits mehrfach hin und her gewendeten und innerlich ausdiskutierten Problem (das an dieser Stelle zu erzählen gar nicht so spannend wäre, Arbeitskram) und berichte ausführlich von all seinen Facetten und Optionen und meinen Erfahrungen und Überlegungen. Sehr ausführlich.

Als ich damit fertig bin, fragt sie ruhig: Um was geht es Ihnen eigentlich? Als hätte sie wegen technischer Probleme nicht mitbekommen, wie ich ihr Herz und Kopf ausgeschüttet habe. Aber sie hat sehr wohl alles verstanden. Ihre Frage zielte natürlich auf meine Unfähigkeit ab, zu artikulieren, was ich wirklich wollte. Wahrscheinlich, weil ich mir selbst darüber gar nicht im Klaren war.

Sie hat dann freilich noch mehr gesagt und vor allem viel gefragt, unter anderem, wie ich in einem Jahr gerne leben würde, alter Trick. Aber das einfache »Was will ich eigentlich?« war die zentrale Botschaft, die bei mir ankam (und die mir schließlich auch bei meinem dann erfolgreichen Gespräch in der Arbeit half). Was hängen bleibt bei mir, nach Recherche und eigenem kurzen Eindruck: Ein guter Coach ist jeden Cent wert, ein schlechter nicht mal das Gratisbuch, das man auf der Website herunterladen kann. Wenn man sich unsicher ist bei der Auswahl seines Coaches, sollte man seine Entscheidung vielleicht davon abhängig machen, ob der Coach seine Kunden mit Hühnern vergleicht.

Ich bin mir sicher, dass ich in meinem Berufsleben von ausführlicherem (seriösen) Coaching profitieren könnte. Als Privatoptimierer aber verlasse ich mich in diesem Jahr eher auf die klassischen Lehrer. Beim Boxen, bei der Gitarre, beim Kochen – der Mai ist nun schon mein fünfter Monat als Schüler. Und es wird nicht der letzte sein. Mein Cousin soll mir noch beibringen, wie man Möbel baut, außerdem habe ich mich für einen Spanischkurs an der Volkshochschule angemeldet, der in ein paar Wochen beginnen soll, und irgendwann werde ich mir zeigen lassen, wie man tanzt.

Wie ich mich als Schüler vieler Lehrer fühle? Ich beneide sie. Um ihr Können und um ihr Können, das Können weiterzugeben. Neid könne ganz hilfreich sein, sagt im Podcast »How to build a happy life« eine Psychotherapeutin bei der Frage nach der eigenen Sehnsucht nämlich: Auf was bin ich denn neidisch? Ihr Glücksrat: »Folge deinem Neid.«

In diesem Frühjahr findet ein spontanes Umdenken bei mir statt: Was, wenn ich selber Lehrer werde? Was, wenn ich meiner Familie mein geliebtes Hobby nicht nur näher-, sondern beibringen könnte? Meine Frau und unsere Tochter nehmen doch eh bereits (teuren) Tennisunterricht, warum soll ich das nicht selbst machen, Familienzeit auf Sand? Dazu müsste ich nur Coach im historischen Sinn des Begriffs werden, ganz *old school*, nicht esoterischer Mentaltrainer oder übergeschnappter Motivationstrainer, sondern Sportlehrer. Genauer: Tennislehrer. Mein neues Projekt ist geboren, Nummer 5 lebt.

»Sei wie Bambus. Beuge und biege dich anmutig, so wie der Wind es will, und du wirst niemals brechen« lautet ein japanisches Sprichwort (vielleicht das einzige, das nie von Jürgen Höller zitiert wurde). Und nun hat der Wind sich gedreht. Mit dem alten Projekt – mir ein Coaching zu suchen – hat das neue freilich kaum mehr zu tun. Aber manchmal findet man bei der Suche nach dem einen was ganz anderes, und am Ende hat man im Kaufhaus statt einer Apple Watch einen Äppelwoi gekauft. Bis auf den Namen ist da nicht mehr viel Ähnlichkeit. Aber beides hat seinen eigenen Reiz.

Mein Äppelwoi ist die Ausbildung zum Tennistrainer. Ich melde mich bei einer obligatorischen Sichtung für den Lehrgang des Bayerischen Tennisverbandes an. Wer nämlich Trainer werden möchte, sollte das Spiel einigermaßen beherrschen, lautet eine andere asiatische Weisheit doch: »Wer sich selbst nicht geradezurichten versteht, wie sollte der andere geraderichten können?« So präsentiere ich an einem sonnigen Nachmittag im Mai mein Können am Leistungszentrum in Oberhaching. Ein weiterer Anwärter und ich spielen einander die Bälle zu, Vorhand, Rückhand, Volley, Aufschlag etc., das ganze Programm. Zwei

Ausbilderinnen sehen sich das Hin und Her an und machen sich Notizen. Ein kurioses Gefühl, als Erwachsener noch mal so bewertet zu werden. Aber am Ende wird eigentlich eh jeder zugelassen. Eigentlich.

La Noche de San Juan:
El punto culminante llega el día 29,
en la Nit del Foc (la noche del fuego),
en la que figuras de madera de tipo satírico
se convierten en pasto de las llamas.
Johannisnacht (Sonnwendfeier):
Den Höhepunkt erreicht das Fest am 29. Juni,
in der »Nacht des Feuers«, in der parodistische
(wörtl.: satirische) Holzfiguren in Flammen aufgehen.

Miércoles, 23 Junio

JUNI
HEIMAT UND HANDWERK

Ein paar Tage nach dem Vorspielen bekomme ich eine Mail: »Leider müssen wir Ihnen mitteilen …« Ich habe die Sichtung für die Tennistrainerausbildung verpatzt. Das trifft mich dann doch, ich bin als Dauerschüler an subtile Frustration gewöhnt, aber so ein klares Zeugnis ist noch mal was ganz anderes. Ich reagiere trotzig, vielleicht steuert mich unbewusst auch der Höller mit seinem »Man scheitert, bis man erfolgreich ist«-Mumpitz. Wenn ich Fragen haben sollte, könne ich anrufen, lautet der bekannte Hinweis in der Mail – und das tue ich jetzt einfach mal. Die Ausbilderin geht ans Telefon. Mein erster Ärger, meine Enttäuschung weicht, als ich mit ihr ruhig darüber spreche, warum sie mich hat durchfallen lassen (da kam einiges zusammen, ausschlaggebend war am Ende mein Vorhand-Volley, bei dem ich das Handgelenk abgeknickt habe). Sie empfiehlt mir, weiter zu üben, und nein, es sei keine gute Idee, sich jetzt gleich noch mal anzumelden, ich solle mir Zeit lassen. Natürlich melde ich mich nach dem Gespräch sofort für die nächste Prüfung in ein paar Wochen an. Bevor ich nach vorne schaue, blicke ich zurück. Mein Cousin wartet schon auf dem Land auf mich, um mir zu zeigen, wie man von eigener Hand ein Bett baut. Vorhaben Nummer 6. Das Zirbenholz sei schon im Hof aufgeschichtet, schreibt er. Ich steige ins Auto. Die Reise dorthin ist auch eine in die Vergangenheit.

Von München aus ist mein Heimatort in einer Stunde zu erreichen, von dem Dorf aus gesehen ist die große Stadt aber viel weiter weg. Wenn Besucher aus München kommen, werden sie hier einerseits ein wenig skeptisch empfangen, weil sie in der unübersichtlichen Stadt leben, andererseits aber auch hoch angesehen, weil sie dort überleben. Dass die Städter freiwillig in einer hektischen und verbauten und überteuerten Umgebung wohnen, verstehen im Dorf nur ein paar Jugendliche. Die meisten würden in der Stadt die Ruhe und die Natur ihrer Heimat missen. Auf beides sind sie sehr stolz.

Als ich das erste Mal und etwas nervös meine Frau, die damals noch meine Freundin war, mit nach Hause zu meinen Eltern brachte, wollten wir alle zusammen spazieren gehen. Weil meine Freundin in der Stadt aufgewachsen ist, fuhren meine Eltern (meine Mutter noch keine Ebay-Expertin, mein Vater noch Beamter) mit uns an den ruhigsten, natürlichsten Ort in der Gegend. Dorthin, wo die Angler sitzen (für mich damals noch komische Kauze) und die Enten im Wasser planschen. Wir fuhren an die Isarauen – zum Kühlturm. Erst viel später erzählte mir meine Frau, wie irritierend sie das gefunden hatte.

Bei unseren Ausflügen in meine Heimat seither besuchen wir auch immer gerne meine Tante und ihre Familie. Ihr Hof steht nicht im Dorf, sie lebt weiter draußen. Meine Tante ist die naturverbundenste Person, die ich kenne. Mein Onkel ist ein Trumm

Mannsbild, wie man hier sagt. Sein Arbeitgeber hatte ihn eigens fotografieren lassen, damit er die Firma als sympathischer Pappaufsteller auf einer Messe im Ausland vertrat. Mehr als dreißig Jahre hat er als Feuerwehrmann gearbeitet. Im Kernkraftwerk Isar.

Andere mögen das alles einen Widerspruch nennen. Hier ist es das Leben. Das Kernkraftwerk Isar, kurz KKI, ist ein Nachbar, mit dem man sich hat arrangieren müssen. 1977 ging Isar 1 in Betrieb. Wer damals schon in seiner Nähe lebte, hat sich mittlerweile an ihn gewöhnt. Wer seitdem hierhergezogen ist, wusste, auf was er sich einlässt. Als Kinder hatten wir ohnehin keine Mühe, den großen Nachbarn zu mögen. Er war ein wenig wie Benjamin Blümchen, dick und unschuldig, ein Kerl zum Anlehnen.

Aufgeklärt über das, was in diesem Kraftwerk vor sich ging, wurde ich nie. Ich kann mich an Schulausflüge in die nahe gelegene Kläranlage erinnern und an Schulstunden im Fach Heimat- und Sachkunde, in denen es um Eulen ging. Wenn über atomare Zerstörung gesprochen wurde, dann im Zusammenhang mit Nagasaki und Hiroshima. Die einzigen kritischen Erwachsenengespräche über das KKI, die ich als Kind belauschen durfte, handelten weitsichtig von abstürzenden Flugzeugen – einmal war ein französischer Kampfjet nur zwei Kilometer vom KKI entfernt in einen Wald gestürzt – und wurden frühzeitig mit dem Fazit beendet: Bei uns passiert schon nichts, und wenn doch, dann sind wir so nah dran, dass es eh schnell vorbei ist mit uns. Im Ernstfall, so erschien es mir damals, wäre das KKI eher Opfer denn Täter, unsere Nachbarschaft eher Schicksal denn Unglück.

Trotz eines großen Autos führte meine Familie damals schon ein grünes Leben, ohne es so zu nennen. Wir holten die Milch vom Bauern, wir brachten unsere Äpfel zum Saftpresser, und irgendwann montierte mein Vater eine Photovoltaikanlage aufs Dach. Zu diesem Leben gehörte auch das KKI.

Wenn es heute heißt, die Menschen müssten endlich die Augen

aufmachen, um der Realität ins Gesicht zu sehen, dann hätte es für uns heißen müssen, die Augen zu schließen. Denn je sichtbarer die Atomenergie für uns war, desto abstrakter war die Gefahr, die von ihm ausging. Mit seiner unübersehbaren und unveränderlichen Präsenz machte der Kühlturm uns seiner nicht überdrüssig, sondern zeigte uns nur, wie harmlos er war. Außer den Dampf in den Himmel zu blasen, so ausdauernd wie ein Duracell-Häschen, tat er uns ja nichts.

Der Kühlturm des zweiten Werkes, Isar 2, wurde uns nicht als Bösewicht dargestellt, sondern als Barometer – stieg der weiße Dampf gerade nach oben, konnten wir uns auf schönes Wetter freuen. Das machte den Blick zur Dampfsäule zu einem hoffnungsvollen. Die Prognose stimmte immer. Der Turm, diese Wolkenmaschine, war auch Orientierungspunkt. Wenn man bei einer Radltour den Überblick verloren hatte, brauchte man keinen Kompass und keinen Kirchturm. Die Wolken wiesen den Weg. Es war kein bedrohlicher Rauch, der über der Heimat lag, wie in den Western, wenn heimkehrende Cowboys schon von Weitem sehen, dass ihre Ranch gerade abgefackelt wurde. Es waren reine Wolken, die den Himmel weiß-blau machten wie nirgendwo sonst. Den Jugendroman *Die Wolke* von Gudrun Pausewang haben wir – anders als viele andere unserer gleichaltrigen Zeitgenossen – nie zu lesen bekommen.

Tschernobyl war eine Sache der Eltern, so wie der Krieg eine Sache der Großeltern war. Die Familie eines Freundes – der Vater arbeitete damals noch im Lager des KKI – etwa bekam einmal im Jahr Besuch von zwei Mädchen aus der Ukraine. Sie kamen im Rahmen eines Sozialprojekts, an dem das Kernkraftwerk beteiligt war. Als die Sonne einmal sehr brannte, trat ihnen der besorgte Vater des Freundes zwei seiner Käppies ab. Fortan trugen die beiden jungen Ukrainerinnen Kappen, auf denen »Umwelt schützen – Kernkraft nützen« stand. Das mochte man unsensibel oder zynisch finden. Aber der Alltag mit dem Reaktor hatte die Leute hier pragmatisch werden lassen. Anders ginge es nicht. Sonnenbrand bekamen die Mädels jedenfalls keinen.

In den 1990er Jahren bekam unser Dorf ein neues Bushäuschen, Sturm Wiebke machte den Wald luftiger, in der Neubausiedlung wurden die Gebäude immer neumodischer, Bürgermeister kamen und gingen, alle vier Jahre trugen die Großkopferten im Dorf die Haare lang, um beim historischen Umzug der »Landshuter Hochzeit« mitzudackeln.

Unsere Nachbarn, die ihren Lebensstil sehr gerne einen grünen nannten und bei denen ich das gelbe »Atomkraft? – Nein danke«-Zeichen kennenlernen durfte, zogen weg. Völlig unberührt von all diesen Veränderungen stand in der Landschaft: die große Wolkenkonstante. Sicher, hie und da gab es ein paar beunruhigende Meldungen, aber die »Störfälle« lösten dank ihres Euphemismus keine Panik aus. Der Turm saß das alles einfach aus.

Meinen Onkel habe ich als Kind genauso wenig nach seiner Arbeit gefragt, wie ich eine meiner anderen Tanten nach ihrer Arbeit im Kinderkrankenhaus oder meine Cousine nach ihrem Job bei BMW gefragt habe. BMW war der zweite große Versorger hier in der Gegend.

Was ich damals wusste von meinem Onkel: Er war fleißig, was viel zählt auf dem Land, und das KKI war als Arbeitsplatz anständig, was nicht weniger wichtig ist.

Natürlich gab es schon immer Widerstand gegen das Atomkraftwerk. Eine Gegnerin sprach meine Tante einmal recht forsch wegen der Arbeit ihres Mannesels an. Es war das erste Mal, dass meine Tante sich wirklich darüber nachzudenken zwang. Sie kam zu dem Schluss, dass das Kernkraftwerk nun mal hier steht, und wenn mein Onkel die Arbeit nicht machte, dann machte sie ein anderer. Solange sie ihn auf diesem Posten wusste, fühlte sie sich sicher. Das Vertrauen in ihren Mann war stärker als das Misstrauen in die Kernkraft, er sollte der Richtige im Falschen sein. Es war kein politisches Bekenntnis, das meine Tante abgab, es war eine Liebeserklärung.

Manchmal ging um drei Uhr nachts der Pieper. Dann stand mein Onkel auf, fuhr zum KKI und tat so, als drohe ein GAU. Oder er übte das ordnungsgemäße Verteilen von Jodtabletten. Und wenn er doch plötzlich der letzte Mann gewesen wäre, der verstrahlt und dem elenden Tod geweiht im Reaktor steht und verzweifelt Wasser auf die Brennstäbe gießt? Das sei Berufsrisiko, sagte er auf diese Fragen und hörte sich dabei an wie ein Taxifahrer, der von einem Auffahrunfall erzählt, oder wie ein Friseur mit Sehnenscheidenentzündung.

Auch wir hatten nie wirklich Angst. Bis auf meine Cousine, die als Schülerin in der KKI-Kantine jobbte und beim ersten Probealarm, den sie für einen echten hielt, zu Tode erschrak, als der Koch ihr mit Atemmaske entgegenstürzte, weil sie ja nicht wissen konnte, dass der die Maske wegen der Reinigung des Großofens aufgezogen hatte. Damals gehörte Maskentragen nicht zum Alltag, sondern zum Ausnahmezustand.

Nach dem Abi zogen meine Freunde und ich nach München und bestellten Ökostrom für die WG, kauften Feng-Shui-Bücher und studierten eben alles außer Wirtschaft. Bei jeder Wahl wählten wir den Atomausstieg.

Wenn wir über Landshut redeten, fiel das Wort Kernkraftwerk nur als Ortsangabe. Am Wochenende fuhren wir meist nach Hause und zwängten uns oft zu fünft in eines unserer kleinen Autos. Es war mehr ein Transport denn eine Reise, bis wir die weißesten aller Wolken sahen. Von diesem Augenblick an wurde aus der Anfahrt ein Ankommen. Unsere Atomkritik war uns auf dem Weg verlorengegangen. Irgendwie kam unser gemeinsamer Nachbar immer mit einem blauen Auge davon.

Aber auf einmal war alles anders. 2011. Fukushima. Nun hatte auch unsere Generation ihr Tschernobyl, eines, das keine Ausreden mehr zuließ: Wenn den modernen Japanern so was passiere, hieß es nun, dann könne uns das genauso zustoßen. Unser Nachbar war als Schläfer enttarnt, endgültig. Nackt sah er plötzlich aus. Aus dem Fernsehen erfuhren wir, wie Werke wie das KKI funktionierten und wie ein GAU ablief. Wir stellten fest, dass unsere Familien innerhalb der Evakuierungszone lebten, die in Fukushima als zu klein kritisiert wurde. Wir verfolgten in aufwendigen Animationen, die es 1986 so anschaulich sicher noch nicht gegeben hatte, wie sich die Gifte im Körper verteilen. Wir hörten den Experten zu, die den Atomausstieg für vernünftig hielten, und stimmten ihm zu. Aber wir hörten von den gleichen Experten, dass ein sofortiges Abschalten in der Praxis unmöglich sei, und fühlten uns ein wenig rehabilitiert für unser Ausharren, für unser chronisches Tolerieren des notwendigen Bösen.

Viel ist seither passiert. Wir haben die beiden ukrainischen Mädchen, die jetzt natürlich Frauen sind, in ihrer Heimat besucht, als dort die Fußball-EM 2012 stattfand. Ich war später auch mal in Tschernobyl, um zu Dark-Places-Tourismus zu recherchieren. Daheim stand die Wolkenmaschine in all den Jahren unbewegt in der Landschaft. Aber sie hat keine Zukunft, jetzt muss sie weg. Irgendwann ist auch mal gut. Was der Welt auf ewig bleiben wird wie Tattoos, das sind die Brennstäbe.

Als ich damals, nach der ersten Reise mit meiner Freundin in meine Heimat, wieder ins Auto stieg, war ich erleichtert. Meine Familie und das Mädchen aus der Stadt mochten sich, und die Sonne schien dazu. Wir fuhren nach München. Im Rückspiegel war mein Elternhaus schon nach der ersten Kurve verschwunden. Aber die Wolken aus dem Kühlturm waren noch lange zu sehen. Sie stiegen gerade nach oben. Wir waren glücklich.

Holz: Sägen, was ist

Diese Geschichte fällt mir wieder ein, als ich mich an diesem Sommertag des so friedlichen Jahres 2021 der Dampfsäule nähere, auf dem Weg zum Hof meiner Tante, der auch der Hof meines Cousins ist, vor allem in Zeiten, in denen dort palettenweise Zirbenholz liegt für ein Bett, das zu bauen er mir beibringen soll. Diese Geschichte erzähle ich hier, weil sie zeigt, mit welcher Vorstellung von Sicherheit und Freiheit ich aufgewachsen bin. Weil sie zeigt, dass man sich schöne Kindheitserinnerungen nicht nach später erworbener politischer Korrektheit aussuchen kann. Und weil sie im Großen, mit der Wolkenmaschine, zeigt, was mich im Kleinen, mit der CO_2-Maschine, diesen Sommer noch stark beschäftigen wird, im August bei Projekt Nummer 8: die Frage, ob man ein Auto fahren darf, und wenn ja: wie melancholisch man dabei sein darf, wie gefühlvoll?

Das Zirbenholz wartet. Ich parke den Škoda im Hof. Meine Tante macht wie seit jeher Marmelade und Saft ein. Aber mein Onkel ist inzwischen in Rente. Meine älteste Cousine ist weggezogen, und sie arbeitet auch nicht mehr im KKI, dafür sind die jüngere Cousine und auch mein Cousin mit ihren Partnern wieder hergezogen. Am Land kommt nach dem Coming of Age nicht selten das Coming Home. Drei kleine Kinder sind da, sie spielen mit ihrem Opa, meinem Onkel, auf dem Hof. Neben ihm sehen sie noch kleiner aus, als sie es ohnehin sind.

Mein Cousin Helmut ist Lehrer und Schreiner. Ich sehe ihn auf Familienfesten und auch ab und zu abends, die Dörfer hier sind klein, wir haben dieselben Bekannten. Oder in München, wo seine Freundin an der Kunsthochschule war, oder auf der Bühne. Er spielt Bariton und Posaune in einer Band, die bayerische Blasmusik und auch mal Balkan Brass spielt und sehr schwer zu googlen ist (die Hoglbuachan Sasdndengla). Posaune hat er gelernt, sagt er, weil es ein wildes Instrument ist. Er selbst ist nicht gerade unwild.

Helmut junior, Helmut senior und ich sitzen im Hof auf Holzstümpfen, die Kinder krabbeln auf dem Pflaster oder fahren mit Spielzeugtraktoren herum. Bullerbü liegt in der Luft. Ich muss unwillkürlich an die Werbung denken, in der sich eine Gruppe gut gelaunter Menschen bei sommerlicher Musik in Zeitlupe Bier aufmacht und sich selig lächelnd zuprostet. An diesem frühen Vormittag ist es natürlich nicht so. Es fehlt die Musik.

Helmut und ich besprechen die Vorgehensweise beim Schreinern des Betts, das heißt ich erfrage sie, weil ich wirklich keine Ahnung habe. Ich habe noch nie etwas gebaut außer einen Unfall mit meiner Vespa, bei dem ich es geschafft habe, auf die eine Seite umzufallen und den Roller danach so ruckartig wieder aufzurichten, dass er gleich auf die andere Seite umgefallen ist. Die Vespa steht heute hier am Hof in einer Scheune, sie und ihre Beulen wurden innerhalb der Familie weitergegeben.

Er werde mir nur zeigen, wie die einzelnen Arbeitsschritte aussehen, sagt Helmut, ausführen müsse ich sie dann selber. Als Erstes soll ich den Grobzuschnitt machen, mit der Kettensäge. Ob ich mit der hantieren könne, fragt er mich. Mein Zögern lässt ihn die Schutzkleidung holen. Ich ziehe eine Schnittschutzhose an und einen Helm und säge an der zuvor eingezeichneten Linie entlang. Die Zuschnitte schneide ich mit der Handkreissäge weiter zu, »machst immer Vollgas«, sagt der Helmut. Er gibt mir die »drei Freunde«: einen gespitzten Bleistift, Ohrenschützer und ein Metermaß. Ein harter Lehrer würde Letzteres irgendwo liegen lassen, aus erzieherischen Gründen zerbrechen, sagt der Helmut, aber es ist keine Drohung, sondern nur eine Anekdote. Außerdem ist es ja *sein* Meterstab.

Helmut und der Rest der Familie lassen mich allein mit den Sägen und den Brettern und den drei Freunden. Alles wird immer kleiner und feiner, über den Hof legt sich eine nach Südtirol duftende Wolke aus Zirbenholzstaub. Im Hof hängt keine Uhr, mein Handy liegt bei den Baumstümpfen, und das Einzige, was das Fortschreiten der Zeit anzeigt, ist der Fortschritt meiner Arbeit.

Die weitere Produktion verlagert sich nach drinnen, in die Werkstatt, in der riesige dreißig Jahre alte, hellgrüne Maschinen stehen, die sich der Helmut günstig zusammengekauft hat. Die Sicherheitsstandards dieser Geräte dürften sich über die Jahrzehnte geändert haben. »Hier«, er deutet auf den Hobel, »ist die Todeszone.« Sein einstiger Lehrer habe hier vier Finger verloren. Er selber hätte seine Fingerkuppe dort drüben, an der Kreissäge, gelassen. Ich nicke und gehe innerlich die Einträge auf meiner To-do-Liste durch, die sich in dem Moment erledigt hätten, wo einer meiner Finger vom Hobel erledigt würde. Gitarre auf jeden Fall, Tennis wahrscheinlich, das Schreiben eines Buches womöglich. Kochen würde wohl gehen, wobei das Teigkneten etwas grobschlächtig verliefe. Knödel könnte man, alter Witz, immer noch mit den Achseln formen. *El cepillo de carpintero*, müsste ich auf Spanisch antworten, wenn mich jemand nach dem Übeltäter fragen würde, der mich so zugerichtet hätte.

Der Hobel, das ist eine fest stehende Maschine, mit einer supermarktkassenbandbreiten Fläche auf Nabelhöhe, über die man die Bretter schieben kann. In der Mitte dieser Fläche ist ein breiter Schlitz, in dem das Hobelmesser eingelassen ist: eine sich irre schnell drehende scharfkantige Rolle. Es hobelt das Holz ab, macht die Kanten feiner. Damit solle ich nun alle Bretter behandeln, sagt der Helmut, und lässt mich nach zwei, drei Probeversuchen allein in der Todeszone zurück. Er ist einer der besseren Lehrer, denen ich als Dauerschüler dieses Jahr begegnen werde. Er erklärt, demonstriert, warnt, vertraut, lobt. Auf so was achte ich, seit ich mir einbilde, selber Lehrer werden zu können.

Jedes Brett fasse ich ausschließlich oben an, unten rotiert der Horrorhobel, bei jedem Drücken und Schieben und Ziehen der

Latten über das rotierende Messer achte ich tunlichst darauf, nicht abzurutschen.

Für den Fall, dass dennoch etwas schiefgeht, sollte ich gewappnet sein, habe ich doch nebenbei in diesem Jahr noch einen eintägigen Erste-Hilfe-Kurs absolviert, ein schon lange vor mir hergeschobenes Nebenvorhaben. »Das Einzige, was man falsch machen kann, ist, gar nichts zu machen«, sagte die Leiterin damals, was sich auf den Umgang mit Verletzten bezog, aber genauso gut das Leben generell meinen könnte. Ich lernte an einer Puppe, wie ich im Takt von »Stayin' Alive« einen Menschen wiederbelebe. Weil der Kontakt mit anderen Teilnehmern wegen Corona untersagt war, brachte ich mich selbst in die stabile Seitenlage.

Was ich über Amputationen erfahren habe:

1. Keimfreies Material auf die Blutung pressen, bis Hilfe eintrifft und die Blutung gestillt ist. Nach Möglichkeit einen Druckverband anlegen.
2. Gegebenenfalls weitere lebensrettende Maßnahmen durchführen.
3. Den Notruf unter 1 1 2 wählen.
4. Das Amputat in einem trockenen und sterilen Tuch sichern.
5. Das Amputat nicht abwaschen, sondern am besten in einem wasserdichten Beutel auf Eis bzw. kühl legen.
6. Lebensrettende Maßnahmen fortführen.

So weit darf es nicht kommen. Ich kann mich nicht erinnern, dass ich irgendwann etwas so konzentriert gemacht hätte wie dieses Hobeln. Jeder Handgriff sitzt, beim Gedanken, er könnte nicht sitzen, schüttelt es mich. Die Angst versetzt mich in einen gesamtkörperlichen Zustand der Konzentration. Ich höre alles nur dumpf, wegen der Ohrenschützer. Ein vibrierendes Handy würde ich nicht spüren, hier vibriert alles. Ich bin in der Heimat und dabei so weit weg wie nie. Ich fühle mich im dröhnenden Lärm auf einmal ganz ruhig, in der drohenden Gefahr ganz geschützt. Der Helmut entlässt mich für diesen Tag, mit einem anerkennenden Nicken die Bretter inspizierend, nach Hause.

Wieder in München, befriedigt das ungewöhnliche Gefühl, nach all den theoretischen Monaten etwas Praktisches, haptisch Fassbares geschafft zu haben, ungemein. Doch das Sägen, Hobeln, Leimen, Schleifen, das Herausschneiden der Zinken mit der japanischen Handsäge, die Biere, das Bohren schlauchen ganz schön. Ich sinke dankbar und kaputt in das alte Bett, das mich nachts wacker mit letzter Kraft trägt und doch nicht weiß, dass ich tagsüber an seiner Ablösung arbeite.

Alltag: Alpenglühen und Sonnenwende

Dankbar bin ich mittlerweile eigentlich jeden Abend, systematisch. Der allerorten zu lesende Rat, sich vor dem Einschlafen an drei (oder, je nach Ratgeber, auch mehr) Erkenntnisse aus dem Tag heraus zu erinnern, für die man wirklich dankbar sein kann, wirkt bei mir super. Vor allem, wenn man durch den Tag hetzt und keine Sekunde für Selbstreflexion hatte, ist es ungemein erdend und friedensstiftend, sich am Ende des Tages zu zwingen, mal einen Schritt zurück zu treten und sich die wunderbaren Elemente des eigenen Lebens vor (die geschlossenen) Augen zu führen. Das ist der zweite Teil der geistigen Abendhygiene.

Der erste Teil ist da schon abgeschlossen: die Planung des nächsten Tages. Grob überschlagen bleiben werktags, die Arbeitszeit abgezogen, brutto höchstens 15 Stunden, davon gehen etwa sieben weg für die Nacht, bleiben acht. Vielleicht vier davon sind für die Familie und Freunde reserviert. Bleiben vier. Viel geht für Alltagskram drauf: Haushalt, Transport, Rechnungen, Schneuzen, Buchungen, Telefonate, Badezimmer, Schuhebinden, Einkäufe, Hochfahren des Rechners, Runterbringen des Mülls. Wenig bleibt für meine Projekte. Noch weniger für Ungeplantes. Fürs Nichtstun. Für mich.

Um der privaten Planung also noch mehr zeitsparende Struktur zu verleihen, probiere ich die Alpen-Methode aus, erdacht von Lothar Seiwert. Alpen steht für: **A**ufgabe und Termine am Vortag aufschreiben; **L**änge abschätzen; **P**ufferzeit einplanen; **E**ntscheidungen treffen, also Prioritäten setzen; **n**achkontrollieren.

Ein Beispiel: Am Montag, dem 7. Juni, notiere ich mir abends die To-dos für den nächsten Tag, der Anleitung folgend erst so lose wie möglich, später ergänzt mit Dauer und Pufferzeiten. Frühstücken und Fertigmachen mit der Familie, also mit schwarzem Kaffee am Tisch sitzen, halbe Stunde (dazu eine Viertelstunde Puffer). Arbeit. Eine halbe Stunde Kochen (realistischer Puffer: eine weitere halbe Stunde), mit dem Essen in den Park nahe dem Büro radeln, wo ich einen Kollegen, der in Elternzeit ist, eine Dreiviertelstunde lang treffe (plus 15 Minuten). Im Homeoffice in den Arbeitspausen eine Viertelstunde Gitarre und eine Viertelstunde Yoga. Unsere Tochter von der Schule holen, 20 Minuten, mit einem Puffer von 15 Minuten, falls es auf dem Weg ein Eis gibt. Eine dreiviertel Stunde Spanisch üben, abends in den Kurs an der Volkshochschule gehen, 90 Minuten. Boxtraining, 60 Minuten. Ein entspannter Abend mit meiner Frau. Alles drin. Die To-dos in der Arbeit notiere ich separat.

Klar, das ist zu viel. Nun muss ich mich entscheiden: Was streiche ich, was kürze ich von der Liste? Dafür gibt es die Eisenhower-Matrix, benannt nach ihrem Erfinder, dem ehemaligen US-Präsidenten Dwight D. Eisenhower. Vier essentielle Fragen:

1. Was ist dringend und wichtig? Arbeit, nicht verhandelbar. Spanisch üben vor dem Kurs muss sein.
2. Was ist wichtig, aber nicht dringend? Frühstücken mit der Fa-

milie. Boxtraining. Gitarre üben. Der Abend, als perspektivische Belohnung.
3. Was ist nun dringend, aber nicht wichtig? Tochter abholen – sie könnte allerdings auch einfach ohne Begleitung heimgehen.
4. Was ist weder dringend noch wichtig? Am ehesten Yoga, Kochen.

Der neu geschüttelte Plan (und die Nachkontrolle, um zu checken, wie es dann wirklich war): Wecker um 6 Uhr, Spanisch lernen 60 Minuten (40 Minuten). 7 Uhr: mit der Familie frühstücken und fertig machen 60 Minuten. 8 Uhr: Homeoffice, 12 Uhr: Kochen (12.30 Uhr Essen beim veganen Asiaten holen), in den Park radeln (Auto). 13.00 Uhr: Essen mit Hannes im Park, 45 Minuten (60 Minuten). 13.45 Uhr (14.00 Uhr) bis 17.15 Uhr: Arbeiten im Büro, danach entspannt zur Volkshochschule (17.35 Uhr, danach gehetzt zur VHS, Parkverbot), 18.00 Uhr (18.07 Uhr) bis 19.30 Uhr: Spanischkurs. Entspanntes Nichtstun (noch mal Arbeiten, E-Mails beantworten). 20.15 Uhr bis 21.15 Uhr: Boxtraining, danach gemütlicher Abend open end (um 22.00 Uhr nach kurzem Hallo an meine Frau todmüde ins Bett).

Wunsch und Wirklichkeit liegen, je länger der Tag dauert, immer weiter auseinander. Zusammengehalten wird der Plan gerade so durch feste Termine. Kein Platz für unerwartete Verzögerungen, keine Toleranz für Überraschungen. Nicht jeder Tag ist so vollgepackt, aber ich streue solche Kompressionen ein, um an anderen Tagen Lücken zu reißen im Kalender.

Wie ich diese Tage überstehe? Wenn alles passend ineinandergreift und sich die To-dos doch mal auflösen wie eine vervollständigte Reihe bei Tetris, dann bin ich zufrieden, ja stolz. *If you want something to be done, give it to a busy person.* Ich habe im Stillen Gefallen gefunden an dem Stress, der Effizienz (und ich habe dafür gute Gründe gesammelt). Gefallen am Planen des Bettes (ist ja fürs gemeinsame Schlafzimmer), am Klären der Finanzen (für unsere Zukunft), am Aussortieren (für die Ordnung), am Kochen (für Frau und Tochter), am Sport (für die Gesundheit), am mittlerweile regelmäßigen Blutspenden (für die Versehrten).

Meine heimlich gewachsene Gier erinnert mich an die des Walter White in »Breaking Bad«, dem anfangs stinknormalen Chemielehrer, der aus Geldnot zum Drogenproduzenten wird. Staffel für Staffel betont er, dass er das alles nicht für sich mache, sich opfere. »Wenn ich noch einmal hören muss, dass du das alles für die Familie gemacht hast«, klagt Whites Frau schließlich unter Tränen am Ende der Serie. Doch White sagt, zum ersten Mal überhaupt: »Ich habe es für mich gemacht. Ich habe es gemocht. Ich war gut darin. Und ich war – ich war lebendig.«

Apropos lebendig: Nach drei Wochen entsorge ich die so unterschiedlich beschrifteten Gläser mit dem gekochten Reis. Der Schimmel wurde einfach zu eklig. In beiden Gläsern natürlich. Wenn man ganz genau hinschaute, war der »Zuversicht«-Reis sogar noch schwärzer als der »Unglück«-Reis.

Das Vorspielen beim Bayerischen Tennisverband, mein zweiter Versuch, ist erfolgreich. Ich habe mir die Kritik zu Herzen genommen, mein Vorhand-Volley ist immer noch nicht perfekt, aber ich bestehe die Prüfung. Ich bin sehr erleichtert, das neu geschaffene Projekt Nummer 5 kann mit Verspätung starten, in den kommenden Wochen werden Online-Prüfungen zu bestehen sein, im November wartet eine Woche Kompaktkurs am Leistungszentrum in Oberhaching. Allein der Name erzeugt bei mir eine Gänsehaut.

Indes gibt es Fortschritte in einer anderen Disziplin zu vermelden. Das Training fürs Boxen, Projekt Nummer 12, absolviere ich von nun an im örtlichen Studio. Ein dunkler Keller, schön verranzt, fast kitschig. Poster von Mike Tyson und Muhammad Ali an den Wänden, von der Decke baumelnde Boxsäcke, Gewichte und Springseile, Spiegel, im Zentrum ein Ring. In der Luft Leder und Schweiß und kubanische Musik. Sofort werde ich an den hart-romantischen Mythos erinnert, der mich zum Boxen geführt hat. Und daran, dass ich wie Max Mustermann aussehe. Denn der Trainer fragt mich bei meinem allerersten Besuch:»Du warst doch gestern schon hier, oder?«

Der Trainer ist ein drahtiger, glatzköpfiger Italiener, der eine Mischung aus Deutsch, Englisch und Spanisch spricht, was der international zusammengesetzten Anfängergruppe beim Verstehen hilft. Ich grüße ihn natürlich auf Spanisch, offenbar gut genug, dass er mich, auf die Liste blickend, für einen Santiago hält. Wir schlagen anfangs kein einziges Mal, nicht in die Luft, nicht gegen die Säcke, nicht die Trainierenden. Wir tanzen. Ein hüpfender Schritt vor, ein hüpfender Schritt zurück, ta-tap, ta-tap,»hört auf die Musik«, die Fäuste vor dem Gesicht. Ich bin einer der Älteren und Taktloseren, nur Detlef, ein eher unsportlicher, behäbiger Typ, ist noch etwas älter, noch etwas taktloser. Partnerarbeit: Man steht einander gegenüber, einer hat in der linken und in der rechten Hand je einen Tennisball, in Hüfthöhe. Mal lässt man den einen fallen, mal den anderen – das Gegenüber muss versuchen, ihn zu fangen. Wenn der Trainer sieht, dass der Fallenlasser dem Fänger hilft, unterbricht er:»Forder ihn! Sonst bleibt er dumm.« Beeindruckend. Als wir am Ende doch gegen die Boxsäcke schlagen, korrigiert er mich, ich solle nicht so hart schlagen. Weil ich, des eleganten Schlagens nicht mächtig, weiterhin zu hart draufhaue, denkt der Trainer, ich hätte seine Anweisungen nicht verstanden und erinnert sich an meine Begrüßung. *No duro*, sagt er jetzt im Glauben, ich spräche nur Spanisch. Dabei bin ich doch nur grobschlächtig. Ich nicke.

Nach der Stunde radle ich schweißüberströmt heim, ich platze ins Homeoffice meiner Frau und schwärme ihr vor. Sie hört mir aufmerksam zu, nickt, aber irgendwas in ihrem Blick verrät mir, dass sie nicht ganz überzeugt ist von meiner Begeisterung. Ich hetze weiter in die Arbeit.

Der 21. Juni ist Sommersonnenwende, der längste Tag des Jahres. Die Nächte werden wieder dunkler. Am 29. Juni scheidet Deutschland gegen England bei der Fußball-Europameisterschaft aus. Nacht des Feuers, schwarze Wolken. Bevor ich ins Bett gehe, stelle ich die Zeitschaltuhr an der Kaffeemaschine so ein, dass sie am nächsten Morgen sieben Minuten, bevor der Wecker klingelt, zu brühen beginnt. Ich liebe schwarzen Kaffee.

Miro estos dos, ya están otra vez hablando por los codos.
Schau dir diese beiden an,
sie reden wieder einmal wie ein Wasserfall.
(wörtl.: mit den Ellbogen reden)

Miércoles, 21 Julio

JULI
SPRACHE UND STRESS

Ich hasse schwarzen Kaffee, wem will ich was vormachen. Er frisst mich morgens mit seiner Säure von innen auf. Ihn mit Milch verträglicher zu machen, verbieten die Regeln des Intervallfastens. Am Abend des 2. Juli, einem der schlechten Tage, notiere ich: Kochen nicht geschafft, beim Autofahren telefoniert, Badeanzug mitgeben vergessen, Kuscheltier einpacken vergessen, Tennisplatz-Reservierung vergessen. Gehetzt. Überall zu spät. Handy im Kühlschrank wiedergefunden. Grünen Tee halbe Stunde ziehen lassen. Brief von der Bibliothek, Fristen überzogen. Hochzeitstag vergessen. Mein mazedonischer Friseur fährt mir durch die mickrige Frisur und diagnostiziert: »Stress machen Haare weg.«

Es ist Jahreshalbzeit. Überall habe ich gelesen, ich solle über mich hinauswachsen. Aber wie unsere Tochter habe auch ich Wachstumsschmerzen. »Bist du sicher, dass dir das noch guttut?« Meine Frau macht sich zum ersten Mal Sorgen um mich. Nicht wegen des vergessenen Hochzeitstages (wir haben einen zweiten, der uns wichtiger ist) oder der Haare. Sondern wegen meiner Konstitution. Dabei versuche ich ohnehin, sie meine Erschöpfung an den anstrengenderen Tagen nicht merken zu lassen. In meinen Notizen stehen die Symptome: schlecht geschlafen, kaputt, schwach, Daumen tut weh (Handy), Rücken ist verspannt, Kopf tut weh (wegen Verspannung), Blasen an den Füßen (vom Boxtraining), Sohle tut weh (vom schiefen Gehen wegen der Blasen), Pfeifen im Ohr, Sodbrennen. Eine vegane 14-Tage-Challenge breche ich nach sechs Tagen ab, der Steckerlfisch ist zu verlockend, keine Kraft für Widerstand. Die gelegentliche Zigarette wird wichtiger als vermeintlicher Stress-Relief. Eigentlich entspannt mich das Rauchen nicht, mich dreht's eigentlich immer nur ein bisschen.

Die Notizen mache ich mir, um mein Jahr zu dokumentieren (und mir wird dabei klar, dass dieses viel gelobte Aufschreiben auch dann sinnvoll ist, wenn man nicht gerade ein Buch schreibt), und es ist erstaunlich: Erst beim Lesen merke ich, dass ich all die genannten Zustände im Alltag keineswegs als so alarmierend wahrnehme. Ich habe mich daran gewöhnt. Ois ganz normal.

Schlechte Zeiten: Ausgebrannt

Ich schufte und schufte, wo bleibt die Erlösung? Die wird es nicht geben, erdet mich die Soziologin Anja Röcke: »Besser geht immer. Es kann keinen festen Endpunkt geben, denn jedes Ende von etwas ist zugleich der Anfang von etwas Neuem und damit, so die Intention, Besserem.« Ist das die desillusionierende Lehre aus dem ersten halben Jahr? In den Phasen der Überforderung gleiche ich dem Reisglas mit den wütenden, verzweifelten Aufklebern, dann denke ich: Ich versuche alles, und ich kann nichts. Meinen gesünderen Lebensstil mache ich mir mit Stress zunichte. Meiner neuen Leidenschaft, dem Kochen, kann ich immer seltener nachgehen, sie ist nie dringend und wichtig und wird als Erstes gestrichen, wenn der Eisenhower-Zeitplan zu dicht ist, was er meistens ist. Das Bettbauen gibt mir etwas, aber es nimmt mir auch etwas, nämlich ganze Tage, die ich mit meiner Familie verbringen könnte. Meine Finanzanlagen arbeiten in Ruhe (vermutlich), aber mein Girokonto ist dauerbelastet, die Projekte verschlingen zusammengenommen ein Vermögen, da sind Mitgliedschaften für den Boxverein und Spanisch-Apps, Radtrikots und Tennislehrer-Sichtungen zu zahlen. Den Dauerauftrag für den ETF-Sparplan musste ich zeitweise ruhen lassen.

Gitarre? Ein paar Töne, noch kein einziges Lied. Spanisch? Ein paar Sätze, kein Quasseln. Boxen? Ein paar Schritte, kein Rhythmus. Das liegt auch daran, dass ich gar nicht richtig da bin. Beim Gitarreüben denke ich schon an Spanisch, beim Spanischlernen ans Boxen, beim Boxtraining an die nächste Gitarrenstunde. Ich lebe geistig in der Zukunft. Und während ich am Rad drehe, dreht die Welt sich ja auch weiter, gefühlt in die entgegengesetzte Richtung.«Wer eine große Zahl von Projekten gleichzeitig bearbeitet, hat das Gefühl, viele Eisen im Feuer zu haben und an allen Fronten Fortschritte zu machen. Stattdessen ist es häufig so, dass man nie etwas Wichtiges zu Ende bringt, sondern sich bei Hindernissen ins nächste Projekt flüchtet«, sagt Zeitmanagement-Kritiker Oliver Burkeman. Nicht mehr als drei Aufgaben zur gleichen Zeit solle man angehen. Bei mir sind es vier Mal so viel. Und für wen mache ich das eigentlich? »Spüren Sie im Alltag Druck durch Ihr Umfeld, sich stetig verbessern zu müssen (zum Beispiel bei der Arbeit, beim Sport oder bei der Ernährung)?«, lautete die Frage bei einer Studie, durchgeführt im Spätsommer 2020. Mehr als 30 Prozent der Teilnehmer bejahten sie. Psychoanalytiker Albert Ellis prägte den Begriff des »Mußturbierens«. Wir bürden uns und anderen zu viel auf.

Wir, das ist die »neue Mittelklasse«, wie unter anderem Andreas Reckwitz die Gruppe nennt, die heute »in westlichen Gesellschaften eine dominante Lebensform« sei; die Menschen, die dazugehören, teilten einen bestimmten Lebensstil, etwa kosmopolitische Werte oder ein Ideal des guten Lebens. Sie wollen sich selbst entfalten, aber auch gesellschaftlich einen gewissen Status erreichen. Das ist viel. »Idealerweise sollten sämtliche Segmente des Alltagslebens nicht (nur) Mittel zum Zweck sein, sondern um ihrer selbst willen getan werden und dadurch emotional erfüllend und subjektiv sinnstiftend sein«, schreibt er. Das gelte nicht nur für die Jobs, sondern auch für die Freizeit mit ihren Reisen, ihren Bewegungskulturen, ihrem Engagement und ihren Events. Dieser hohe Besonderheits- und Selbstentfaltungsanspruch sei jedoch ein »systematischer Enttäuschungsgenerator«. Die neue Mittelklasse leide oftmals unter »psychischer Überforderung«.

Wer sich mit den Folgen von Überforderung auseinandersetzt, landet bald beim Psychoanalytiker Herbert J. Freudenberger, der bereits 1974 die zwölf Burn-out-Phasen bestimmt hat. Die ersten sechs passen schon mal ganz gut zu meinem ersten Halbjahr, sofern man meine Projekte als Arbeit definiert: Die erste Phase zeichnet sich durch übersteigerten Ehrgeiz aus, durch den Zwang, sich zu beweisen (mein Askese-Januar). Die zweite ist geprägt vom noch mal gesteigerten Perfektionismus (mein Zeitmanagement-Februar). In der dritten Phase wird die Not zur Tugend, Betroffene beschreiben die Überarbeitung in dieser Phase als etwas Positives (mein Koch-Hoch im März). Erste Fehler passieren. In der vierten Phase kann es zu Konflikten kommen, und die Fehlleistungen häufen sich (mein Hummer-April). In der fünften Phase steht die Arbeit an erster Stelle, Freunde und Hobbys treten in den Hintergrund, man hat keinerlei Zeit für sich (und braucht wie ich Urlaub im Mai). Phase 6: Verleugnung der Probleme (ich liebe schwarzen Kaffee!). Die Arbeitsleistung lässt deutlich nach, körperliche Beschwerden verstärken sich.

Die weiteren Phasen wären, wenn man Freudenberger folgt: Rückzug im Juli, Misstrauen im August, Depersonalisation im

September, innere Leere im Oktober, Depression im November und schließlich, frohe Weihnachten, völlige Erschöpfung. Keine heiteren Aussichten.

Gute Zeiten: Entflammt

Aber ist wie so oft eine Frage der Perspektive. Wenn ich mir die Pläne ansehe, die ich vor diesem Jahr gemacht habe, wenn ich mich dazu an das Gefühl erinnere, das mich zu all dem veranlasst hat, wenn ich mal in Ruhe durchatme und ausgeschlafen bilanziere, dann ist das Zwischenzeugnis viel besser als das in erschöpften Momenten ausgestellte. Es braucht ab und zu den Blick von außen, und zu dem zwinge ich mich nun innerlich.

»Wenn Sie einen Augenblick lang nur an Ihre Erfolge denken, dann kommt schon einiges zusammen. Brechen Sie bei jedem ›Aber‹ sofort den Satz ab«, schreibt die Autorin Isabell Prophet in dem Beruhigungswerk *Wie gut soll ich denn noch werden?! Schluss mit übertriebenen Ansprüchen an uns selbst.*

In Phasen der Euphorie gleiche ich dem Reisglas mit den zuversichtlichen, positiven Aufklebern und schwärme mir selbst vor: Die Wehwehchen und der Stress? Ich bin doch pumperlgesund, und man stelle sich vor, wie schlimm das alles erst wäre, wenn ich gesundheitlich nicht so robust wäre! Wie schön, dass ich ab und an Zeit finde, für die Familie zu kochen, das wäre früher undenkbar gewesen! Und wer hätte gedacht, dass ich mal in einer Werkstatt stehe und mit Holz arbeite! Dass ich mit dem schönen Rad stundenlang durch die schöne Gegend fahre! Dass ich nach so vielen Jahren endlich die Gitarre ausgepackt habe! Das Boxen, was für eine ungewohnte Erfahrung! Das Geld? Was ist schon Geld, wenn man so viel vom Leben hat wie ich! Und was ein Privileg, Spanisch lernen zu dürfen, qué suerte!

In diesem Sommer entscheide ich mich für die zweite Perspektive, die guten Zeiten. Es ist weder eine spontane noch eine bewusst herbeigeführte Entscheidung, eher ein Prozess der Entspannung. Warum ich mich entspannt habe? Weil ich bei näherer Betrachtung zwar nicht alles gewonnen habe, aber auch nichts verloren. Nicht alles hat mir was gebracht, aber nichts hat geschadet. Nicht jeder Tag war erfüllend, aber das braucht es auch nicht. Nicht alles ist perfekt gelaufen, aber das muss es auch nicht sein. Menschen, die immer nach der besten Entscheidung streben, sogenannte Entscheidungsperfektionisten, auch Maximizer genannt, sind im Durchschnitt weniger glücklich als Satisficer, die zu Gut-genug-Entscheidungen neigen, schreibt Barry Schwartz. Noch als US-Senator hat John F. Kennedy, bezogen auf eine Karriere als Vizepräsident, einmal gesagt: »Wenn man einmal im Leben mit dem Zweitbesten vorliebnimmt, dann erreicht man immer wieder nur das Zweitbeste.« »Nur« das Zweitbeste? Ist schon ziemlich, ziemlich gut, finde ich. Meistens sogar mehr als gut genug.

Man muss nicht so anspruchslos sein wie der Boxer Graciano »Rocky« Rocchigiani, ein waschechter Satisficer, der meinte: »Wat braucht der Mensch außer Glotze gucken? 'N bisschen bumsen, 'n bisschen Anerkennung.« Man darf sich aber auch nicht von Rainhard Fendrich unter Druck setzen lassen, der in seinem Bergwerk-Klassiker seine Besungene als Maximizer preist: »Weil a bissl Glick fia di no long net reicht«.

Zur Jahreshalbzeit lass ich das dramaturgische Diktat des Burn-outs hinter mir und folge fortan einem Skript, das eine klassische Heldenreise skizziert. Man kennt sie aus Film und Fernsehen. Sie besteht ebenfalls aus zwölf Stationen, die ersten sechs habe ich leider verpasst, aber es wartet laut Definition noch so Einiges auf mich: Gefahren, Krisen, Belohnungen, Neuerfindung, Stabilisierung und schließlich meine Rückkehr als Sieger, mit Erfahrungsschatz. Um die Reise anzutreten, muss ich, wie früher, als meine Eltern uns mitten in der Nacht ins Auto gesetzt haben, auf das wir ohne Friction (also Stau) nach Italien brettern konnten, früh aufstehen.

Aufstehen: 5 is the magic Number

Hal Elrod hat ein Buch übers Aufstehen geschrieben, *Miracle Morning*, noch so ein Ratgeber, der etwas sehr Einfaches (vgl. Intervallfasten) so lange dreht und wendet, bis nicht nur ein ganzes, sondern sogar ein ganz erfolgreiches Buch daraus wird. Das *miracle* hinter Elrods Methode? Man soll den frühen Morgen nutzen, um den Rest des Tages nicht in denselben Stress zu geraten wie die Durchschnittsmenschen. 95 Prozent der Menschen gäben sich mit weit weniger zufrieden, als sie im Leben eigentlich wollen. Das Narrativ ist bekannt: Die anderen fünf Prozent stehen früh auf, das ist das Geheimnis ihres Erfolges. Heidi Klum um 5 Uhr. Tim Cook um 4.30 Uhr. Mark Wahlberg um 2.30 Uhr. Claus Hipp steht um 4.30 Uhr auf. »Das ist ganz natürlich, ich lebe auf dem Bauernhof in Pfaffenhofen. Die Gockel fangen in der Früh an zu krähen, ich höre, was im Stall passiert, was im Wald geschieht.« Wo kein duftender Dorian blüht, muss der Hahn als Uhr herhalten.

An ihn denke ich, wenn ich mir den Wecker nun auf 5 Uhr stelle: Ah, im Vergleich zu ihm schlafe ich bis in die Puppen. Früher wäre es undenkbar gewesen, mich freiwillig vor 6 Uhr wecken zu lassen. Die 5 auf dem Display, und sei es als 5.59 Uhr, hätte mir nicht nur die Nacht versaut, die ich schon verunsichert angegangen wäre, sondern auch den darauffolgenden Tag, der gewiss unter meiner Müdigkeit oder der Angst davor leiden würde.

5 Uhr. Das erste Mal wache ich auf, als hätte mich jemand aus dem Schlaf gewatscht. Ich mache mir hundemüde einen Kaffee,

dehne mich dabei katzenartig, und bevor ich michs versehe, bin ich wach und habe zwei Stunden, bevor meine Frau und meine Tochter aufwachen – vorausgesetzt, sie sind wieder eingeschlafen, nachdem mein Wecker auch sie gewatscht hat (Tipp: eine Smart Watch, die am Handgelenk nicht nur Puls nimmt, sondern auch Puls gibt, also zur Weckzeit stumm rhythmisch vibriert; *priceless*). Das zweite Mal um 5 Uhr aufzustehen, fühlt sich an wie 6 Uhr, das dritte Mal wie 7 Uhr, und bald ist es fast wie Ausschlafen. Vielleicht habe ich einfach schneller geschlafen. Wie sagt Wendy Wood? »Klar, was wir gern tun, tun wir immer wieder. Aber dieses Phänomen gilt auch umgekehrt: Wir beginnen, das, was wir immer wieder tun, zu mögen.« Ausnahme bei mir: schwarzer Kaffee.

5 Uhr. Fast zwei Stunden Vorsprung. Die Zeit striegeln und streicheln, bevor sie zu galoppieren beginnt. Ich stelle mal die These auf: Früher sehnten sich die Menschen danach, die Zeit zurückzudrehen, weil sie bereuten, nicht genug erlebt zu haben. Sie wollten etwas nachholen. Heute wünschen sie sich, die Zeit anzuhalten, weil sie fürchten, nicht genug erledigen zu können. Sie wollen aufholen, weil sie chronisch im Rückstand sind.

Draußen wird es langsam heller. Ich sitze am Küchentisch, lese schlaue Texte und notiere mir dazu alberne Gedanken, gehe ins Wohnzimmer und mache eine Viertelstunde Yoga, starte den Computer, beantworte E-Mails. Ich suche ein Rezept fürs Mittagessen, überfliege die Zeitung, schmiere Schulbrote und bereite das Müsli für die Tochter vor. Dann ist es 6.45 Uhr und der Wecker klingelt ein zweites Mal. Für den Rest der Familie, für den Rest der Welt.

Mittags, wenn das Porridge in wenigen Minuten gemacht und in noch kürzerer Zeit verputzt ist, nutze ich meine Pause im Homeoffice ab und zu für ein Schläfchen, ich stelle den Countdown auf 25 Minuten (länger sollte so ein Nap nicht sein, weil man sonst in die Tiefschlafphase einsinkt, aus der man den Rest des Tages nicht mehr herausfindet) und lese ein Buch, eine verlässliche Methode, mich in den Schlaf zurückzuwatschen, erste Seite, zweite Seite, und auf einmal werde ich schon wieder geweckt – und bin frisch. Bis zum frühen Abend zumindest. Der späte Abend ist das Opfer, das ich zu bringen habe. Um 22 Uhr muss ich ins Bett. Das ist grenzwertig früh: kein Open-End-Abend mit meiner Frau, kein langes Lesen, nicht mal ein Fußballspiel im Fernsehen. Kein langes Kartenspielen.

Hier schließlich fällt meinem sozialen Umfeld auf, was sie sonst kaum bemerken: dass ich offenbar mehrere Leben auf einmal führe. Meine Frau und unsere Tochter mögen mich tagtäglich als Hansdampf in allen Gassen, auch mal in Sackgassen sehen, weil sie mit mir leben. Alle anderen merken nur, dass ich weniger Zeit habe, was vielleicht gar nicht mal so auffällig ist, jeder hat mal oder auch immer stressige Phasen.

In der Arbeit fällt vielleicht auf, dass ich nicht mehr so oft in die Kantine gehe, sondern mein Mittagessen aus der mitgebrachten Porridgedose zu mir nehme, ansonsten ist dort alles wie gewohnt. Zu Besuch bei meiner Schwester, esse ich Zucchini vom Grill statt Steaks, aber das macht sie selbst ja auch zuweilen. Meine Mutter als Köchin und mein Vater als Bekochter haben sich an die Fischgerichte gewöhnt, ois ganz normal inzwischen. Wenn ich Menschen treffe, erzähle ich von meinen Projekten, meinen (Miss-)Erfolgen und meinen Erfahrungen erst auf Nachfrage. Die Reaktionen: meistens Respekt, manchmal auch Bewunderung, ich bekomme Komplimente (»Machst du mehr Sport?«), spüre Interesse (»Wie kriegst du das alles hin?«) und Distanzierung (»Für mich wäre das nix.«). Ein Bekannter, ein Psychotherapeut, hat, als er von meinen vielen Vorhaben hört, authentisch Mitleid.

Ich mache kein Geheimnis aus meinem übervollen Alltag, bin aber diskret. Mein Mehrfachleben als Projektmanager führe ich wie Peter Parker sein Doppelleben als Spiderman: in Gesellschaft unauffällig. Die Maske fällt eben erst, wenn ich zu sehr gähne und mich um 21.45 Uhr vom Schafkopfabend verabschiede. So werde ich aus sozialen Gründen auch nicht jeden Tag um 5 Uhr aufstehen. Aber es ist gut zu wissen, dass ich es jederzeit könnte. Ich habe gelernt, dass ich zum frühen Aufstehen fähig bin, sobald ich die Zeit möchte oder brauche. Zum Radfahren etwa, zum Angeln, ja, auch mal zum Arbeiten. Und zum Spanischlernen. Vorhaben Nummer 7.

Sprache: No entiendo nada

Als Student habe ich ein Erasmus-Semester lang in Barcelona studiert. Das klingt biografisch erst mal stark. Aber im Lebenslauf bräuchte es hier ehrlicherweise ein Sternchen, das auf das Kleingedruckte verweist. Zur Vorbereitung machte ich einen Spanischkurs, der zeitlich leider zusammenfiel mit meinem Verlieben in meine Frau. Letzteres band sehr viel Kapazität, und so sprach ich bei meiner Ankunft in Barcelona nur begrenzt Spanisch. Dass ich gedanklich zu Hause weilte und mich kaum auf das Leben in Barcelona einlassen mochte, half meiner sprachlichen Eingewöhnung genauso wenig wie der Umstand, dass vor Ort fast nur Katalanisch gesprochen wurde. Das konnte ich freilich noch weniger als Spanisch. So lebte ich in einer der schönsten Städte der Welt, verzweifelt und verloren. Ich studierte das falsche Fach, sprach die eine Sprache kaum, die andere gar nicht, hatte Liebeskummer. Meine Wirklichkeit war die tragische Antwort auf die lustigen Erasmus-Filme. »L'auberge espagnole« habe ich bis heute vermieden zu schauen.

Im Studium in Barcelona habe ich, wenig verwunderlich, weitgehend versagt. Ich verstand nichts, konnte mich kaum ausdrücken. Es war eine Lektion in Demut, wie ich sie nie vergessen werde. Wenig hat mich so nachhaltig in Empathie geschult wie diese Erfahrung. Jede Ausländerin, jeder Ausländer in Deutschland spricht seine Muttersprache ja erst mal so fließend wie ich Deutsch/Bayerisch. Wer dann noch zusätzlich Deutsch beherrscht, genießt meine Bewunderung. Wer damit kämpft, mein volles Verständnis.

Nach fünf Monaten, zurück in München, bat ich die LMU, mir mein Zeugnis zu schicken. Aber mir wurde der falsche Brief weitergeleitet. In dem bat die spanische Universität die deutschen Kolleginnen und Kollegen darum, künftig bitte nur noch Studenten mit einem Minimum an Sprachkenntnissen zu schicken.

Ich legte meinen multilingualen Traum erst mal ad acta. Bis meine Frau Jahre später schwanger wurde. Wir sollten ein Kind bekommen, und dieses Kind sollte zweisprachig aufwachsen, wie meine Frau, die in Teheran geboren ist, aber bereits ihre Kindheit in Deutschland verbracht hat. Bei den beiden wollte ich mitreden können. Ich belegte einen Persischkurs an der Volkshochschule. Jeden Donnerstagabend 90 Minuten Schule, eineinhalb Stunden Flashback: Die grüne Tafel, der Linoleumboden, der modrige Geruch, ich war sofort wieder in der Schule. Und sofort wich ich aus auf die Rolle des Klassenclowns, mit Mitte dreißig. Wenn die Lehrerin reihum fragte, was man denn in der vergangenen Woche so getrieben habe, antworteten die anderen Schüler ausführlich diverse Aktivitäten aufzählend. Ich sagte, weil ich mir den Ausdruck dafür merken konnte: »Ich zupfte die Tar.« Tar ist ein persisches Saiteninstrument. Die Lehrerin lachte und fragte nach, ob ich denn sonst wirklich nichts gemacht hätte, und ich sagte: »Nah.« Fürs Erste rettete mich dieses Manöver.

Nach dem Unterricht war ich maximal befreit und hatte gute bis sehr gute Vorsätze. Doch in der folgenden Woche fing ich wieder erst zwei Stunden vor dem Kurs mit den Hausaufgaben an. Das verriet ich natürlich nicht, wenn die Lehrerin mich fragte, was ich so gemacht hätte seit der letzten Stunde. Ich beschied ihr, die Tar gezupft zu haben. Zwei Semester ging das so, das dritte habe ich dann nicht mehr besucht, sondern nur noch bezahlt.

Um (noch mal) Spanisch zu lernen, lese ich mich ein, allerdings diesmal nicht nur in Anfängerkrimis, Kalenderblätter und zweisprachige Zeitschriften, sondern in die Theorie der Wissensaneignung: *Lernen wie ein Weltmeister: Schneller und effektiver zu besseren Noten – Zahlen, Fakten, Vokabeln* heißt das Buch des professionellen Vielmerkers Gunther Karstens. Mit zahlreichen Gedächtnisleistungen steht er im *Guinness Buch der Rekorde*. Er unterscheidet zwei (von ihm selbst erfundene) Sprach-Lerntypen: den logokognitiven und den audiomatischen Typen. Ich mache seinen Test:

1) Kennst du die Texte deiner Lieblingslieder? Allein die Frage nach den Lieblingsliedern überfordert mich, was fällt mir da ein? Ich summe mal »Under Pressure« und versuche, mich an den Text zu erinnern, aber viel mehr als »under pressure« und »Mmnoom-ba-deh« kommt nicht zustande. Ich durchsuche meine innere Musikbibliothek auf Textsicherheit und stelle erschrocken fest: Meine Lieblingskünstler, die ich seit Jahren oder Jahrzehnten höre, könnten in ihren Texten über alles Mögliche singen, und ich würde es nicht merken. Dass ich nicht sehr fremdsprachenbegabt bin, thematisierte ich bei meinem Gespräch mit Mark Knopfler. »Ich war klein, konnte kaum Englisch und dachte, ›Brothers in Arms‹, also Waffenbrüder, bedeutete: Brüder, Arm in Arm«, gestand ich ihm damals, er kannte das Problem: »Es ist verblüffend. Man schreibt einen Song, nimmt ihn auf, veröffentlicht ihn, und dann führt er ein eigenes Leben.« Womöglich habe ich versehentlich, auf Konzerten irgendwelche Refrains mitgrölend, die Zerfleischung mit Dornenzweigen gepriesen. Die Wirkmacht des Literaturnobelpreisträgers Bob Dylan jedenfalls wird mir auf ewig ein Rätsel bleiben, statt genialer Texte vernehme ich nur nasale Töne. Und Dylan singt ja nicht mal auf Spanisch, sondern auf Englisch! (Schon, oder?) Antwort also: Eher wenige.

2) Beherrschst du Dialekte? Nein. Mein Bayerisch werde ich nie mehr ganz los, alle anderen Dialekte sind mir unnachahmlich. An dieser Stelle deutet sich schon an, was beim tatsächlichen Spanischlernen klarer und klarer wird: Meine Frau und unsere Tochter sind viel sprachbegabter als ich. Meine Frau kann auf Knopfdruck sächseln und vieles mehr, unsere Tochter südtirolerisch. Ich kann nicht mal Hochdeutsch.

3) Fallen dir spontan Werbeslogans ein? – Sehr wenige. Habe jetzt schon wieder den Spruch von Hornbach vergessen, den ich in die Einleitung gepackt habe.

4) Nimmst du Sprachbrocken aus dem Urlaub mit? – Nie.

5) Kennst du noch Reime aus deiner Kindheit? – Aus der Bahn, aus der Bahn, wer nicht richtig scheißen kann (beim Schlittenfahren).

Mein Ergebnis auf einer Skala von minus 100 bis plus 100: Minus 70. Ich bin also zu 70 Prozent ein eher logokognitiver Typ.

Karstens schreibt, eine Sprache zu lernen sei wie eine Burgeroberung. Entweder man setze wie meine Frau als audiomatischer Typ auf steten Beschuss aus der »Gehirnwaffe«, aus der man ohne viel Anstrengung immer wieder feuern könne. Dieser Typ hört und verarbeitet und lernt. Oder man nähert sich der Burg durch sorgfältige Ergründung und Begutachtung der Mauern, um Stellen zum leichten, gewaltlosen Eindringen zu finden. Das sei der – ungleich schwerere – Weg des Logokognitiven, der sich auf seinen logischen Verstand verlassen müsse, um Regeln, Ausnahmen und grammatikalische Strukturen zu erlernen.

Meine Frau lernt unbewusst und automatisch beim Hören, ich muss bewusst pauken, mit Verständnis und Logik arbeiten. Sie lernt in ganzen Sätzen, durch häufiges Hören und Aussprechen, ich muss einzelne Vokabeln immer und immer wiederholen. Es ist wie beim Kochen: Mir fehlt das Gefühl für das Richtige. Deshalb brauche ich Gesetze, um das Falsche zu vermeiden.

Natürlich möchte ich nicht behaupten, ich hätte meine Frau zum Spanischlernen gebracht. Aber es ist womöglich kein Zufall, sondern eine Kollateralinspiration. Dass auch meine Frau sich allmählich für das Spanische erwärmt, macht es mir leichter, ihr endlich von meinem Spanienplan zu erzählen. Vor Monaten schon habe ich Flüge nach Madrid gebucht, für September, aber kurz bevor ich sie damit zum Geburtstag überraschen wollte, sagte sie umweltbesorgt zum Thema Urlaub: »Ich will eigentlich nie mehr fliegen.« Ihr so kurz nach ihrer Offenbarung einen Flug zu schenken und sie damit in Versuchung und Verlegenheit zu bringen, erschien mir falsch. Ich verschwieg meine Idee mit der Reise. Nun aber ist es für beide von uns eine sinnvolle Sprachreise, zu der das schlechte Gewissen schweigen muss.

Wir nutzen dieselbe Sprach-App, aber schon bald unterscheiden sich die Level. Meine Frau zieht mit den benannten Methoden an mir vorbei. Das merke ich bei Autofahrten, auf denen wir mit der App lernen. Die App liest einen Satz vor. Ich versuche mich an die einzelnen Wörter und deren Endungen zu erinnern, meine Frau wiederholt ihn einfach. Und irgendwann macht unsere Tochter mit und fragt von hinten: Eso es todo? Ist das alles? Sie wiederholt lediglich, was die App als Lernsatz vorgab. Aber es klingt, als redete sie mit mir.

Ich belege einen VHS-Kurs, für Fortgeschrittene immerhin. Dienstagabend, lediglich eine Mitschülerin, die Lehrerin, grüne Tafel, Linoleum, ein Übungsbuch, »Was habt ihr am Wochenende gemacht?«. Der Unterricht weckt die Erinnerungen, die ich, Persisch lernend, an meine Schulzeit hatte.

Aber ich stelle mich – gute Zeiten – der Gefahr, in alte Muster zurück zu fallen. Der Philosoph Ernst Bloch sagt: »Man muss ins Gelingen verliebt sein, nicht ins Scheitern.« Ich fühle mich nicht mehr als Schüler, der sich mit Vorliebe wegduckt, weil er nicht abliefern kann. Ich lege das Schulpflichtgefühl ab und mache mir klar, dass ich hier freiwillig (und zahlend) bin und dass dieses

Lernen ein Privileg ist. Raus aus der Kindheit, rein in die Erwachsenenwelt. In der Stunde erzähle und erzähle ich nun, mit Händen und Füßen und Ellenbogen, zuhause lerne ich wie nebenbei, mit den Sportseiten der spanischen Online-Zeitungen. Und wenn ich doch mal die Hausaufgaben zu machen versäume, greife ich am Vorabend zur »geistigen Brechstange«, die Gedächtnisweltmeister Karstens beschreibt: »Schon bettfertig, die Zähne geputzt, schaut man sich nur 5 Minuten noch mal an, was man nicht behalten kann. Und dann sofort ins Bett und schlafen! Denn dann wird es in der Nacht vom Hippocampus besonders intensiv durchgekaut und anschließend besser erinnert.«

Hätte ich diesen Trick doch schon damals beim Klavierlernen gekannt! Klavier übrigens heißt in der wunderbaren Kreolsprache Tok Pisin in Papua-Neuguinea: »Big bokis em i gat waitpela tit em i gat blakpela tit sapos yu paitim tit em i singaut tumas«, also etwa: Große Box, die weiße und schwarze Zähne hat, gegen die man kämpfen muss und die viel zu viel singt.

Wie mag dann wohl ein noch komplizierteres Wesen heißen, eines, gegen das ich in diesen Tagen tatsächlich kämpfen muss?

Sólo cabe progresar cuando se piensa en grande.
Sólo es posible avanzar cuando se mira lejos.
Man kann nur vorwärtskommen, wenn man
das große Ganze betrachtet (wörtl.: groß denkt).
Es ist nur möglich, weiterzukommen, wenn man weit blickt.
(José Ortega y Gasset)

Miércoles, 11 Agosto

AUGUST
KLIMA UND FREIHEIT

»Nehmen Sie sich heute eine Stunde Zeit und stellen Sie sich eine Tasse Tee bereit, ein Glas Wein oder was auch immer Ihnen passend erscheint. Danach schreiben Sie einen Brief an jemanden aus Ihrer Vergangenheit, in dem Sie sich bedanken.« Das rät der Journalist Christoph Koch in seinem Buch *Digitale Balance.* Ich lese sein Buch, weil es mir zunehmend schwer fällt, mein Handy wegzulegen (ich lese das Buch auf dem Handy).

Sein Tipp kommt für mich nach Monaten des Ratgeber-Lesens nicht überraschend, verbindet er doch gleich vier Elemente, die immer und überall auftauchen, wenn es um das Besserleben geht: Gedanken aufschreiben, Freunde und Familie wertschätzen, Dankbarkeit zeigen – und Time-Boxing praktizieren.

Diese Zeitmanagement-Methode ist verwandt mit der Erkenntnis eines Soziologen, die ich in meiner Rolle als recht pflichtbewusster Journalist, vor allem aber als sehr dummer Mensch zu bestätigen weiß: Man braucht für eine Aufgabe immer so lange, wie man dafür Zeit hat. Wenn die gedruckte Zeitung bis um 17 Uhr fertig sein muss, dann wird sie bis dahin auch fertig, mit exponentiell steigender Effizienz. Wenn ein Text online für 14 Uhr eingeplant ist, dann ist er bis dahin geschrieben – aber sicher nicht schon zwei Stunden früher. Wobei das sicher auch möglich wäre, wenn die Deadline schon um 12 Uhr wäre. Diese im Alltag permanent zu bestätigende These hat der Soziologe Cyril Northcote Parkinson Anfang der 1950er Jahre aufgestellt, er nannte sie das Parkinson'sche Gesetz.

Auch der umtriebige Zeitmanager Lothar Seiwert (der mit den Alpen) hat bei seinen zahlreichen Beratungsjobs für Konzerne beobachtet: Eine vormittägliche Besprechung ohne Zeitlimit dauert immer bis zum Mittagessen, egal, ob es nun um 10 Uhr, um 11 Uhr oder um 11.30 Uhr beginnt.

Beim Time-Boxing entscheidet man sich zwischen der harten und der weichen Variante. Die harte: Man nimmt sich einen Zeitraum vor (hier: eine Stunde), in dem man fokussiert und diszipliniert an einer Aufgabe (Brief) werkelt. Im besten Fall sollte die Arbeit, wenn der Zeitaufwand dafür einigermaßen realistisch berechnet wurde, auch wirklich erledigt sein, wenn der Wecker quasi oder tatsächlich klingelt. Das Konzept ist gnadenlos, wie beim Basketball: Wenn die Uhr abgelaufen ist, ertönt die Sirene, der durch die Luft fliegende Ball zählt gerade noch, aber das war's.

Diese harte Tour ist zu empfehlen, wenn man dazu neigt, perfektionistisch zu arbeiten und kein Ende zu finden oder sich leicht ablenken lässt; wenn man im Team arbeitet und sich auf die rechtzeitige Erledigung der verteilten Aufgaben verlassen muss; oder wenn sichergestellt sein soll, dass in Meetings alles Geplante auch wirklich besprochen werden kann – bei beispielsweise sechs Themen für eine Stunde werden eben strikt zehn Minuten pro Thema veranschlagt. Verhindert werden soll, dass man sich nicht beim ersten Punkt ewig quatschend aufhält und auf einmal die Zeit um ist, alle Teilnehmer in andere Meetings verschwinden und der gefasste Plan einsam und unbesehen zurückbleibt wie ein Toastbrot im Regen. Die weiche Version des Time-Boxing ist, kurz gesagt, ein bisschen flexibler und erinnert weniger an die »Zeit ist um, Stift fallen lassen«-Doktrin der Schule. Bei dieser Variante ist es eher wie beim Fußball: Die 90 Minuten sind rum, aber es gibt noch etwas Nachspielzeit, und selbst nach deren Ablauf wird nicht abrupt abgepfiffen, wenn gerade einer allein aufs Tor zulaufen sollte.

Ich persönlich mag dieses Countdown-Gefühl, und auch wenn ich nicht stolz darauf bin: Es lässt mich einfachen Menschen durch die künstliche hollywoodeske Dringlichkeit konzentriert bis zum Ablauf der Zeit arbeiten. Meine Time-Boxen sind oft nicht frei gewählt, sondern vorgegeben: in 13 Minuten beginnt das Schafkopfen; in 15 Minuten ist die Halbzeit des Bayern-Spiels vorbei; in 30 Minuten muss der Bananenkuchen aus dem Ofen.

Der Trick ist, sich wirklich immer nur auf eine Aufgabe zu konzentrieren, das heißt, ich bereite vorab auch schon alles für den folgenden Termin vor. Wenn ich in 45 Minuten zum Boxtraining aufbrechen muss, dann habe ich vorher schon die Sportklamotten angezogen (gut, die Handschuhe noch nicht, das wäre etwa beim Gitarrespielen ein wenig hinderlich) und alles, was sich sonst noch dafür brauche, zusammengepackt, auf dass ich wirklich bis zum Ablauf der Zeit an nichts anderes denken muss als an den aktuellen Job.

Am einflussreichsten für mein eigenes Zeitmanagement ist weniger der Profi Lothar Seiwert oder der Soziologe Parkinson, sondern Bruce Willis. Er ist Hauptdarsteller und Mitautor des Flops »Hudson Hawk« aus dem Jahr 1991, laut *Lexikon des internationalen Films* »ein verquastes Sammelsurium aus handelsüblicher Action und stumpfsinnigen Parodie-Ansätzen«. Bruce Willis spielt einen aus der Haft entlassenen Dieb, der, um seine Einbrüche zu timen, entsprechend lange Lieder singt. Sie hätten etwa fünf Minuten, um den Tresor zu knacken, sagt sein Kumpel im Auktionshaus, Hawk überlegt kurz und antwortet: »5.32. Swinging on a Star«. Ein Lied von Bing Crosby.

Das Konzept ist etabliert. Mit der Ansage »6 Songs left« wirbt eine Fitnesskette: Auf dem Plakat sieht man einen Mann mit Kopfhörern, der im Studio auf einem Laufband rennt. (Gibt es eigentlich noch eine andere Branche, die damit wirbt, dass das eigene Angebot zwar unangenehm, aber zum Glück endlich ist?) Heute gibt es auf Spotify oder auf Youtube für alle möglichen Zeitangaben passende Playlists, das ganze Leben lässt sich in Countdowns einteilen, die ganze Tragik des todgeweihten Daseins in täglichen Miniepisoden erleben. Diese Zeilen schreibe ich, während im Hintergrund auf Youtube »70 minutes Countdown Timer Flip Clock + Ambient« läuft, weil ich danach mit meiner Frau zum Mittagessen verabredet bin. Will ich wissen, wie viel Zeit mir bleibt, schaue ich nicht auf die Uhr, sondern klicke kurz rüber auf das Youtube-Bild, wo der Countdown läuft.

Zusätzlich zu diversen Weckern, etwa für den maximal halbstündigen Mittagsschlaf und die alltäglichen Countdowns und Deadlines – 3.14 Stunden dauert eine 40-Grad-Wäsche, Lidl schließt um 20 Uhr – wende ich mit Vorliebe diese Musikmethode an. Um die Küche grob aufzuräumen, reicht ein Vier-Minuten-Song wie »Under Pressure«, zum Frühstückmachen ein Sieben-Minüter wie »Will you smile again«, Dokumente ordnen beende ich nach den 52 Minuten des Albums »I Don't Live Here Anymore« von The War On Drugs. Kulturpessimistisch gesagt: Es ist eine knallharte nutzenorientierte Reduktion des Wertes eines musikalischen Kunstwerks auf seine Dauer.

»Hit The City« von Mark Lanegan dauert drei Minuten und bietet sich damit für die Regel der britischen Psychologin Jennifer

Wild an, nach der man einer ungeliebten Sache drei Minuten widmen soll, danach könne man damit wieder aufhören. Die Logik dahinter: Drei Minuten den Schrank aufzuräumen, das klingt nicht schlimm. Und wenn man denn schon mal damit angefangen hat, macht man wahrscheinlich gleich weiter. Das nächste Lied startet automatisch, und bei Lanegan ist das nichts Schlechtes. Für das Schreiben des Briefes nun bräuchte ich sein komplettes Lebenswerk. Die Drei-Minuten-Regel und die übrigen vorgeschlagenen Time-Boxing-Methoden bringen mir nichts, ich wähle meine ganz eigene. Die ultraweiche. Beim Schreiben halte ich es nämlich eher so wie beim Tennis: Es ist erst vorbei, wenn man den letzten Punkt gemacht hat.

Auch die Methode des Briefschreibens wandle ich leicht ab, ich schreibe eine Liebeserklärung, einen Fahrzeugbrief, ich schreibe nicht an, sondern über jemanden aus meiner Vergangenheit, bei dem ich mich bedanken möchte: Klothilde. So nennt die Tochter unser Auto. Auf Tok Pisin heißt Auto übrigens schlicht: Kar.

Auto: Über eine große Liebe

Das Auto und ich, wir hatten fast ein Vierteljahrhundert zusammen. Aber jetzt ist auch mal gut. Das weiß ich wie jeder andere aufgeklärte Mensch seit Längerem, die Gründe liegen auf der Hand (oder eher in der Luft), aber in diesem Jahr beginne ich, ernsthaft Abschied zu nehmen. Leicht ist es nicht. Denke ich an die urbane Zukunft, sehe ich kein Auto mehr, denke ich an meine Vergangenheit in der Provinz, sehe ich es überall.

Dort kann man sich über den neumodischen Begriff »autonomes Fahren« nur wundern. Autofahren an sich ist dort der Inbegriff von Autonomie. Als Dorfjugendlicher wurde ich mit dem Bestehen der Führerscheinprüfung und dem ersten eigenen Auto dann auch auf einen Schlag erwachsen, plötzlich waren da die ganz großen Themen: Verantwortung, Eigentum, Identität, Freiheit und, ja, Selbstverwirklichung. Ich lernte dank des hier komisch klopfenden, dort einfach stehen gebliebenen Autos auch die grundsätzliche Machtlosigkeit zu akzeptieren, manche Dinge auf dieser Welt einfach nicht zu verstehen und damit nicht beeinflussen zu können. Dank der Gurtpflicht kam ich das erste Mal in Berührung mit der Verhältnismäßigkeit von freiheitseinschränkenden Schutzmaßnahmen. Ich begann, die Maschine ernst zu nehmen, ich flehte sie an, wenn sie nicht ansprang, war sauer auf sie. Nach langen Touren hörte ich den Autolüfter noch ausschnaufen und war dankbar für seine Mühen. So ein Auto ist auch nur ein Mensch.

Nicht nur die Marke und der Zustand des Autos waren Visitenkarten für die jungen Rowdys im Ort, nicht nur die Musik, die aus den Fenstern drang, nicht nur die Technik, mit der die Musik abgespielt wurde (Radio wurde zu Kassette wurde zu Minidisc wurde zu CD wurde zu MP3), sondern irgendwann auch das Nummernschild. Sich die Buchstaben selber auszusuchen war ein großer Individualisierungsschub. Das Auto trug die Initialen der Besitzer, die ihr Auto allumfassend zum Popeln, Poppen, Posen nutzen. Nicht aus Höflichkeit, sondern als kleiner Hinweis auf ein heimliches Matriarchat hatten manchmal die Partnerinnen den ersten Buchstaben bekommen.

Vermeintlich war ich selbst nie einer dieser großen Autoliebhaber, habe meine Wagen immer nur als praktische Transportmöglichkeiten zu sehen vorgegeben. Der Stauraum des Autos? Das Auto *ist* der Stauraum. Abfall? Einfach auf den Boden werfen, wie in einer spanischen Tapas-Bar. So habe ich zugelassen, dass die Wagen verdreckt, vermüllt und verbeult wurden. Nur einmal habe ich offen so etwas wie Herzblut entwickelt. Ich habe mir als Heranwachsender immer einen VW Bully gewünscht, und irgendwann ergab sich die Möglichkeit, einen zu erwerben. Doch als ich den Bus dann besaß, musste ich bald erkennen, dass mein Herzblut eher dem Wunsch und nicht der Wirklichkeit galt. Weil der Vorbesitzer darin wie wild gekocht und den Dampf nicht weggelüftet hatte, war die Decke voller schwarzer Flecken. Im Bus liegend blickten wir auf einen Schimmelhimmel. Die Benzinkosten waren so enorm, dass ich nach einem Italien-Urlaub mit Ingo und Michael Skrupel hatte, ihnen die Tankrechnungen zu präsentieren.

Wann immer der Wagen rumstand und einen kinderzimmergroßen Platz im öffentlichen Raum blockierte, hatte ich das Gefühl, ihn nicht genug zu nutzen. Wenn ich damit fuhr, war ich jedes Mal froh, ohne Panne am Ziel angekommen, den Motor ausmachen zu können. Die Freiheit, die ich mir von dem Kauf und dem Nutzen des Busses erhoffte, empfand ich erst, als die neuen Besitzer damit davonfuhren. Ich wollte den Wagen nur noch loswerden, wahrscheinlich hätte ich ihn dem Paar sogar geschenkt, wenn es nur lange genug gezögert hätte. Aber dass ich die Erfahrung zum Anlass genommen hätte, danach auf ein Auto zu verzichten? Nie im Leben. Der nächste Gebrauchtwagen wurde nur noch stärker verdreckt, vermüllt, verbeult. So wie aktuell der Škoda, den unsere Tochter einmal, recht spontan und anlasslos, Klothilde taufte.

Mein Vorsatz in diesem Jahr, Projekt Nummer 8, ist es, auf das Auto wenn irgend möglich zu verzichten. Besserwerden heißt im moralischen Sinn auch: autofreier werden. In der Stadt fahre ich also mit dem Rad, greife auf das Auto nur zurück, wenn ich einen Stuhl oder eine Kiste zu transportieren habe. Bei schlechtem Wetter nehme ich die U-Bahn, wenn wir zu meinen Eltern aufs Land fahren, steigen wir in die Regionalbahn. Für den diesjährigen Sommerurlaub erkundigen wir uns ernsthaft nach Interrail-Tickets, wie damals als Jugendliche. Zurück in die Zukunft.

Die Sache hat nur einen Haken: Nie habe ich das Autofahren

so geschätzt wie in diesen Tagen, in denen ich das Auto zu hassen gelernt habe. Ich suche geradezu nach Möglichkeiten, Stühle in der Gegend herumzufahren, hoffe insgeheim auf eine Störung bei der U- oder Regional-Bahn, um mich guten Gewissens ins Auto setzen zu dürfen. Urlaub mit dem Zug? Zu viel Gepäck, zu wenig Flexibilität. Gerne schiebe ich auch meine Familie vor. Warum soll sie leiden, weil ich mir etwas in den Kopf gesetzt habe? Warum soll unsere Tochter, wenn sie zur Leichtathletik geht, gefühlt eine Stunde lang in drei verschiedenen U-Bahnen sitzen, wenn ich sie in zehn Minuten direkt zum Stadion bringen kann? Und ist es wirklich notwendig, dass mein Vater extra nach Landshut fahren muss, um uns dort am Bahnhof in Empfang zu nehmen, mit dem Auto natürlich? Macht das die Sache wirklich: besser?

Zur Wahrheit gehört: Mein Vater holt uns, und das verringert den Widerstand, der mich vom Zugfahren abhalten könnte, herzlich gern ab. Er ist ein klassischer Autofahrer, einer, der nicht nur einen hochwertigen und vernünftigen, sondern auch einen gewaschenen und geputzten Wagen steuern will. Er unterscheidet noch nicht in Benziner- und E-Auto-Fahrer, sondern klassisch in Audi-, BMW- und Mercedes-Fahrer. Letztere verspottete er lange als Hutträger, während ich ihn als Hutträgerverspotter verspottete.

Für ihn, der (ganz persönlich, aber auch gesellschaftlich) nicht so verwöhnt aufgewachsen ist wie ich, hat das Auto eine andere Bedeutung, er hat eine andere, tiefere Beziehung dazu. Seine Erinnerungen an sein erstes Auto sind Geschichten von echter Freiheit und wahrem Stolz. Ein blauer Käfer mit Schiebedach, 1000 Mark. Bis heute holt mein Vater uns nicht nur vom Bahnhof ab, sondern auch, wenn wir in Landshut mal was trinken gehen. Es rührt mich jedes Mal (nicht nur, weil ich angeschickert zur Rührung neige), wenn ich ihn dann in der Dunkelheit ankommen sehe, auf unspektakulärste Art, das ordentliche Auto ordentlich steuernd, »Servus«, »Servus«, der Uber-Vater. Nicht nur bin ich aufgewachsen mit ihm als (meinem) Autofahrer, sondern mit ihm als Autoliebhaber. Das gehört bei ihm zusammen. Und so liebe ich meinen Vater auch für seine Liebe zum Auto, selbst wenn ich die nicht teilen kann. Was er mir immer voraushatte: Er wusste immer um den hohen Wert, den seine Autos für ihn hatten und haben. Während ich meine enge Bindung daran erst jetzt erkenne, nach Jahren der Selbstverleugnung. Mein Herz fürs Auto ist heimlich über die Jahre mit den BMW-Nieren gewachsen. Natürlich war es mir als Statussymbol genauso wichtig. Weil ich damit meine überlegene Antihaltung zeigen und mich spätpubertär von den Älteren abgrenzen konnte.

Die Älteren kümmern sich heute noch um mich, das zeigt sich auch im Sorgen für und um den Škoda. Jedes Mal, wenn wir meine Eltern besuchen, steht das Hoftor schon offen und ist die Garage leer, weil wir wiederholt einen Marderschaden bei ihnen hatten und unser vorbelastetes Auto nächtlichen Schutz brauchte. Wenn wir dann wieder fahren, blickt mein Vater im Hof stehend ungläubig auf den Škoda und betrachtet die Beulen, und meine Mutter sagt: »Aufpassen.«

Mein eigenes Kümmern um unsere Tochter sollte nun darin bestehen, ihr nicht das gleiche wohlige, nostalgische Gefühl für das benzinfressende Auto anzuerziehen. Ich möchte nicht, dass sie auch irgendwann einmal hin und her gerissen ist zwischen Kopf und Verstand und am Ende doch ins Auto steigt, weil sie unterbewusst ähnliche Gefühle dafür entwickelt hat wie ich. Ich schreibe »ich«, weil meine Frau diese Gefühle nicht kennt. Sie ist ein Stadtkind und könnte gut und gerne auf das Auto verzichten. So sitze qua Leidenschaft meistens ich am Steuer. Am Land fahren auch meistens die Männer, weil sie es den Frauen nicht zutrauen. Oder weil die Frauen es sich irgendwann selbst nicht mehr zutrauen. Warum Männer nicht zuhören und Frauen nicht einparken können? Unsere Ausgangsposition ist eine andere. Und doch bleibt als Ergebnis und Eindruck für unsere Tochter: Der Papa fährt.

Ich will nicht, dass unsere Tochter wird wie ich. Man könnte das auch passiver framen: Ich will nicht, dass es unserer Tochter ergeht wie mir. Die Umstände, fast hätte ich geschrieben: die Umwelt, haben mich damals in die Liebe zum Auto gedrängt. Aber später war ich es, der unserer Tochter das Autofahren schmackhaft machte. Als Baby und noch als Kleinkind hat sie bei so gut wie jeder Fahrt gekotzt, aber ich habe das nicht als Omen gedeutet, sondern einfach einen Eimer mitgenommen. Später wurde es besser, die Fahrt zu den Omas und Opas, zu den Tanten und Onkeln, die Fahrt in die Berge, die Fahrt zum Training – sie wird all das mit dem Škoda verknüpfen. Und im Gegensatz zu meinem Vater, der sein Auto immer als seines begriff, der im Radio B5 anließ, auch wenn wir lieber Musik gehört hätten, und der sich Essen im Auto verbat, dränge ich unserer Tochter das Auto als Familiending geradezu auf, sie darf hören und essen, was sie will. Wenn wir zu zweit im Auto sitzen, ich am Steuer, sie daneben im Kindersitz, sprechen wir auf Augenhöhe. Aber so darf es nicht weitergehen.

Ich sammle in diesem Jahr Argumente, um mich endgültig zum Umdenken, vielleicht zum Umfühlen zu bewegen. Ich beginne, der Realität ins Auge, also auf die Uhr zu sehen, und siehe da: Das mit der kürzeren Fahrzeit stimmt gar nicht, zumindest nicht innerhalb der Stadt. Wenn ich die sieben Kilometer bis zu meinem Arbeitsplatz fahre, stehe ich spätestens auf dem Rückweg im Stau und beneide die Radfahrer, wie sie gemütlich an mir vorbeirollen. Wir leben in einer staugeplagten, ampelgespickten, parkplatzarmen Großstadt, in der es schwer ist, eine Wegstrecke wesentlich schneller mit dem Auto zu bewältigen als mit dem Rad oder mit öffentlichen Verkehrsmitteln. Was das Training unserer Tochter betrifft: Der Routenplaner zeigt bei der Strecke Zuhause-Leichtathletikstadion für die U-Bahn und das Fahrrad jeweils 16 Minuten an, für die Autofahrt zehn Minuten – ohne Parkplatzsuche. Und von dem zu findenden Parkplatz müssen wir ja auch noch zum Zielort gehen. Und daheim dann wieder einen Parkplatz suchen, was sich immer noch schwieriger und zeitaufwendiger und nervenaufreibender gestaltet, weil die Stadt ja auch findet, dass es weniger Autos in der Stadt geben sollte. Gerade wurde die zweispurige Straße, in der wir wohnen, zur einspurigen, um einen Fahrradweg einzuziehen. Das finde ich im Allgemeinen gut, in meinem speziellen Fall aber phasenweise schlecht. Man muss sich mich bei der verzweifelten Parkplatzsuche vorstellen wie einen Verrückten, der mit dem Auto durch die Nachbarschaft schleicht und kopfschüttelnd »jaaa, sehr gut, endlich!« schreit und das nicht mal sarkastisch meint. Die nächste Eskalationsstufe wäre, mit einem »Verbietet mich«-Aufkleber auf dem Auto durch die Gegend zu fahren.

Was ist Freiheit? Ein Auto zu haben? Oder eben kein Auto zu haben? Wenn meine Frau und ich in diesen Augusttagen darüber diskutieren, ob wir unseren Škoda Fabia aufgeben, trage ich unwillkürlich eine Eloge ans Auto vor, eine Zylinderkopfdichtung. Gegen jede Vernunft und mit konstruierten Argumenten verteidige ich es und mich, als würden wir ein geliebtes Haustier weggeben. »Wir brauchen den Hund doch, stell dir vor, wir werden blind, was sollen wir dann ohne seine Hilfe machen? Bestimmt lernt er bald kochen und Herzdruckmassage für den Notfall. Außerdem vertreibt er verlässlich die Flugechsen. Die wenigen tausend Euro für die Tierärztin? Ich bitte dich, die muss doch auch von was leben.«

Unser Škoda hat zwei besonders dicke Dellen. Eine auf der Beifahrerseite, das war meine Frau, als sie etwas zu spitz in die Einfahrt meiner Eltern eingebogen ist. Die andere auf der Fahrerseite, das war ich, als ich, unachtsam wegen eines Streits mit meiner Frau, einen Pfosten am Parkplatz der Tennisanlage übersehen habe. Der Vorfall blieb während der ganzen Fahrt ob des bockigen Schweigens, das wir uns auferlegt hatten, unkommentiert. Das weiß ich alles noch ganz genau. Wunden verheilen, aber Dellen bleiben, als Erinnerungen. Sie sind die Narben, im besten Fall die Tattoos. Im Nachhinein hätte ich jedenfalls, nachdem wir mit unser frisch geborenen Tochter nach Hause gefahren sind, dem Škoda einen dankbaren, freundschaftlichen Knuff geben sollen, fest genug, um eine kleine Markierung zu hinterlassen, die uns an den Tag erinnert.

Womöglich wird sie den Škoda erben. Ich stelle mir vor, wie er sie zu ihrem ersten Festival bringt, wie er ihr hilft beim Umzug in die erste eigene Wohnung, wie er ihr Schutz bietet vor Regen und vor der Kälte, ein faradayscher Käfig, in den sie sich bei Gewitter jeglicher Art zurückziehen kann, ein Safe Space, ein Rückzugsort. Das ganze Leben ist eigentlich eine einzige schöne Autofahrt mit ein paar Zwischenstopps.

Vielleicht wählen wir irgendwann den Mittelweg: ein E-Auto zu kaufen. Kein komplett gutes Gewissen, aber ein besseres. Aber wo kommt der Strom her, wenn nicht von der Wolkenmaschine? Das Ziel, auf ein E-Auto zu wechseln, wäre nicht zu niedrig angesetzt (a wie ambitioniert), wir wollen wirklich die Umwelt schonen (m wie motivierend), ich werde mich schlau machen, was der Škoda noch wert ist und welches neue Modell für uns sinnvoll und finanzierbar wäre (o wie organisiert), das mache ich bis Ende des Jahres (r wie realistisch), und dann machen wir ernst (e wie echt). Die entsprechende Methode zur Zielsetzung heißt Amore.

Ich werde meinen besten Feind, die Klothilde, hinter mir lassen müssen. Krise und Überwindung des Gegners, heißt die Station passend in der klassischen Heldenreise. Dazu muss ich meine Einstellung zum Autofahren ändern. Sogar mein Vater hat das geschafft. Er ist mittlerweile selber Mercedes-Fahrer. Ohne Hut.

Urlaub. Ich habe mich mit meiner Bahnskepsis durchgesetzt, der Plan, mit dem Zug zu fahren, ist mindestens verschoben. So steuern wir den alten Škoda wieder mal nach Italien. Irschenberg, billig tanken in Österreich, Pickerl, Europabrücke, Brenner, Hitzeflimmern, Südtirol in Sepia, Parkplatzpieseln, Mautmünzen, nach 500 Kilometern die Adria, 30 Liter Benzin verbraucht, Verbrennung reimt sich auf Verdrängung. Nach der Ankunft sitzen wir abends auf den Felsen, leicht verkrümmt, tumb schwindelig, wie man es nur nach einer stundenlangen Autofahrt ist. Wir starren selig erschöpft aufs Meer. Unsere Tochter sagt:»Die Wellen sind auch müde, die wollen an den Strand und schaffen es nie.« Amore.

Yoga: Die Biege machen

Im Hotelzimmer machen meine Frau und ich morgens Yoga. Die Routine ist die Folge einer 30-Tage-Online-Yoga-Challenge im Frühjahr, einem Nebenprojekt, dem wir uns verschrieben hatten. Gibt ja sonst nichts zu tun. Ich erhoffte mir dadurch die Regeneration und Entspannung, wegen derer sich Yoga etabliert hat als Erlösungsmittel gegen körperlichen und psychischen Stress. Wir sind beide drangeblieben. Wechselseitige Gewohnheitsbildung entwickle sich, wenn zwei Menschen füreinander einen großen Teil des Lebenskontextes bildeten, schreibt Wendy Wood, die mit dem zweiten Ich.»Ihr zweites Ich interagiert die ganze Zeit mit dem zweiten Ich Ihres Partners, genau wie Ihre Pläne und Ihr Wille mit denen Ihres Partners verstrickt und verwoben sind.«

Meine Frau, ihr zweites Ich, ich, mein zweites Ich, machen seither also Yoga. Mit dabei sind außerdem ein kanadisches Ehepaar und deren Ichs. Unter der Marke Boho Beautiful bieten die beiden Kanadier Yogaclips an, er macht die Videos, sie ist die Coachin, mehr als zwei Millionen Abonnenten haben sie auf Youtube. Eine stattliche Masse an ähnlich tickenden und clickenden Menschen, die alle eigentlich individuell sein wollen.

Das Alleinstellungsmerkmal des Paars im riesigen Markt der Yogaanbieter sind die Drehorte. Hier Hawaii, dort Japan, dann Kalifornien oder Südafrika. Nicht die Adria. Man sieht die Frau, eine ehemalige Profiturnerin, wie sie am Strand, in Palmengärten und auf Bergen zu Chill-out-Klängen ihre Übungen macht.

»Sei die beste Version deiner selbst«, sagt sie, was sich ganz anders anhört als die Mantras der Yogalehrerinnen im Studio, die immer betonen, wie wenig Druck man sich machen soll. »Sei der Wandel, den du in der Welt sehen willst«, heißt es auf der Homepage, und ich weiß nicht, ob ich mir das von einer Vielfliegerin raten lassen will, deren Motto auch noch ist: »Your Decisions today will define your tomorrow«; die Werbung, die auf Youtube vor das erste Video geschaltet ist, stammt dann auch von einem Flugvergleichsportal. Und wie ernst soll ich das Lob (»Das machst du großartig!«) von jemandem nehmen, der aus einem Internetvideo spricht? »Die sieht dich doch gar nicht«, stellt unsere Tochter zu Recht empört fest.

In die innere Tiefe soll es gehen, dabei ist alles wunderbar oberflächlich. Das Programm ist auf *woke* gemacht und dabei sehr unkorrekt. Man soll in sich gehen und sich selbst erkennen, sich akzeptieren und lieben, *body positivity*, »just be yourself«. Das sagt ein Model vor Postkartenhintergrund, das sich ziemlich offensichtlich von der unantastbaren Natürlichkeit ihres Körpers verabschiedet hat. Kurz: Wir geben uns einer ungewollt satirischen, in sich widersprüchlichen Hipster-Fantasie hin, einem gut ausgeleuchteten Erleuchteten-Porno. Und ein super *guilty pleasure*.

Mein eigenes Yoga ist eigentlich eine Themaverfehlung. Wie oft habe ich schon die Lehrerin säuseln gehört, ich solle all meine Gedanken wegschieben wie Wolken. Mein Problem ist, dass ich diese Wolken überaus schätze. Ich will sie wie Sterne vom Himmel holen. Eigentlich ist die Stunde in diesen Monaten die einzige

Gelegenheit, mich darauf einzulassen. Yoga ist für mich eine exquisite Möglichkeit, bei stumm geschaltetem Handy und unter den Anweisungen der Yogis meinen Körper zu dehnen und dabei auf Ideen zu kommen, die mich sonst im stressigen Alltag nicht erreichen. Heimlich merke ich sie mir in Stichworten. Die werden dann im Laufe der Stunde zu meinem ganz eigenen Mantra.

Das Yoga der strahlenden Kanadier indes ist nicht unbedingt schlechter als das der Internet-Lehrer, die vor weniger paradiesischen Kulissen anleiten. Seit der Challenge jedenfalls bekomme ich bei der Vorwärtsbeuge die Finger auf den Boden, mein Rücken fühlt sich kiesergut und ich speichere eine Einsicht ab: Sich gern mal einlassen auf Neues, auch wenn man sich instinktiv erst mal dagegen wehrt. Und das gilt nicht nur in Bezug auf die Achtsamkeitsshow zweier biegsamer wie ehrgeiziger Globetrotter, die ich belächle.

Etwas nicht zu tun, weil jemand es tut, mit dem man sich nicht identifizieren kann oder möchte, diese Einstellung habe ich in diesem Jahr der Experimente glücklicherweise abgelegt. Nur, weil Attila Hildmann, seines Zeichens Autor tierfreundlicher Kochbücher sowie Verschwörungstheoretiker, überzeugter Veganer ist, heißt das nicht, dass man ein gratiniertes Schweineherz verschlingen muss, um sich von dem Mann und seinen Ansichten abzugrenzen. Nur, weil Nazis gerne wandern, soll ich nicht bergsteigen? Nur, weil sich auf dem Oktoberfest ein Haufen »Faschingstrachtler und -innen« tummeln, »eingepackt in das 79 Euro 99-Brauchtum vom Kaufhof«, wie der Münchner Grantlerkünstler Franz-Xaver Kroetz im *Focus* schrieb, heißt das nicht, dass ich als Einheimischer wegen Verwechslungsgefahr keine Lederhose anziehen darf. Nur, weil ich nicht mit den Finanzhaien dieser Welt in einen Topf geworfen werden möchte, heißt das nicht, dass ich Geld verbrennen muss (wie die britische House-Band KLF, die 1994 eine Million Pfund in Scheinen verbrannt haben, um die Menschen zum Nachdenken zu bringen). Und nur, weil Coldplay-

Sänger Chris Martin gerne Fahrrad fährt, heißt das nicht, dass ich das nicht auch dürfte.

Drei Wochen Urlaub am Stück, das ist die gängige Erholungsempfehlung, an die wir uns diesen Sommer auch brav halten. Eine Woche an der Adria, eine Woche am Gardasee und eine Woche verlässlich tollen Familienurlaub in Südtirol mit meiner Schwester und ihrer Familie und meinen Eltern, das sind drei Wochen echte Entspannung, nicht nur wegen des Yogas. Ich zwinge mich zum Nichtstun, so weit ist es gekommen. Ich habe nichts zum Lernen, Bauen, Schlagen, Zupfen mitgenommen, nicht einmal eine Tar, habe die Projekte zu Hause gelassen wie andere Leute ihre Haustiere. Nur einen Ausreißer habe ich: Am See leihe ich mir für einen Tag ein Rennrad, ein letztes sonniges Training.

Más vale poco y bueno que mucho y malo.
Wenig und gut ist mehr wert als viel und schlecht.
(Entspricht im Deutschen: Qualität geht über Quantität)

Jueves, 2 Septiembre

SEPTEMBER
REISEN UND FREUNDSCHAFT

Zurück in München, ist der nahende Herbst eine gute Gelegenheit nicht nur, um Kürbis zu essen (ein Saisonkalender für Obst und Gemüse hängt mittlerweile in der Küche), sondern auch, um der Vergänglichkeit ein paar Gedanken zu schenken, nicht zuletzt der eigenen. Zu diesem Zweck pflegt man sich gemeinhin alte Fotos anzusehen und das damalige Erscheinungsbild mit dem heutigen zu vergleichen. Im besten Fall hat man sich im Laufe der Zeit weniger verändert als die Kleidung, die man da sehen muss. Nur ist der beste ein eher seltener Fall.»The Times They Are A-Changin'«, singt Bob Dylan. In Bayern sagt man: Zeit is a Matz.

Bei mir zeigt sich beim Abgleich der Bilder, dass ich vor zwanzig Jahren ein wenig aussah wie der coole Sänger der damals coolen Band Coldplay, deren Fan ich obendrein war. Heute? Sehe ich aus wie ihr uncooler Schlagzeuger. Auch die Musik der Band hat sich verändert, mittlerweile ist sie uncooler als der Schlagzeuger. Hätte mir nach dem ersten, erst recht nach dem zweiten Album jemand gesagt, dass ich diese Band irgendwann nicht mehr mögen würde, hätte ich sie oder ihn mit meinem Surfbrett vermöbelt (dessen Kauf damit doch noch einen Sinn bekommen hätte – große Wunde, das Thema). Lifehack: Wann immer ich dummerweise denke, irgendetwas wird sicher ewig so bleiben oder irgendetwas wird nie so oder so sein, denke ich weise an Coldplay. Dieser Band verdanke ich es, dass ich mich nie habe tätowieren lassen.

Mein Freund David sieht das anders. Coldplay mag er zwar auch nicht, aber sich tätowieren zu lassen, geht bei ihm nicht toujours einher mit schweren Gedanken, sondern oft mit einer bewundernswerten Leichtigkeit. Wer sich eine Raupe Nimmersatt auf den Unterschenkel stechen lässt, muss ein unverbrüchliches Vertrauen in seinen Geschmack (siehe Coldplay), ins Motiv (was, wenn sich die Raupe in ein paar Jahren als Nazi entpuppt?) und in die Mode haben (was, wenn die Raupe aus dem Kinderzimmer in den Mainstream kriecht und auf einmal jeder ein Nimmersatt-Tattoo hat? Das Tätowieren selbst ist diesen Weg ja schon gegangen).

Ich werde in diesem Monat noch viel Gelegenheit haben, darüber zu grübeln – während unserer großen Radtour, Projekt Nummer 9, bei der ich die Raupe öfter sehen werde als manche Leute ihre Haustiere. David und ich wollen von Nürnberg aus in fünf Tagen nach Berlin radeln, 500 Kilometer. Von München aus wäre die Strecke noch länger und damit für unser Zeitbudget (tolles Wort übrigens) zu ehrgeizig. 100 Kilometer am Tag, eine Tour durch halb Deutschland, von Montag bis Freitag, eine 30-Stunden-Woche, oder wie wir uns das vorstellen: ein Fest im Sattel.

Trends: Fähnchen im Fahrtwind

Auf die Tour freue ich mich vor allem wegen meines Mitfahrers, mache ich doch bei meinen Freunden die größten Abstriche in diesem Jahr. Ich vernachlässige weder meinen Job (das klappt durch geregelte und mit Aufgaben randvoll befüllte Arbeitszeiten gezwungenermaßen problemlos) noch meine Familie (das klappt mit Mühe und Liebe, von beiden Seiten). Meine Freunde hingegen fallen als Erste meinem rigiden Zeitmanagement zum Opfer. Warum etwa kümmere ich mich nicht um das Geschenk für unsere australischen Freunde? Da gibt es keine Ansprüche, keinen Druck, alles entspannt – doch die Lockerheit, die Unverbindlichkeit, die ich so schätze an dieser Sphäre meines Lebens, führen im Stress dazu, dass ich ihre Unverhandelbarkeit vergesse. Beim Priorisieren rutscht sie im Alltag immer hinter die Verpflichtungen und Selbstverpflichtungen. Weil sie mir am wenigsten Widerstand entgegensetzt, weil keine ernsthaften Sanktionen zu befürchten sind, von außen (wenn ich offizielle Termine nicht einhalte oder Erwartungen nicht erfülle) oder von innen (mein schlechtes Gewissen, die Familie zu vernachlässigen) wird sie bestraft. Das ist das Paradoxe: Ich schätze mein Sozialleben so sehr, weil es so easy ist, aber aus demselben Grund lasse ich es in dieser Phase auch sehr schleifen. Ein freiwilliges unsoziales Jahr, leider. Die Hölle, das sind die anderen?»Hell Ain't a Bad Place to Be«, singen AC/DC.

Eines der ersten Bücher, die ich Anfang des Jahres überflogen habe, weil der Titel so passend erschien, hieß *Das Leben ist keine To-do-Liste*. Darin schreibt die Autorin Shirley Michaela Seul: »Seit meine Freundin Susanne einen Hund hat, kann ich sie nur noch zum Gassigehen treffen. Früher saßen wir uns in Kneipen gegenüber, schauten uns in die Augen, heute sehe ich sie ausschließlich im Profil, während wir jeweils eine Stunde – länger wäre schlecht für die Gelenke des Hundes – gehen. Ein Treffen mit mir und die täglichen Gassis kann sie sich zeitlich nicht erlauben.« Damals, beim Lesen, konnte ich den Unmut der Autorin verstehen. Aber bald bin ich die Freundin geworden, die beim Joggen nur im Profil zu sehen ist, eine Stunde lang – länger wäre schlecht für die Gelenke. Ich habe dieses Multitasking wegen dieser unsympathischen Note abgelegt, was nicht heißt, dass ich nicht mehr mit Freunden Joggen gehe. Ich gehe eigentlich nur noch Joggen, wenn Freunde dabei sind, und zwar, wenn die das vorschlagen. Nach jahrzehntelangem gequältem Laufen quäle ich mich jetzt lieber beim Radeln. Auch da am liebsten mit Freunden. Unser Verkehrsmittel ist nicht willkürlich gewählt. Denn so, wie früher eben alle gejoggt sind, mit Vorliebe in fernen Metropolen, fahren heute alle Rad, im Umland. So wirkt es dort zumindest. In enge Kleidung gezwängt, als strampelnde Würste, radeln sie durch den urbanen Speckgürtel. Die Würde des Menschen ist unantastbar? Nicht für die Fahrradkleidungsindustrie.

Das Radfahren ist eines meiner Projekte, die mir der Zeitgeist eingeflüstert hat. Sprache lernen, Instrument lernen, sich ums Geld kümmern, das sind Klassiker, aber das Biken, wie es heute praktiziert und theoretisiert wird, ist ein Trend. Ich wurde langsam an ihn herangeführt. Erst über WhatsApp-Fotosvon Freunden, auf denen sie neben Rennrädern vor Alpenpanorama posieren, dann über den Nachbarn, der im Hof regelmäßig sein Mountainbike wäscht. Das weckte ein erstes vages Gefühl, etwas zu verpassen: Fomo, the Fear of missing out. Entscheidend war schließlich ein Twitter-Thread. Eine Nutzerin oder ein Nutzer hatte da sinngemäß in die Runde gefragt, was man denn schon viel früher angefangen hätte, hätte man gewusst, wie gut es ist. Ich glaube mich zu erinnern, dass es Igor Levit war, der antwortete: Radfahren. Der Pianist, Mitte dreißig, gibt bei Tschaikowsky eine sehr virtuose und auf Twitter eine sehr woke Figur ab, ihm hier wie dort zu folgen schadet nicht. Ich mag ihn eigentlich auf beiden Bühnen, auch wenn selbst er nicht vor dem Twitter-Phänomen gefeit ist, sich vor lauter Mitteilsamkeit zuweilen in die Mittelmäßigkeit zu tippen. »Fahrrad ist eh besser als Auto. Fakt. Gute Nacht«, schreibt er einmal in die große Runde. Selbst unter dieser Banalität haben sich mehr als 3700 Likes gesammelt. Die Zahl spricht für die These, dass das Radfahren gerade einen allgemeinen Nerv trifft. Levit führt diese Mode mit ihren Wunderlichkeiten und Widersprüchen gewiss nicht an, aber er steht für sie und damit für uns Radler. Der Umsatz mit dem Verkauf neuer Fahrräder stieg im ersten Corona-Jahr 2020 um 61 Prozent auf 6,44 Milliarden Euro. Rechnet man das Zubehör mit ein, schätzt der ZIV, der Zweirad-Industrie-Verband, den Umsatz der Branche auf zehn Milliarden Euro. An den Zahlen nun ist nicht abzulesen, ob der Trend vor allem die gut situierten Mittelalten erfasst hat, also jenes Milieu, das früher im (Selbst-)Zweifel die internationalen Prestige-Marathons gelaufen wäre, die während der Pandemie reihenweise abgesagt wurden. Aber der Verdacht liegt nahe, dass diese Umsätze von jenen zu verantworten sind, die sich heute das Geld für New-York-Reisen sparen.

Einschlägigen Spott gibt es längst, auch das ein sicheres Zeichen, dass sich hier eine ganz bestimmte Schicht abstrampelt. Das lustige wie luzide Online-Satire-Magazin der-postillon.com hatte das Phänomen schon vor der Pandemie erkannt: »94 Kilo schwerer Hobby-Radler gibt tausende Euro für 200 Gramm leichteres Rennrad aus« ist ein Artikel überschrieben, in dem ein Radfahrer sagt: »Manchmal sitze ich auf der Terrasse beim Grillen und sehe Leute mit einem ganz normalen Alu-Rahmen vorbeifahren. Dann denke ich mir: Die leben einfach nicht genug für den Sport. Mit so schlechtem Equipment wird aus denen nie ein guter Radfahrer werden.«

Igor Levit selbst bestätigt selbstironisch oder unfreiwillig dieses neue Klischee vom abgrenzungsfreudigen Edelradler in einem Interview mit dem nichtsatirischen Magazin *Radfahren*. Er gibt einen wunderbaren Beleg ab für die soziologische These, nach der in unserer Spätmoderne nur das Besondere, das Individuelle, das Singuläre, das Nichtaustauschbare zähle. Levit schwärmt: »Natürlich ist es so, dass aus Präzision auch eine bestimmte Form von Sinnlichkeit entsteht. Das, was der Rahmenbauer meines Fatbikes mit seinen Fahrrädern umsetzt, hat natürlich nichts mit einem Rad von der Stange zu tun. Das ist keine Interpretation von der Stange, kein Fahrgefühl von der Stange, kein Gespräch von der Stange darüber, was du da eigentlich am Rad arbeitest.« Es ist dann auch exakt die Formulierung, die uns Reckwitz in den Mund legt: »Weil man etwas Besonderes sehen und erleben will, macht man keinen Urlaub ›von der Stange‹, sondern verreist.« Reckwitz spricht von einer kulturellen Connaisseurhaftigkeit, die wir uns zugelegt haben. Früher war die beschränkt auf die klassische Hochkultur (sagen wir: Tschaikowsky) und auf Segmente des bürgerlichen Lebensstils (Rioja), heute ist sie in den Lebensstil integriert. Er nennt als Beispiele: ausgefeilte Techniken des Kochens (Hummer), die Geheimnisse der Sneaker-Kultur (personalisierte Nike Air Max), Vintage-Mobiliar (so einen Sessel haben wir auch), Musikbands (Coldplay eben nicht mehr mögen) und Rennräder (bei mir: Gravelbikes).

Tour: Geteiltes Deutschland

David und ich haben zwei Räder von der Stange. Nicht, weil wir das Mittelmaß der Exzellenz, die Massenproduktion dem Handwerk bewusst vorzögen, wir unterscheiden uns da nicht allzu sehr von Levit. Aber mit Rädern kennen wir uns schlicht noch nicht aus und suchen daher Halt im Standard.

Am Vorabend der großen Reise wird mit Bedacht gepackt. Jedes Gramm, das nicht mitgeschleppt werden muss, erleichtert das Fahren, schont die Kräfte, verspricht noch etwas mehr Freiheit. Der Postillon mag sich darüber lustig machen, aber gerade wir Unerfahrenen müssen auf Nummer sicher gehen, was das Gewicht betrifft. Andererseits gilt es sich vorzubereiten auf die Gefahren der Stadt, zumindest wenn man Levit Glauben schenkt, der das Radfahren in der Hauptstadt mit einem »Suizidkommando« vergleicht.

Am Vorabend also, beim Minimieren des Gepäckgewichts: Organspendeausweis mitnehmen oder daheimlassen?

Montag, auf geht's, für mich immer noch ohne Frühstück, intervallfastend steige ich in den Zug nach Nürnberg, treffe den in Landshut zusteigenden David, in Nürnberg angekommen geht es endlich wirklich los. Die Mittagssonne strahlt, als wir nach den ersten gemütlichen Kilometern plötzlich auf der Autobahnauffahrt Erlangen-Nord landen und gerade noch rechtzeitig die Kurve kriegen. Die Autofahrer bestaunen das Wendemanöver. Es ist jedenfalls keiner dieser Momente, in denen man sich als Radler übersehen fühlt. Wir müssen uns erst ans Tacho-Navi gewöhnen. Aneinander gewöhnen müssen wir uns nicht.

David und ich haben uns in der fünften Klasse im Gymnasium kennengelernt. Erst spielten wir zusammen Basketball, später gingen wir auf Partys, das gängige Coming of age heranwachsender Jungs. Als Erwachsene, er Sprachlehrer, ich Journalist, sollen die beiden uns gemeinsamen Sozialisationswelten Sport und Feiern endlich zusammenfinden. Dabei hilft, dass wir, sobald wir zusammen sind, keine intellektuellen Berührungsängste haben, wenn es um kindischen Humor geht. Meine Überlegung, diesem Buch die Widmung »Für Ze« voranzustellen, findet er zum Beispiel sehr lustig, und so verwundert es nicht, dass die Zielsetzung unserer Tour lautet: mit dem Rad nach »Bierlin«.

Wir sind mittlerweile alt genug, um in den Fahrpausen unsere Töchter anzurufen und ihnen leidlich glaubwürdig zu versichern, dass wir selbstverständlich auf uns aufpassten, in der Hoffnung, dass wir diese Anrufe in ein paar Jahren von ihnen bekommen.

Ein Energieriegel in Forchheim, Falafel in Ebermannstadt, kein Bier in Aufseß, auch wenn der Ort mit dem Weltrekord für die größte Brauereidichte wirbt. Auf freier Strecke wird schnell klar, dass wir durch ein gespaltenes Land fahren, und das oft direkt im Spalt: links von uns sattes, ruhiges Grün, rechts von uns die graue, laute Straße. Links die Umwelt, rechts ihre Verschmutzung. Links Stillstand, rechts Mobilität. Geteiltes Deutschland. Dazwischen wir auf dem Radweg. Und selbst da ist der Kulturkampf im Kleinen zu sehen: Radfahrer mögen dem Naturlager zugeordnet werden, am liebsten von sich selber, gleichzeitig aber suppt die Motorisierung dank der E-Biker allmählich von der Straße rüber. Der Natur-Kultur-Widerspruch ist auch Igor Levit nicht fremd, er sucht ihn förmlich: »Ich mache, wenn ich im Wald unterwegs bin, Telefonate und bespreche Konzertprogramme oder Projekte auf dem Fahrrad. Ich kann auf dem Rad ganz frei denken. Das ist für mich wirklich ein totaler Freiheitsort.« Das Radfahren sei für ihn eine Art »Batterie aufladen«. Ein E-Bike hat er auch.

Pfff, E-Bikes, lästern wir Puristen, bevor wir allerorten bei unserer Ankunft die Ladekabel für Tacho, Smartphone und Smartwatch auspacken und das Wlan suchen.

Mehr als sechs Stunden radeln wir netto jeden Tag, in den guten Phasen gleiten wir durch die Landschaft wie eine Schere durch Geschenkpapier. Aber in den zäheren fühlt es sich an, als hätten wir beim Schneiden die Tischplatte unter dem Papier mit erwischt. Zu zweit mit dem Rad zu fahren heißt auch, die unbekannte Seite des anderen kennenzulernen: in meinem Fall die Rückseite. Beim tranceartigen Treten den Berg hoch starre ich müde auf die Tätowierungen auf Davids linkem Unterschenkel: ein Heißluftballon, ein Kaktus und besagte Raupe Nimmersatt. Man muss schon den Kopf heben, um etwas zu sehen vom Land. Aber das gehört auch zur Wahrheit: So eine Deutschlandreise ist kein Computerspiel mit verschiedenen Levels, die alle komplett anders aussehen.

Da ist immer viel Wald und Wiese und Straße, gerne auch mal ein Fluss, leider auch Hügel. Und in den Dörfern reihen sich dann griechische, türkische, italienische, asiatische oder deutsche Gaststätten aneinander, gerne auch mal mittags geschlossen, Friseure, Tankstellen und weiter draußen die Lidls und Aldis, bevor es wieder rausgeht zu Wiesen und Wäldern.

Halbzeitbilanz am dritten Tag, nach 250 Kilometern: Autos nerven ungemein, wenn man nicht gerade selber eines lenkt und sich über Fahrradfahrer aufregt; wer kein Fleisch isst, hat außerhalb der Städte ein Problem; wenn die Hände vom Fahren wehtun, kann man auch mit Messer und Gabel Sushi essen; es gibt immer noch Gaststätten, in denen der halbe Liter Wasser teurer ist als eine Halbe Bier; wer schlechtes Wetter vertreiben will, sollte einfach in eine Regenhose schlüpfen (dreimal aufwendig übergezogen, hat der Regen danach sofort aufgehört); die kundigsten Wegweiser dieser Welt sind rüstige Rentner, die schon mit dem Rennrad unterwegs waren, als unsereins noch durch Manhattan gelaufen ist.»'tschuldigung, wo geht's noch mal lang?« –»Vorne beim Kreisverkehr bei 6 Uhr rein und bei 12 wieder raus.«

Wir sind kurz vor der Bundestagswahl unterwegs, und je weiter wir nach Nordosten fahren, desto dunkler wird der Schatten, den die Wahlplakate werfen. Nicht nur unsere aufgeschürften Knie (es steht zwei zu zwei, verdammte Click-Schuhe) und das Aldi-Schild werden blauer, auch die politische Landschaft. Die Dörfer werden grauer, und irgendwann sind sie schwarz. Die Nacht. Wir haben tagsüber nicht genügend Strecke geschafft, und so fahren wir durch die Dunkelheit.

Und dann hat die Scheißkellnerin uns gezwungen, einen Pfeffi mit ihr zu trinken. Markkleeberg ist hässlich.

Genau so solle man das bitte schreiben, sagt in der Bar am endlich erreichten Zielort die sehr nette Kellnerin und ext den Pfefferminzschnaps. Gute Nacht.

Wir haben uns mittlerweile Erfahrung erfahren. Am vierten Tag wissen wir, dass hinter einem Durchfahrtsverbot meist nur ein leicht zu umkurvendes Stück aufgerissene Straße liegt. Der Ausbau des ländlichen Glasfasernetzes hält uns sicher nicht auf. Gestoppt werden wir erst durch das bereits gut ausgebaute Glasscherbennetz von Leipzig. Ein Platten. Natürlich haben wir Flickzeug dabei (Land der Dichter!). Aber zum Glück liegt in Schiebnähe eine

Radwerkstatt, die den durchbohrten Reifen durch einen unplattbaren ersetzt. Die Nichtaustauschbarkeit, die wir laut Soziologie in diesen Zeiten suchen, gilt glücklicherweise nicht für Fahrradreifen.

Eine Strandpause am Großen Goitzschesee, vorbei an Zschornewitz (»Standort des ehemaligen größten Braunkohlekraftwerks der Welt«), dann den Lutherweg entlang, wo Luthers Porträt an den Straßenlaternen hängt. »Ich würde NPD wählen. Ich könnte nicht anders«, steht auf dem Wahlplakat. *Debatable.*

Der letzte Tag: Nicht die Lunge schmerzt, auch nicht die Beine, es ist eher eine ganzkörperliche Müdigkeit. Ob meine Organe in diesem Zustand überhaupt zu spenden wären? Nach unten treten und nach oben buckeln, Stunde um Stunde, im Halbschlaf. Warum tun wir uns das bloß an?

Leiden: Schmerz ist Trumpf

In seinem Buch *The Sweet Spot,* in dem es laut Untertitel um die Freude am Leiden und die Suche nach Sinn geht, zweifelt Paul Bloom, Psychologieprofessor in Yale, die KonMari-Methode an (von der WittMarti-Methode kein Wort), nach der Dinge, ja eigentlich alles im Leben Freude versprühen müsse. »Diese Theorie ist unvollständig«, schreibt er. Denn der richtige Schmerz kann die Grundlage sein für späteres Vergnügen. Schmerzen zu haben seien die Kosten für spätere Belohnung. Wir seien nicht von Natur aus Hedonisten, ein gutes Leben beinhalte mehr als Vergnügen. Wir suchten Sinn und Bedeutung, wir strebten nach wertvollen Beziehungen und befriedigenden Beschäftigungen, und das bedinge ein gewisses Maß an Kampf, Angst und Verlust. »Die Projekte, die für unser Leben die größte Bedeutung haben, beinhalten Leiden und Opferbereitschaft«, schreibt er, auch wenn er dabei nicht so weit gehen wolle wie der Psychologe Jordan B.

Peterson: »Der Sinn des Lebens besteht darin, die schwerste Last zu finden, die man gerade noch tragen kann, und diese dann zu tragen.«

Ein Leben ohne Leiden, schreibt Bloom, wäre leer und langweilig. Apropos: Wir radeln ins ländliche Brandenburg, am Nachmittag erreichen wir Potsdam, nach vielen Kilometern auf dem Land ein Kulturschock. Das Grenzgebiet zwischen den traditionellen und den hippen Schnauzerträgern ist im Nu durchfahren, Ende Gelände, auf einen Schlag ist alles anders. Haben wir uns bis eben wie Reisende aus der Zukunft gefühlt, in coolen High-Tech-Outfits, radeln wir nun als bunte Dorftrottel durch die City, Landeier mit verkrusteten Knien. Die letzten Kilometer. Die Reise durch sechs Bundesländer immerhin geht dem Ende zu. Den gesellschaftlichen Geist – Du bist Deutschland! – haben wir ganz gut aufgesogen: die unmittelbare Bedrohung gesehen, dass uns was genommen werden könnte (die Räder werden stets penibel abgesperrt) und dabei langfristige Gefahren aus Bequemlichkeit verdrängt (die mitgeschleppte Sonnencreme bleibt unbenutzt). Aber wir haben es geschafft, irgendwie. Zusammen durchhalten, einander zuhören, auch wenn es manchmal wehtut (schnarchend in Hotel-Doppelbetten) – vielleicht ist das ja auch eine allgemeingültige Formel, um aus Krisen wieder rauszurollen. Bei 6 Uhr rein und bei 12 wieder raus.

Freitagnachmittag. Das »Berlin«-Ortsschild. Alles gut. Nur das zweite »i« haben sie vergessen.

Wir sind erschöpft und glücklich, am erstbesten Kiosk kaufen wir uns zwei Flaschen »Berliner Kindl«, ein lokales Bier mit verlockend nettem Emblem. Es ist die Belohnung, die uns an dieser Station der klassischen Heldenreise laut Drehbuch versprochen wurde. Wir umarmen einander, Brothers in Arms.

David und ich schwärmen ungläubig vom Geschafften, nicht ohne Stolz. Ungläubig, weil wir Anfang des Jahres unter Radeln noch die Fahrt zum Bäcker verstanden, den Begriff Gravelbikes noch nie gehört, das ländliche Deutschland nördlich der Isar kaum gekannt und unseren Beinen eine 500-Kilometer-Reise nie und nimmer zugetraut haben. Und auf einmal steht man in der Berliner Abendsonne und hat alles hinter sich. An dieses Gefühl gilt es sich zu erinnern, wenn das nächste Mal eine Herausforderung oder eine Spinnerei im ersten Moment zu herausfordernd oder zu spinnert wirkt. David wird dafür nur kurz an sich hinunterblicken müssen. Das Berliner-Kindl-Emblem wird sich gut auf seinem linken Unterschenkel machen, neben dem Heißluftballon ist noch etwas Platz.

Im Zug nach München sagt er, er freue sich schon wieder auf seine nächste Ausfahrt, daheim. Ich denke bereits an die nächste Challenge – ein Lauf, den ich noch am Abend der Heimkehr in München zu absolvieren und aufzuzeichnen habe, um gemeinsam mit Tausenden Teilnehmern an einem globalen Weltrekordversuch teilzunehmen: die meisten virtuellen 10-Kilometer-Läufe innerhalb von 24 Stunden. Eine Schnapsidee, zugegeben. David schüttelt ob meiner Rastlosigkeit den Kopf. Rainhard Fendrich würde singen:»Wenn des kein Beweis ist für die Midlife Crisis«.

Nach der Zugfahrt jogge ich wirklich noch einsam und langsam eine Stunde und 21 Minuten durch die dunkle Stadt, bis die Pulsuhr mit GPS mir endlich zehn Kilometer anzeigt. 25 522 andere Läufer weltweit machen das an diesem Tag auch. Ich sichere mir damit, wenn auch anonym, einen Platz im *Guinness Buch der Rekorde*. Neben Aufseß mit seiner weltgrößten Brauereidichte und Zschornewitz mit seinem ehemaligen weltgrößten Braunkohlekraftwerk und dem Gedächtnisweltmeister, dessen Namen ich schon wieder vergessen habe. Und neben Coldplay, die als erste Band eine Million digitale Alben in des USA verkauft haben. Willkommen im Club.

Ausland: Hin und weg

Ein paar Tage später brechen meine Frau und ich nach Madrid auf. Zum Flughafen nehmen wir die günstigen und umweltfreundlichen S-Bahnen *(bueno)*, aber die zweite hat dermaßen Verspätung, dass wir am Umsteigebahnhof in Feldmoching ein 65 Euro teures *(malo)* und umweltschädliches *(malo)* Taxi nehmen müssen. Wir schaffen es gerade noch so in die Maschine. Ich habe einen Flug gebucht, der selbstredend umweltschädlich *(muy, muy malo)*, aber wenigstens schnell ist: zweieinhalb Stunden *(bueno)*. Die Bahnfahrt hätte achtundzwanzigeinviertel Stunden gedauert *(muy malo)* und mutmaßlich viel mehr gekostet *(malo)* als die 192,33 Euro, die ich für die Flugtickets ausgegeben habe *(bueno)*. Jede Reise in die Fremde ist heute auch eine moralische zu sich selbst.

»Me gustaria patatas bravas.« In Madrider Bars verstehe und spreche ich am ersten Tag gerade so viel Spanisch, dass ich meine monatelangen Bemühungen zu Hause als lohnenswert begreife, Note befriedigend. Meine Frau spricht besser und damit auch lockerer als ich, was laut Kalenderblatt vom 3. September auch kein Wunder ist – demnach kommen die spanischen Wörter *naranja* (Apfelsine), *azul* (blau) und *escarlata* (scharlachrot) aus dem Persischen. Sie lässt mir aber immer höflich den Vortritt beim Small Talk mit den Kellnern, denn ich bin es ja, der sich beweisen will. Ich merke, wie ich jedes Mal in einen Prüfungsmodus gerate, vor meinem geistigen Auge sehe ich die gedruckten Vokabeln und Konjugationen im Übungsbuch. »Para mi, una tortilla, por favor.«

Spanische Herbstmilde. Wir verschlendern und verschlemmen die Tage. Im Museo Reina Sofía, in meinem Volksmund: Rainer, hängt eine Retrospektive des Berliner Fotografen Michael Schmidt. Es geht um die industrielle Produktion von Lebensmitteln. Gurken zum Beispiel. Und Schweine und Rinder, die sehr traurig gucken, dazwischen eine Kinderwurst in Geschichtsform, die Wurst lacht mich buchstäblich an. Ich stehe selbstbewusst im Raum und fühle mich als Teil der Installation: Seht an die Wände, da ist das Problem, und dann seht mich an, die Lösung. Die Selbstgerechtigkeit währt nur die paar Sekunden, bis ich die abgehackten Fischköpfe sehe.

Abends beruhigt mich eine lokale AC/DC-Coverband: Hinter dem Akzent, den der Sänger dem »Highway to Hell« mitgibt, muss ich mich als deutscher Spanischsprecher nicht verstecken. Jedenfalls verstehe ich am vierten Tag so viel mehr und spreche so viel unverkrampfter, dass sich meine Bildungsbemühungen zu Hause nur als nette Vorbereitung herausstellen. Wie Astronauten, die auf der Erde in Schwimmbecken herumwaten, um das Leben in der Schwerelosigkeit zu imitieren. Lernen werden sie es eher im Weltall.

Hier endlich findet das Pareto-Prinzip meine Aufmerksamkeit, die es via zahlreicher Zeitmanagement-Ratgeber das Jahr über fleißig gesucht hat. Vilfredo Pareto hieß ein italienischer Ökonom und Soziologe, der bei einer Untersuchung Ende des 19. Jahrhunderts festgestellt hat, dass in seiner Heimat lediglich 20 Prozent der Einwohner 80 Prozent des Gesamtvermögens besitzen. Genauso verhielt es sich in Russland, Frankreich und der Schweiz. Das Zahlenverhältnis soll demnach für viele Gebiete gelten, Zeitmanager Tim Reichel führt weitere Beispiele an, die ich persönlich für nur sehr grob untersucht halte: 80 Prozent der Unternehmensgewinne werden mit 20 Prozent der Produkte erwirtschaftet. 80 Prozent des Umsatzes wird durch 20 Prozent der Kunden realisiert. »80 Prozent deiner Freizeit verbringst du mit 20 Prozent deiner engsten Freunde und Bekannten.« Grundsätzlich gelte: 20 Prozent des Gesamtaufwands sind für 80 Prozent der Ergebnisse verantwortlich, deshalb wäre es geschickt, sich auf diese 20 Prozent zu konzentrieren.

80 Prozent des Umsatzes werden durch 20 Prozent der Kunden

realisiert. Für das, was ich in Spanien nebenbei und mittendrin aufschnappe, brauche ich in der Volkshochschule und mit Krimis und Apps eine mühevolle Ewigkeit. *Más vale poco y bueno que mucho y malo*: Wenig und gut ist mehr wert als viel und schlecht, sagt der Kalender. Begabtere Menschen können daheim das Fremde kennenlernen, ich brauche dazu die Fremde. Mein Englisch habe ich mir in Australien angeeignet. Ich bin ein Schönwetter-Lerner mit Luxusallüren: bei mir funktioniert das Sprachenlernen nur im jeweiligen Land und ohne Liebeskummer. Am besten ist es natürlich, sich nicht nur ins Land zu verlieben, sondern auch im Land verliebt zu sein. Am besten in die eigene Frau. *Baila, baila, baila.* Lass uns tanzen.

No hay maestro que no pueda ser discípulo.
Es gibt keinen Lehrer, der nicht auch Schüler sein kann.

(Baltasar Gracián)

Lunes, 25 Octubre

OKTOBER

TANZEN UND LOSLASSEN

Sich im Tanzen zu verlieren ist die Möglichkeit, sich eine Auszeit zu nehmen vom Stress, vom Alltag, von sich selbst, singt Pharrell Williams, und wer bitte will einem Pharrell Williams wiedersprechen. »Lose Yourself to Dance«, heißt es da in Daft Punks gleichnamigem Lied, »I know you don't get a chance to take a break this often, I know your life is speeding and it isn't stopping.«

Ab und zu tanze ich, euphemistisch könnte man sagen: Freestyle. Mit einem Bier in der Hand als Halt, eigentlich ist es ein Bierhalten mit Bewegung. Zu meiner Studentenzeit konnte es auch passieren, dass ich beim Weggehen breakdancte. Es war eher eine Parodie, ich machte auf dem Boden liegend eine Welle oder versuchte, mich auf meinem Kopf stehend um die eigene Achse zu drehen, dazu brauchte ich immer Anschieber und es ging buchstäblich immer schief. Eine kleine Show, keine große Kunst.

An diese Zeiten denke ich mit Pein zurück. Nicht, weil ich mich heute dafür schämen würde, auch nicht, weil ich die gute, alte Zeit schmerzhaft vermissen würde. Ich werde zuweilen körperlich an sie erinnert. Im Zerwirk, einem Club am Marienplatz, den es heute nicht mehr gibt, habe ich mir bei einer meiner

Einlagen einen Glassplitter in die Hand getanzt. Am nächsten Tag erst begab ich mich ins Krankenhaus, wo ein Arzt wartete, der sicher nicht mit großem Eifer und hehren Zielen Medizin studiert hatte, um an einem Samstagmorgen im Notdienst einem müden Zombie Glasstückchen aus dem rechten Handballen zu klauben. Der Mann war beeindruckend freundlich. Er öffnete die Wunde, spülte sie aus und begann, mit einer Pinzette darin zu graben. Immer wieder war eindeutig dieses Knirschen zu hören und auch zu spüren, wenn die Pinzette am Glas kratzte. Er spülte die Wunde wieder aus, suchte weiter, erneut war das Knirschen zu hören. Zu fassen aber bekam er den Fremdkörper nie. Irgendwann gab der Arzt auf. Man kann in so einer Hand ja nicht ewig graben. Er meinte, dass der Splitter womöglich beim Ausspülen rausgeschwemmt worden sein könnte. Vielleicht aber ist er auch noch drin. Bis heute erspüre ich, fahre ich mit den Fingern der linken Hand über den Ballen meiner rechten, einen kleinen Hügel. Ich weiß nicht, ob da noch Glas drin ist oder nur vernarbtes Gewebe vom Graben. Nur selten tut der unterirdische Bommel, wenn ich oder irgendwas draufdrücke, im schlimmsten Fall der Tennisschläger oder der Radlenker, auch weh. Er bleibt mir, er ist mein Ersatz für ein Tattoo. Er erinnert mich daran, dass das Tanzen und ich nicht wirklich füreinander geschaffen sind.

Träume: Ich bin so frei (nicht)

Warum aber reizt es mich, trotz meiner inneren Abneigung und des Bommels überhaupt zu tanzen? Weil ich auch so frei sein will wie Pharrell und die anderen. So locker, selbstvergessen, taktsicher, offen, unverkrampft. Noch bin ich das alles nicht. Ich liebe Pläne und Kalender, ich brauche Regeln und Muster, Wecker und Countdowns, Rezepte und Mengenangaben, How-to-Bücher und Wenn-dann-Gesetze, die Einteilung in Richtig und Falsch. Soziologe Reckwitz hat mich wieder mal durchschaut: »Während die Bewegungsformen in klassischen Mannschafts- und Wettbewerbssportarten häufig verhältnismäßig reguliert und standardisiert waren, erlauben viele der spätmodernen Bewegungskulturen die Ausbildung eines individuellen Körperstils sowie ein improvisatorisches Experimentieren mit den eigenen physischen Möglichkeiten.« Dies gelte etwa für die internationale Tangobewegung. Noch mehr als mit seiner Diagnose identifiziere ich mich hier mit Reckwitz' akademisch-steifem Duktus: Ich tanze so, wie Reckwitz schreibt.

Der angesprochene Tango gefällt mir als brückenschlagende Idee: Einerseits wirkt er leidenschaftlicher und eleganter als die recht unflexiblen Standardtänze, die ich von den Tanzböden der niederbayerischen Wirtshäuser kenne; andererseits ist er erlernbar, es gibt Schritte und Moves, die ich mir aneignen und später um Improvisationen erweitern kann. Festhalten und loslassen.

Die Tangobewegung in München hat den Platz vor der Pinakothek der Moderne für sich entdeckt. Ich sehe ihr bei abnehmendem Licht von den Stufen des gegenüberliegenden Unigebäudes zu, vielleicht sieben, acht Paare, daneben ein Lautsprecher, aus der südamerikanische Klänge kommen, sie erinnern mich ans Boxen. Neben mir sitzt unsere Tochter, wir haben das vielleicht letzte Eis des Jahres in der Hand, ich erinnere mich an das erste des Jahres, Pistazie, lang her. Hinter uns sitzen drei junge Menschen, in denen ich erst einfache Studenten zu erkennen glaubte, doch das Gespräch, das sie führen, weist sie als des Tanzens mächtige Studenten aus. »Entschuldigung, ihr tanzt auch?«, frage ich. Sie antworten mit einnehmender Begeisterung und Akzent, bevor ich klarstellen muss, dass ich mit »auch« keinesfalls mich selbst gemeint habe, sondern die Gruppe da vorne. Die drei sind in einer Tanzschule im Viertel organisiert. Salsa und Bachata werde in der Schule angeboten, sagen sie und können dabei die beiden Namen, die für mich nach Sauce und Eissorte klingen, kaum aussprechen, ohne sich dabei reflexhaft zu bewegen. Allein die Nennung der Tänze versetzt ihre Körper unwillkürlich in Schwingungen. Ich gebe mich interessiert, aber nicht zu interessiert.»Wenn sich jemand das anschauen möchte, geht das so einfach?«, frage ich. Unsere Tochter dreht sich um und sagt zu dem Studenten:»Mit ›Jemand‹ meint er sich.« Dann schleckt sie weiter an ihrem Eis.

Tanzen: Ein kleiner Schritt für die Menschheit, ein zu großer für mich

Projekt 10. Im Internet suche ich die Tanzschule und auch nach Bachata, vertippe mich erst mal und lande nicht in der Dominikanischen Republik, wo die Musik und der Tanz herkommen, sondern im Städtchen Bacharach am Rhein. Nichts gegen Bacharach am Rhein: Ich sehe Fachwerkhäuser, Weinberge und Burgen und bekomme sofort Lust – ein neues, schönes Gefühl –, dort Rad zu fahren. Aber da ist auch ein anderes Gefühl, das dieses mir bekannte Rheinland-Pfälzische bei mir auslöst: weg hier. Die Sehnsucht nach etwas mir Fremdem.

Die traditionellen kulturellen Kontexte verliehen Tango und Salsa»nicht nur eine körpertechnische, sondern auch eine narrative und hermeneutische Dichte und Eigenkomplexität. Übt man sich in diesen Techniken, taucht man gewissermaßen in ein fremdes kulturelles Universum ein, in dem man sowohl zum Könner als auch zum Kenner werden kann. Die global zirkulierenden lokalen Bewegungskulturen bilden damit eine Hyperkultur von sowohl ›exotischen‹ als auch historischen Bewegungsressourcen, welche man sich zu eigen macht«, schreibt Reckwitz.

Die Seiten, auf denen ich bei der Suche nach den Ursprüngen des Bachata dann doch noch lande, erzählen dementsprechend von illustrer Mondänität: Bachata entstand laut Wikipedia Anfang der 1960er Jahre als eine Form des kubanischen beziehungsweise karibischen Boleros (nicht zu verwechseln mit dem spanischen!) und war einer von vielen Stilen der romantischen lateinamerikanischen Trio-Gitarrenmusik, die vergleichbar der mexikanischen Mariachi-Tradition ist.

Das Tanzen lateinamerikanischer Tänze, so die Botschaft, die bei mir ankommt, macht mich nicht nur zum Tänzer, sondern zu einem Weltbürger, zum Kosmopoliten. Es ist die körperliche Ausprägung meines Wunsches, der sich sprachlich im Spanischlernen zeigt. Das Tanzen eröffnet mir die Möglichkeit, offen zu sein für das Nichtalltägliche, das Exotische, das andere – ohne umweltschädigend hinfliegen zu müssen.

Tanzen ist alles, was ich nicht bin. Vielleicht ist die Station »Tanzen lernen« der Punkt, an dem dieses Projektjahr kippen könnte von »Ich will besser werden« zu »Ich will ein anderer sein«. Auf der Seite der Tanzschule ist ein Spruch zu lesen: »Geh mit Zuversicht in Richtung deines Traums. Leb das Leben, wie du es dir vorgestellt hast.«

Fragen drängen sich auf, zum einen die alte: Warum habe ich noch nicht mit dem Tanzen angefangen, wenn ich mir das doch schon immer vorgestellt habe? Und zum anderen die akute: Warum habe ich auch in diesem besonderen Jahr noch nicht damit begonnen? Es ist Oktober, und dieses Vorhaben ist das einzige, das umzusetzen ich noch gar nicht gestartet habe.

Und in diesen Tagen werde ich auch nicht anfangen damit, ich liege flach, eine Grippe. Ich bin seit drei Tagen nicht elendig krank, sondern vor allem müde und schlapp, »zu nichts zu gebrauchen«, wie man ökonomisch-kalt sagt. Es ist super.

In der Dokumentation »Kevin Kühnert und die SPD« erzählt der Politiker Philipp Amthor, dass er Tage, an denen er krank im Bett liegt, sehr genießt. Da könne er etwa endlich »House of Cards« sehen. Mir geht es ähnlich, nur dass ich eben »Kevin Kühnert und die SPD« und schaue. Normale Freizeitbeschäftigungen sind bei mir zu Guilty Pleasures geworden, die zu genießen ich erst fähig bin, wenn ich zu nichts anderem fähig bin. Darniederliegend sehe auch ich geläutert ein: Ab und zu brauche ich solche Tage. Mir zeigt die kleine Auszeit, dass sich mein Leben besser anfühlt, wenn ich mal einen Gang herunterschalte. Anderen signalisiert eine große Krankheit, dass sie auf die Bremse treten müssen, um überhaupt am Leben zu bleiben. Der Sozialpsychologe Harald Welzer (der auch Soziologe ist, aber es wimmelt hier ja nur so von denen, sodass ich bei Welzer gerne die andere Profession nenne) hatte einen schweren Herzinfarkt, in einem Interview mit der SZ sprach er von seinen Lehren aus der Erfahrung. »Insgesamt würde ich sagen, ist es der nicht immer glückende Versuch, sich dem ewigen *hustle* zu entziehen. Ich sehe vieles entspannter. Habe weniger Schuldgefühle, wenn ich irgendwelche Sachen nicht tue. Kurz, ich mache weniger. Beziehungsweise, um das wunderschöne Verb zu benutzen, das Gerhard Polt erfunden hat, ich sinnlose jetzt mehr.« Sinnlosen. Ja, danach sehne ich mich. Ich beneide die Sinnloser.

Mitte des Monats, ich bin frisch kuriert, gehen wir auf das Konzert der »Sterne«. Nüchternes Ankommen im Saal, laiensoziologischer Blick auf die subkulturellen Marker der Veranstaltung, also auf Alter, Brillen und Duktus des Publikums, vor allem natürlich auf die T-Shirts; erstes Bier, ich löse mich von dem Gefühl, die anderen zu scannen; zweites Bier, ich löse mich von dem Gefühl, von den anderen gescannt zu werden; drittes Bier, ich höre nickend der Musik zu, genervt von dem Hintermann oder der Hinterfrau, die laut mitsingt oder, noch schlimmer, sich mit der Begleitung unterhält; viertes Bier, ich singe laut mit und unterhalte mich mit meiner Begleitung; fünftes Bier: ich bin die Musik.

Frank Spilker steht auf der Bühne und singt: »Du musst dich nicht optimieren / Du musst nicht doppelt so viel machen wie die anderen / Du musst nicht Pausen machen / Du musst nicht rausgehen nur weil die Sonne scheint / Du musst auch nicht zu Hause bleiben nur weil es regnet / Du musst nicht anrufen / Du musst nicht chatten / Du musst gar nix.«

Sollte ich das nicht übersetzen in: Ich muss keinen Tanzkurs machen? Tango, Salsa, Bachata einfach den Studenten überlassen? Aber wäre das nicht ein Zeichen von Schwäche, von Versagen?

Das Aufgeben führe zu Unrecht ein Schattendasein, beruhigt mich Veronika Brandstätter, Psychologieprofessorin an der Universität Zürich, in der Zeitschrift *Psychologie Heute*. Denn für ein ausgeglichenes und erfüllendes Leben sei es ebenso wichtig, Ziele loslassen zu können wie an ihnen dranzubleiben. Von Zielen abzulassen, könne sinnvoll sein – wenn sie unrealistisch sind (bei mir: eine Frisur haben), wenn sie nur unter sehr hohem Aufwand zu erreichen sind (Surfen), wenn man über lange Zeit nicht weiterkommt (das Boxen?), wenn sie den eigenen Fähigkeiten nicht (mehr) entsprechen (Tenniskarriere) oder den eigenen Bedürfnissen (here we go: tanzen). Ich habe die Coachin im Ohr: »Was wollen Sie wirklich?« Die Antwort hier: Ich würde gern tanzen wollen. Aber ich will es eigentlich nicht.

Kurzerhand streiche ich das Tanzenlernen von der Liste. Zack, weg. Kein Kurs, keine Trainingsstunden. Die Raupe Nimmersatt entlässt sich selbst in die Freiheit, als gepäcklos fliegender Schmetterling.

»Lassen Sie den Salsa-Unterricht sein, wenn sie zwei linke Füße haben«, schreibt auch Rolf Dobelli in seiner *Kunst des guten Lebens*, »jede Stunde, die Sie innerhalb Ihres Kompetenzkreises investieren, ist tausendmal mehr wert als eine Stunde außerhalb.«

Die freie Zeit, die ich nun habe, da das Spanischlernen und das Radfahren erst mal pausieren und die fürs Tanzen eingeplanten Schichten entfallen, verbringe ich also: mit Menschen. Und zwar nicht nur mit Projekthelfern, Rechenschaftspartnern oder Trainern. Sondern: auf Konzerten mit meiner Frau, unkoordiniert um mein Bier herumhüpfend, freidrehend; Comics lesend mit unserer Tochter, Comicverfilmungen schauend mit meinem Neffen, Fußballschauend mit meinem Vater, Kaffee trinkend mit meiner Mutter; mit meiner Schwester und dem Schwager beim Grillen, mit dem Neffen beim Eisessen, mit der Nichte im herbstlich bunten Kletterpark, mit der persischen Familie feiern, mit sehr viel Essen. Beim Schafkopfen mit Freunden, beim Tennisspielen in der Mannschaft, beim Mittagessen und beim Feierabendbier mit Kollegen. Mit der Familie durch München spazierend und abends in der Kneipe Halloumi-Burger essend. Halloween feiernd beim David, der blutiges Make-up trägt (und endlich sein Berliner Kindl als Tattoo auf der Wade). Neuerfindung heißt die dazu passende Station in der Heldenreise.

Das Aufgeben, schreibt Veronika Brandstätter, tue ja nicht nur Körper und Seele gut, weil es abträgliche Belastungen reduziere, »es kann auch Freiraum dafür schaffen, neue Vorhaben im Beruf und Privatleben anzugehen, die einem wirklich liegen«. Und je näher das Ende dieses Jahres rückt, desto klarer wird mir, was mir liegt. Nicht in dem Sinne, dass ich darin sehr gut wäre (ich bin ultraschlecht) oder dass ich dafür täglich brenne (ich übe seltenst), es ist eher eine Ahnung, dass mich diese Beschäftigung nachhaltig begleiten wird. Unabhängig von Talent und Eifer. Es liegt eigentlich mehr vor mir, als dass es mir liegt. Es ist: das Ungeheuer.

Für kaum etwas in diesem Jahr bin ich kurioserweise so dankbar wie dafür, mit dem Gitarrespielen begonnen zu haben. Nicht nur der kleine Fortschritt (wie beim Spanisch), nicht das Schaffen (wie die Radtour), nicht das Können (Kochen) machen mich da glücklich, auch nicht das Loslassen (wie beim Dancen), sondern das pure Angefangenhaben. Die im Februar im SMART-Verfahren genannten fünf Lieder als Ziel? Nicht mal eines. Ich spiele ein paar Riffs nach, zupfe rum, kriege ein paar Akkorde zusammen. Die Gitarre steht im Wohnzimmer nicht als ständige Erinnerung daran, dass ich üben sollte, sondern als argloses Angebot: Ich bin hier, *no pressure.*

»Ich glaube, dass genau dort das Glück liegt, wo wir damit leben können, dass wir mal nicht überragen. Das ist keine leichte Aufgabe. Wir alle kennen den speziellen Schmerz, der sich in dem Spannungsfeld zwischen unserer Begeisterung für eine Sache und der Enttäuschung über unsere miese Leistung auftut«, schreibt Isabell Prophet, jene Autorin, die beim Aufzählen von Erfolgen das »aber« verbietet.

Etwas zu lieben, das einen nicht auf den ersten Blick zurück liebt, ist nichts Verwerfliches. Wenn ich jemals etwas Punkhaftes getan habe in meinem Leben, dann ist es, diese Unverschämtheit zuzulassen: Ich weigere mich, dieses Vorhaben, bei dem ich nicht nach Plan performe, bei dem ich keine wirklichen Ziele habe, das ich nur angehe, wenn ich Lust darauf habe, und das mir meine Unzulänglichkeit und meine Lernschwierigkeiten aufzeigt, systematisch voranzutreiben oder aufzugeben.

Die Selbstoptimierung sei längst zum gesellschaftlich erwarteten Normalzustand geworden, schreibt mein Gewährsmann Reckwitz: Nicht sie bedürfe einer Begründung, »sondern der (womöglich demonstrative) Verzicht auf sie: also das Rauchen, die ungesunde Ernährungsweise, die verweigerte Weiterbildung etc.« Oder wie bei mir: der verweigerte Frust über fehlende Fortschritte.

Beim grundsätzlichen Lockerwerden hilft mir zudem Prof. Dr. Andreas Michalsen. Nach langem Suchen im Internet finde ich bei ihm endlich eine Antwort auf die Frage, die mich umtreibt: Darf ich beim Intervallfasten in der Fastenphase Kaffee mit ungesüßter Mandel- oder Hafermilch trinken? »Ja, aber auch hier gilt: Die Menge an Mandel- oder Hafermilch sollte nicht zu groß sein«, schreibt er da. Seine Meinung hat er zwar exklusiv, alle anderen Experten sagen, das Prinzip hinter dem Intervallfasten sei eben der strikte Kalorienverzicht in der Essenspause. Aber ich will ihm glauben. Manchmal muss man den Rat, den man sich erhofft, einfach suchen.

Nun, da ich etwas weniger engstirnig auf meine Projekte fokussiert bin und sich der Blick weitet, kommt es mir vor, als würde weniger das Spezielle neu zu lernen sein denn das Selbstverständliche: richtig essen, aufrecht gehen, tief atmen, ausreichend schlafen. »Essen, gehen, atmen, schlafen, geben, nehmen« wäre auch ein guter Titel für einen schlechten Popsong. Wo jetzt auf einmal das Geben und Nehmen herkommen? Es ist das 11. Vorhaben.

La Iglesia dice: el cuerpo es una culpa. La cienca dice:
el cuerpo es una máquina. La publicidad dice:
el cuerpo es un negocio.
El cuerpo dice: yo soy la fiesta.

Die Kirche sagt: Der Körper ist schuldbeladen.
Die Wissenschaft sagt: Der Körper ist eine Maschine.
Die Werbung sagt: Der Körper ist ein Geschäft.
Der Körper sagt: Ich bin die Party.

(Eduardo Galeano)

Martes, 23 Noviembre

NOVEMBER
GEBEN UND NEHMEN

Meine Eltern, die gern im Bayerischen Wald oder auch mal an der Adria urlaubten, ließen sich einst von einem befreundeten Paar zu einer Fernreise überreden. Sie flogen nach Südafrika und fuhren dort herum. Als sie im benachbarten Simbabwe eine halb verfallene Schule sahen, entschlossen die beiden Paare sich kurzerhand, einen wohltätigen Verein zu gründen, um eine neue zu bauen. Wieder daheim, sammelten sie vorsichtig Spenden bei Freunden und Bekannten, und meine Mutter buk und verkaufte Plätzchen, deren Erlös sie nach Afrika schickten. Als sie ein paar Jahre später wieder dort waren, wurden sie durch die neu erbaute Schule geführt, auch zu einem Gebäude namens »Herbert

Wittmann«, so heißt mein Vater. Der Freund meiner Eltern, der sie erst zur Reise überredete und später die Korrespondenz mit der Schule unterhielt, hatte eine weitere Überraschung vorbereitet. Als der Schulleiter ihn vor einer der Reisen per Mail gefragt hatte, was die Schüler bei dem Empfang singen könnten, schlug er ein ganz bestimmtes Lied vor. So kam es, dass meine Eltern, nachdem sie peinlich berührt in Simbabwe an einem Spalier von gespendete Crocs tragenden Schülerinnen und Schülern vorbeigefahren waren, in der Schule mit der Bayernhymne begrüßt wurden.

Ich selbst war Zivildienstleistender bei den Maltesern und fuhr Schulkinder, Alte und Behinderte mit einem alten Bus herum. Ich hatte so eine Freude an diesem sinnvollen Job, dass es mir damals, zwischen Schule und Erwachsenenleben, schier unmöglich erschien, später einmal einen nichtsozialen Beruf zu ergreifen. Doch in den Jahren danach kümmerte ich mich vor allem um mein soziales Studentenleben.

Bis zu diesem Jahr las ich viel zu Identitätspolitik und setzte mich mit Wokeness auseinander, ich weiß, was man sagen darf und was auf keinen Fall. Was richtig ist und was nicht. Aber engagiert bin ich nicht. Ich bin, wie man in Bayern sagt: ein Gscheidschmatzer. Wenn es nur so theoretische Leute wie mich gäbe, würde die Welt praktisch untergehen.

»Und wir Kinder? Machen nichts!«, klagte ich dementsprechend mal gegenüber meiner Schwester, als wir über den Einsatz unserer Eltern sprachen. Daraufhin erzählte sie uneitel, dass sie sich unentgeltlich um die Website eines Nachhaltigkeits-Projektes kümmert. Überhaupt kümmert sie sich viel mehr um andere als ich, ein vorbildlich soziales Wesen. Noch bewusster wurde mir meine Passivität, wenn beim Schafkopfen mein Freund Matthieu mitspielte. Nebenbei erzählen wir da aus unserem Alltag, ich etwa davon, dass mir wieder ein guter Wortwitz eingefallen ist, haha, die Würze des Menschen ist unantastbar. Er, dass er kaputt sei, weil er letzte Nacht in die Klinik musste, Notfall. Er ist Hals-Nasen-Ohren-Arzt. Auf Nachfrage erfahren wir, dass er einem Kind das Leben gerettet hat.

Projekt Nummer 11: Ich will mich mehr engagieren, zurückfinden in die Malteser-Spur. Besser werden im Helfen. An Möglichkeiten mangelt es wahrlich nicht. Wer in einer Großstadt wie München lebt, hat die Auswahl: Laster für die Tafel fahren, Pate für Geflohene werden, Familien betreuen, Geflüchtete unterrichten, Nachhilfe geben und so fort. Ich hatte mich Anfang des Jahres bei diversen Newslettern angemeldet. So bekam ich häufig Angebote, helfen zu können, und manchmal Dankesmails, die an den gesamten Verteiler geschickt wurden.

Inzwischen habe ich mich von all den Newslettern abgemeldet. Ich hielt es nicht mehr aus. Ich hielt mich nicht mehr aus. Nie hatte ich Zeit, eines der Angebote anzunehmen, immer fühlte ich mich schäbig, wenn ich ein »Danke!« im Posteingang hatte, für das ich nichts geleistet hatte. Mein Beitrag für die Gesellschaft kam mir so bescheiden vor wie der jenes Typen, den Gerhard Polt einmal persiflierte: »Solidarität? Ja genügt des nicht, wenn ich denen da drüben einfach mal den Daumen drücke.«

Ich habe in den vergangenen elf Monaten nicht mehr in die Spur von einst zurückgefunden – was nicht heißt, dass ich mein Ziel, mich sozial zu engagieren, nicht erreicht habe. Ich nehme nur eine andere Spur. Ich muss das Helfen meinem derzeitigen Leben anpassen. Natürlich wäre es andersherum edler. Nur ist das illusorisch. Und statt mir Illusionen und damit weiterhin gar nichts zu machen, schau ich lieber, was ich realistischerweise umsetzen kann.

Wie bei der Frage, ob beim Intervallfasten Hafermilch im Morgenkaffee erlaubt ist, so suche ich auch beim Thema Engagement nach Stimmen, die mein Verhalten rechtfertigen. Ich höre nur, was ich hören will, ich bin der Kim Jong-un meiner gewissenhaften Selbstoptimierung. Eine Antwort finde ich bei Rolf Dobelli:

»Wenn Sie mithelfen wollen, das Leiden auf diesem Planeten zu verringern, spenden Sie Geld. Ausschließlich Geld. Nicht Zeit. Geld«, schreibt er. Man selbst brauche vielleicht einen Tag, um in einem Krisengebiet einen Brunnen zu bauen; wenn man jedoch zuhause seiner gelernten Arbeit nachginge, verdiente man an einem Tag so viel Geld, dass die Hilfskräfte vor Ort dafür hundert Brunnen bauen könnten.

Gutes zu tun muss man sich leisten können. Ich denke an Maseray, das Mädchen in Sierra Leone, für das ich über eine Organisation eine Patenschaft übernommen habe. Dieses Engagement zu vergessen, ist ohnehin unmöglich, erhalte ich doch regelmäßig Post von der Organisation, die mich zu weiteren Spenden animieren möchte. Zuletzt am 11. Oktober, dem Weltmädchentag. »Noch immer werden viele Mädchen auf der Welt ausgebremst, unterschätzt und übergangen.« Sie würden daran gehindert, ihre Rechte wahrzunehmen, weil man glaubt, sie seien weniger wert als Jungen. In Moyamba sei der Zugang zu Bildung schwierig, »insbesondere für Mädchen«, steht in der Broschüre. Mädchen sähen sich zudem mit der Gefahr von früher Heirat und früher Schwangerschaft konfrontiert. Ich bekomme das Angebot zugeschickt, Einladungskarten für meine nächste Feier zu bestellen, die meine Gäste darüber informieren, dass sie auf meinen Wunsch hin, statt Geschenke mitzubringen, bitte an den »Mädchen-Fonds« spenden sollen. Die Organisation prangert in jedem ihrer Briefe so viele Probleme an, dass ich jedes Mal an Max Goldt denken muss, der einmal schrieb: Kritik dürfe nie so penetrant sein, dass die Menschen sich von ihr genervter fühlen als von dem Missstand, der beklagt wird.

Nebenbei trete ich einer Gewerkschaft bei, die die Interessen von Journalisten vertritt und junge Kolleginnen und Kollegen fördert. 34 Euro im Monat, aber wenigstens krieg ich keine Post. Für das Klima spende ich auch, mithilfe einer App kompensiere ich meinen alltäglichen Fußabdruck. Laut Test bin ich für 9,89 Tonnen Kohlenstoffdioxid pro Jahr verantwortlich, das ist ein Fünftel unter dem deutschen Durchschnitt (12,35 Tonnen), aber viel mehr als der weltweite (4,5 Tonnen). Für die Madrid-Flüge werden mir zusätzlich einmalig 29 Euro abgeknöpft, für 1282 kg CO_2. Das klimaverträgliche Jahresbudget eines Menschen wird in der App mit 1500 kg angegeben. »Pro Kopf Jahresemission in Äthiopien: 560 kg« zeigt mir die App zusätzlich und etwas willkürlich an, und ich muss unwillkürlich an das Mädchen in Sierra Leone denken. Dabei liegt Sierra Leone, sehe ich später, näher an München als an Äthiopien. Ich weiß nichts von Maserays Welt, nicht mal von deren Vermessung.

Für mein Big-Foot-Dasein zahle ich monatlich 8,24 Euro an das App-Unternehmen, für das Geld wird etwa Panama wieder aufgeforstet oder Mauretanien mit Solarenergie versorgt. Außerdem suche ich im Internet nicht mehr mit Google, sondern mit Ecosia. 80 Prozent des Geldes, das die Suchmaschine über Werbung einnimmt, wird für das Pflanzen von Bäumen aufgewendet.

Es gibt glücklicherweise auch Wege des sozialen Engagements, das (mir) Angenehme mit dem (für andere) Nützlichen zu verbinden. Ich habe mir etwa eine Kammerflimmern-Mütze zugelegt. Das ist eine einfarbige Mütze mit einem kleinen aufgestickten anatomischen Herzen. Medizinstudenten der Uni Kiel kreieren und verkaufen sie, der Erlös wird an das Hospiz Kieler Förde und die Organisation Sea Eye gespendet. Ansonsten verzichte ich so gut es geht auf Konsum, der nicht zwingend nötig ist. Als durchschnittlicher Konsument beschäftige ich nämlich 60 Arbeitssklaven, die unter unwürdigsten Bedingungen für meinen Lebensstandard schuften, so lautet die Rechnung von BWL-Professorin Evi Hartmann. Über 90 Prozent der Produkte, die wir kaufen, werden unter unfairen Bedingungen hergestellt, schreibt Trendforscher Carl Tillessen. Und als wäre das nicht genug, zerstöre ich mit meinen Einkäufen die Umwelt. Die Jeans, die bei der Herstellung 12 000 Liter Wasser verbraucht und 50 000 Kilometer zurücklegt, bevor sie das Geschäft und dann mich erreicht. Das Handy, in dem bis zu 30 Metalle verbaut sind, die mit hochgiftigen Chemikalien aus dem Gestein gewaschen werden. Die Plastikverpackungen, die im Meer landen. Und so fort. Fast genauso überzeugend für mich: Ich spare mir irre viel Zeit und Geld, wenn ich einfach mal nichts kaufe.

Die Zeit nutze ich lieber fürs Joggen, ich laufe für gute Zwecke. Bei diesen Events renne ich nicht, um wie im September einen Weltrekord aufzustellen, sondern um mit meiner Startgebühr (zehn Euro) anderen zu helfen. Ich laufe dann alleine mit einer die Strecke aufzeichnenden Smartwatch durch den Englischen Garten, meistens sind es zehn Kilometer. Das Strecke-Zeit-Ergebnis, wieder von der Uhr abfotografiert, schicke ich den Veranstaltern der Charity-Läufe, die einen Großteil der Startgebühren spenden. An einem Tag renne ich für die Welthungerhilfe, tags darauf für Pflegekräfte. Mein soziales Engagement ist nicht riesig, aber ich fühle mich saugut dabei. Darf ich das?

»Selbstverständlich spricht nichts dagegen, bewusst zu leben und Wissen zu nutzen, um ein besserer Mensch zu werden. Das ist wunderbar für die Betroffenen. Die Frage ist nur: Machen die Menschen mit ihren Entscheidungen auch die Welt insgesamt besser oder nur ihr eigenes Leben? Ich glaube, dass wir uns manchmal einreden, dass wir Gutes für die Welt tun, obwohl wir in Wahrheit nur Gutes für uns selbst tun«, sagt die Schriftstellerin Sophie Passmann in einem SZ-Interview.

Eine zweite Meinung stammt vom Norweger Jo Nesbø, den ich selbst zum Thema befragen konnte. »Ich bin in einer sehr egalitären Gesellschaft aufgewachsen. Die Norweger waren bis in die 1920er Jahre eines der ärmsten Völker Europas. Die Menschen mussten traditionell hart arbeiten, um zu überleben. Fischer und Bauern. Es gab keine richtige Oberschicht wie in Dänemark oder in Schweden. So aufzuwachsen und dann reicher zu sein als die Mitbürger, gibt einem automatisch ein Gefühl der Scham.«

Vielleicht habe er deswegen die Harry-Hole-Stiftung gegründet, die Kinder in der Dritten Welt unterstütze, sagte er. Die Einnahmen mehrerer seiner Bestseller sind in die Stiftung geflossen.»Ja, warum mache ich das? Es ist nicht leicht, die genauen Beweggründe zu benennen. Aber sicher ist da neben der offensichtlichen Hilfsbereitschaft ein wenig Eigennutz mit dabei. Ich bekomme ja Anerkennung dafür, Geld zu geben – Geld, das mir allerdings nicht wirklich fehlt. Ich kann mich nun hinsetzen und diese unredlichen Motive analysieren und mich dafür auspeitschen. Aber am Ende denke ich doch: What the fuck, es ist für einen guten Zweck, und keines der Kinder fragt nach den Motiven des Typen, der es ihnen ermöglicht, lesen und schreiben zu lernen. Die Alternative wäre ja, das Geld nicht zu geben. Wem würde das bitte nützen?«

Ich finde Nesbøs Gedanken nachvollziehbarer und beruhigender als Passmanns (auch wenn das sicher als weiterer Beweis für meinen Egoismus gesehen werden kann). Dem Mädchen in Sierra Leone dürfte es egal sein, ob mich die Zuwendung schmerzt oder ob sie mir ein wohliges Gefühl verschafft hat. Im Zweifel ist es ihr wohl lieber, wenn ich ihr gerne helfe.

Dieses befriedigende Gefühl der guten Tat wird in nahezu allen Büchern beschrieben, die ich über Glück und Wohlbefinden gelesen habe. Auch im Ratgeber *7 Minuten am Tag: Endlich gesünder leben* wird es erklärt. Helfen mache Menschen einfach glücklich, schreibt die Autorin Franziska Rubin und greift eine psychologische Studie der kalifornischen Loma Linda University auf. Beim Helfen werden demnach verschiedene Glückshormone freigesetzt, gleichzeitig flaut der Pegel an Stresshormonen ab. »Das Beste: einiger dieser Botenstoffe, wie Dopamin, werden unabhängig davon freigesetzt, ob wir eine Rückmeldung für die Tat erhalten oder nicht.« Ich bekomme weder von den Bäumen noch von den Pflegekräften noch von dem Mädchen in Sierra Leone Feedback. Ist auch nicht nötig. Gern geschehen.

Die Moralphilosophie bezeichnet die Idee, dass altruistische Motive durchaus eine egoistische Komponente haben, als »psychologischen Egoismus«. Von allen Anstrengungen, die ich aus diesem Eigennutz unternehme, ist mir persönlich die am liebsten, die von Herzen kommt. Buchstäblich. Daher gehe ich seit Beginn des Jahres alle sechs bis acht Wochen zum Blutspenden. Es gibt dabei nur zwei Störfaktoren: meine früheren Pickel und meine heutige Frau.

Blutspenden: Die rote Flut

Im November lasse ich mir in diesem Jahr zum achten Mal Blut abnehmen, mittlerweile gehe ich durch den Spendenraum im Einkaufszentrum, als wäre ich hier zuhause. Ich melde mich am Tresen an, leicht verwundert, dass sie mich überhaupt noch nach dem Namen fragen. Dort bekomme ich wie immer den Zettel zum Ausfüllen, zur Prüfung meiner Spendetauglichkeit. 40 Fragen etwa, die meisten sind *no brainer*. Ein Auszug: Waren Sie in den letzten vier Monaten in Haft? Nur in der selbst gewählten meines Kalenders. Fühlen Sie sich krank? Nicht mehr so gestresst wie im Juli. Sind Sie nach dem 1.1.1980 im Vereinigten Königreich Großbritannien und Nordirland operiert worden oder haben dort eine Bluttransfusion erhalten? Nicht, dass ich wüsste.

Dann aber: Haben Sie jemals Roaccutan eingenommen? Ja. Und: Hatten Sie in den letzten vier Monaten eine Beziehung zu einer Person, die außerhalb Europas geboren ist? Ja.

Mir wird ein Tropfen Blut aus der Mittelfingerspitze entnommen und untersucht – der Eisengehalt darf nicht zu niedrig sein, eine Hürde, an der ich wohl wegen meiner fleischlosen Kost einmal fast gescheitert wäre –, danach werde ich in ein Kämmerchen geschickt, in dem ein Arzt wartet. Ein Mann Mitte fünfzig, britisch gekleidet, maulfaul, ernst. Er geht den Bogen durch, während er mir den Blutdruck misst. Ihm fallen die beiden Jas natürlich auf. Wann ich denn Roaccutan genommen hätte? Vor 23 Jahren, sage ich und erkläre ihm, dass mich nach der letzten Blutspende sogar eine Ärztin vom Blutspendedienst angerufen hätte, die mich detailliert zu der Einnahme befragt und mich zur Klärung des genauen Einnahmezeitraums auch noch zu meiner damaligen Hausärztin geschickt hatte. Sie meinte schließlich, es sei lange genug her. Er notiert das unleserlich auf dem Bogen.

Als ich 18 war, Ende der 1990er Jahre, begann sich die Akne meiner zu bemächtigen. Es war kein Überfall, sondern eher ein sich abzeichnendes Manöver. Ich kann mich noch erinnern, wie mein Vater eines Tages meinte, ich könnte damit doch mal zum Arzt gehen. Mein Vater ist ein lustiger Mensch. Wenn ich mit ihm früher in die Sparkasse am Ort ging, begrüßte er die Mitarbeiterinnen und Mitarbeiter mit einem lauten »Überfall!«. Wozu er nicht neigt, sind Arztbesuche, und wozu er noch weniger neigt, sind Ratschläge, zum Arzt zu gehen. Ich wusste also: Nicht nur *könnte* ich zum Arzt gehen, ich *muss*.

Die Mutter meines Freundes Pille war die Dorfärztin. Sie hatte ein entspanntes Verhältnis zu Pharmazeutika – und damit wir auch. Auf dem Land hat niemand so großen Einfluss auf und Macht über die Menschen wie der Arzt oder die Ärztin am Ort. Nicht einmal der Pfarrer, übrigens einer der schlechtesten Lehrer, an die ich mich erinnern kann. Polizisten gibt es nicht. Braucht es auch nicht. Die soziale Kontrolle, verhandelt an der Wursttheke im Edeka, sorgt für Ordnung. Die Dorfärztin bekam dort selbstverständlich das beste Fleisch. Und damit auch ich, weil ich bei Pilles Familie mitgegessen habe, als gehörte ich dazu.

Für meine beginnende Akne verschrieb mir eine Hautärztin ein Wundermittel. Roaccutan. Ich müsse es ein paar Monate nehmen, meinte sie, und dann hätte ich nie mehr im Leben Pickel. Das ist alles. Dass ich während dieser Zeit regelmäßig bei Pilles

Mutter meine Leberwerte untersuchen lassen musste, war eine lästige Begleiterscheinung, mit 18 Jahren lässt man sich ungern auf die Leber schauen. Die Pickel zogen sich komplett zurück. Ich vergaß die Behandlung bald. Bis ich im Fragebogen bei der Blutspende, 23 Jahre später, das erste Mal danach gefragt wurde.

Ich habe lange im Netz suchen müssen, um zu erfahren, warum die Ärzte so einen Bohei machen um das Medikament: Der Wirkstoff Isotretinoin erhöht demnach die Ausschüttung von Substanzen, die wiederum die Produktion von Serotonin vermindern. Bei Stiftung Warentest heißt es, das Mittel könne dazu führen, dass sich die Persönlichkeit des Patienten verändere, er könnte traurig und in sich gekehrt werden oder kein Interesse mehr an seinem sozialen Umfeld aufbringen. »Wenn Sie selbst oder Ihre Angehörigen eine solche Veränderung bemerken, sollten Sie sofort einen Arzt aufsuchen, weil diese Art von Depression so stark werden kann, dass die Gefahr für eine Selbsttötung besteht.« Die Zusammenhänge werden noch untersucht, aber ich finde im Netz Berichte aus der ganzen Welt über Jugendliche, die das Medikament nahmen und Suizid begingen. Ich musste erst zum Blutspender werden, um zu erfahren, was für ein Hammer mir damals gegen ein paar Pickel verschrieben wurde. Aber was das mit der Blutspende zu tun hat, fragte ich mich. Manche Medikamente gegen Akne könnten, wenn eine Schwangere mit der betreffenden Blutspende versorgt werden muss, Missbildungen bei Ungeborenen auslösen, heißt es beim Roten Kreuz.

Das zweite Ja, das ich auf dem Formular ankreuze, betrifft meine Beziehung zu einer Person, die nicht in Europa geboren ist. Eine ziemlich intime Frage. Das Rote Kreuz rechtfertigt seine Neugier selbstbewusst: »Viele Menschen haben bei dieser Frage die erste Empfindung, dass solche intimen Details niemanden etwas angehen. Diese Einschätzung ist weit verbreitet, aber nicht zutreffend.« Infektionskrankheiten wie Aids oder Hepatitis würden vor allem durch Sexualkontakte übertragen und auch Blutspender könnten sich auf diesem Wege angesteckt haben. Manche Spender wüssten gar nicht, wie sie selbst infiziert werden können oder welches die konkreten Risiken sind. Gleichgeschlechtliches Sexualverhalten unter Männern etwa gilt grundsätzlich immer noch als riskanter als heterosexuelles Sexualverhalten. Zwar würden alle Blutkonserven getestet, eine sehr frische Infektion könne aber in manchen Fällen erst einige Wochen nach der Infektion nachgewiesen werden. Daher sei es von größter Bedeutung, zusätzlich zur Testung, auch nach »Risiken für sexuell übertragbare Infektionskrankheiten« zu fragen. »Bitte bedenken Sie: Rein rechnerisch wird jeder zweite Mensch im Laufe seines Lebens eine Bluttransfusion benötigen. Sollte dies bei Ihnen oder einem nahen Angehörigen der Fall sein, werden Sie zu Recht erwarten, dass der entsprechende Spender ebenso sorgfältig und unmissverständlich befragt wurde wie Sie als Spender.« Es gelte das Motto »Sicher ist sicher«.

Beim Arztgespräch verweise ich auf den Brief der »Ärztlichen Koordinationsstelle«, den ich nach meiner Spende im März bekommen habe. Man bedankte sich da recht herzlich für die »offene und ehrliche Auskunft«, dass meine Frau in Teheran geboren ist, ihre Familie aber kurz darauf nach Deutschland geflohen ist, sie also schon seit vielen Jahren in Deutschland lebt. Die entsprechende Frage müssten sie stellen, heißt es da, in manchen Ländern sei das Infektionsrisiko eben höher. »Ich kann Sie nur um Verständnis bitten. Die Vorgaben können wir nicht umgehen, auch wenn dies leider zu negativen Reaktionen von Blutspendern führt.«

Meine Reaktion ist nicht negativ. Ich verstehe die mathematische Logik hinter dem Sicherheitsgedanken, wer tut das nicht in Zeiten von Inzidenzwerten und Hochrisikogebieten. Der Arzt stempelt den Bogen gleich ein paarmal ab, sicher ist sicher, und schickt mich in den Saal mit den Betten.

Ich werde noch mal registriert und bekomme zwei Tücher. Die

Liege kann ich mir aussuchen, ein Tuch lege ich auf den Kopfteil, eines auf die Halterung, auf der ich meinen Arm platziere. Etwa zwölf Liegen stehen da, die meisten sind schon besetzt. Drei, vier Mitarbeiterinnen kümmern sich um die Spender. Obwohl es sich atmosphärisch anbieten würde, läuft keine Fahrstuhlmusik.

Eine großflächig tätowierte Mitarbeiterin kommt auf mich zu, sie fragt mich, wie es mir gehe und ob ich das schon mal gemacht hätte, und ich antworte so abgeklärt, als hätte ich nie etwas anderes gemacht.

Sehr freundlich ist sie, wir sprechen über das Frühlingswetter. Sie erzählt mir, während sie die Behälter, Kanülen und die Spritze vorbereitet, dass sie gerne Motorrad fährt. Sie spricht mit bayerischem Akzent, für mich offenbar das Signal, offen und direkt zu sein. Ob sie nicht Angst habe, dass sie als Motorradfahrerin das Blut, dass sie mir gerade abnimmt, nicht irgendwann selber brauchen wird? Sie antwortet salopp: »Über manche Sachen darf man gar nicht nachdenken.« Ich, der ich den Motorradführerschein gemacht habe, aber das letzte Mal bei der Prüfung mit 17, noch pickelig, auf einem Motorrad saß. Ich, der ich anfangs jedes sonnige Frühjahr noch dachte, jetzt ginge ich auf große Fahrt, und dann doch, spätestens, seit ich das Wort »Nierchenwetter« gehört habe, Angst vor Unfällen hatte und den Plan verschob. Ich also, der gerade ein Leben jenseits jeglicher Unvernunft führe, finde das höchst erstaunlich.

Als die Motorradfahrerin mir in die linke Armbeuge sticht, schaue ich weg, und als ich wieder hinsehe, läuft dunkelrotes Blut durch die Kanüle in einen Behälter. Auf einem Poster hinter mir steht: »O'zapft is«. Ein Gerät zeigt mir an, wie schnell das Blut fließt. Die Frau drückt mir einen Fünf-Euro-Gutschein für einen Drogeriemarkt und einen weiteren Zettel in die freie Hand, den Selbstausschluss. »Sie haben die Möglichkeit, Ihre Spende durch den Selbstausschluss anonym von der Verwendbarkeit auszuschließen. Es gibt Situationen, in denen Spender – beispielsweise aufgrund der Anwesenheit von Freunden und Bekannten – ein bekanntes Infektionsrisiko nicht offen zugeben können oder wollen. Der Selbstausschluss ermöglicht es, den kompletten Spendeablauf mitzumachen und vertraulich darauf hinzuweisen, dass die Blutspende aufgrund eines bestehenden Infektionsrisikos nicht verwendet werden darf.« Das heißt: Angenommen, ein Mann dürfte eigentlich nicht Blut spenden, weil er schwul ist und kürzlich Sex hatte. Nun geht aber die komplette Fußballmannschaft als Gemeinschaftserlebnis zum Blutspenden. Die Mitspieler wissen nichts von seiner sexuellen Orientierung. Um sich nicht outen zu müssen, spendet auch er, nur um am Ende diskret »Nein, mein Blut soll vernichtet werden« anzukreuzen.

Was ich beim Blutspenden lerne: Es gibt wahrscheinlich nicht viele Institutionen, die sich so viele Gedanken über Homosexualität machen wie der Blutspendedienst. Und: Was sich mir als heterosexuellem, monogamem, in Deutschland geborenem, gesundem, nie in Großbritannien operiertem Mann als reibungslos präsentiert, ist für andere sicher umständlich bis diskriminierend. Für Privilegierte wie mich ist selbst Gutes zu tun eine friktionsarme Angelegenheit. Doch bevor ich innerlich zu sehr jammere über die Last der gesellschaftlichen Übervorteilung, für die ich nichts kann, piepst nach sechs, spätestens acht Minuten das Gerät: 500 Milliliter Blut sind abgenommen.

Die tätowierte Frau in Weiß kommt wieder und erkundigt sich nach meinem Befinden. Die Frage ist nicht bloß höflich, sondern geboten. Immer wieder passiert es, dass das ruhige, gemächliche Tempo, mit dem sich der Betrieb bewegt, an einer Ecke beschleunigt wird, sich eine der Blutabnehmerinnen (es sind nur Frauen) beeilt, einen der Ärzte (es sind nur Männer) zu holen, weil eine Patientin oder ein Patient beim zu schnellen Aufstehen nach der Blutentnahme Kreislaufprobleme bekommt. Für einen Moment böte sich an, die Fahrstuhlmusik für einen Benny-Hill-Song zu unterbrechen, da der Arzt nun entschiedenen Schrittes auf die entsprechende Liege zugeht, dem Patienten flugs einen Keil unter die Füße schiebt und ihm einige Tropfen aus dem Effortil-Fläschchen in den Mund träufelt. Das belebt. Dann verschwindet der Doktor in seinem Kämmerchen, und das Tempo im Saal beruhigt sich wieder.

Nach der Spende gibt es zur Erholung Schokoriegel, Obst oder Butterbrezn, Tee, Wasser oder Saft. Man muss sich stärken, denn bei der Blutspende verliert man unter anderem – und das ist die Antwort auf die albernste Frage, die mir neben jener nach der Geschirrspülertauglichkeit einer Klobürste in diesem Jahr im Netz begegnet ist – bis zu 3000 Kalorien. Die kommen jetzt hoffentlich jemand anderem zugute.

Blutspenden ist eine der schicksten Gewohnheiten, die ich mir je zugelegt habe. Die Aufwand-Nutzen-Rechnung ist supereffektiv, der ganze Vorgang (für jemanden wie mich) so easy, wie man ihn für ein medizinisches Prozedere gestalten kann, das Gefühl währenddessen nicht so unangenehm, wie man meinen möchte, das danach denkbar befriedigend. Ich kann es nur empfehlen. Mit jeder Spende helfe ich drei Patienten, lese ich auf der Website des Roten Kreuzes. Ich bin der Institution Blutspende fast so dankbar wie diejenigen, die mein Blut benötigen. Ich bringe mich karmatechnisch selber in die stabile Seitenlage (Stabilität ist übrigens die elfte Station auf der Heldenreise). Das gute Gewissen erreiche ich so mühelos, dass ich deswegen fast schon wieder ein schlechtes Gewissen habe.

Handy: Verbindung hergestellt

Meine Termine zum Blutspenden mache ich über die sehr nutzerfreundliche App, sie schickt mir einen Tag vor der Spende eine Erinnerung. Egal, wo ich mich an dem Tag aufhalte, den Weg zum Spendezentrum finde ich von überall dank der Navi-App. Zu spät oder nass bin ich nie angekommen, hab ja eine Uhr und lese den Wetterbericht. Wenn ich mir beim Ausfüllen des Zettels unsicher bin, recherchiere ich kurz im Internet, was die Fragen bedeuten, oder ich schaue im Kalender nach, um mich zu erinnern, wann ich etwa zuletzt geimpft wurde. Während der Spende lese ich Zeitung oder ein Buch. Ich notiere mir Gags, manchmal checke ich auch meinen Kontostand, wann kommt man sonst schon dazu. Oder ich schreibe meiner Frau kurz, dass ich unterwegs nach Hause bin. Oder ich rufe sie schnell an, bevor ich Musik hörend aufs Rad steige.

Jeden der eben aufgezählten Handgriffe erledige ich mit dem Handy. Wer an dieser Stelle die große kulturpessimistische Wende erwartet, wird enttäuscht. Mit dem beliebten Smartphone-Bashing kann ich nicht dienen. Im August hatte ich mich damit auseinandergesetzt, ich kenne jetzt die erschreckenden Nutzungszahlen: 88 Mal am Tag greifen die Deutschen durchschnittlich zum Handy. Ich sicherlich auch. Aber das Smartphone ist ja nicht so dermaßen beliebt, weil es zu nichts taugt, sondern weil es wie beschrieben zu nahezu allem taugt. Wer krankhaft abhängig ist von seinem Handy, der muss sich Hilfe suchen. Wer sich aber reflexhaft einfach nur beschwert über die viele Zeit und die viele Aufmerksamkeit, die das Smartphone abkriegt, sollte sich entweder zeitweise zusammenreißen (und so wie ich das Handy vor dem Schlafengehen im Flur liegen lassen) oder sich eingestehen, dass das Gerät einfach sehr praktisch ist. »Das Problem sind nicht unsere Smartphones und Tablets, also die Geräte an sich«, sondern unser Verhältnis zu ihnen, schreibt auch Detoxer Christoph Koch.

Das billige Schimpfen auf das Handy kommt mir manchmal vor wie die Klage der Volksfront von Judäa über die verhassten Römer in »Das Leben des Brian«. Der Anführer der Gruppe will gegen die Übermacht wettern und fragt seine Anhänger, was die Römer denn je für sie getan hätten. Den Anhängern fällt nun ein

Argument nach dem anderen ein. Am Ende sagt der Anführer genervt: »Also gut. Mal abgesehen von den sanitären Einrichtungen, der Medizin, dem Schulwesen, Wein, der öffentlichen Ordnung, der Bewässerung, Straßen, der Wasseraufbereitung und der allgemeinen Krankenkassen, was, frage ich euch, haben die Römer je für uns getan?« – »Den Frieden gebracht.« – »Ach, Frieden? Halt die Klappe!«

Was hat uns das Handy je gebracht? Mal abgesehen von der Möglichkeit, unterwegs Nachrichten zu schreiben und zu empfangen, zu fotografieren, allerorten im Internet zu surfen, zu lesen, einzukaufen, das Wetter zu checken, Wege zu finden, Termine zu machen, Filme zu schauen, Musik zu hören? Na ja, telefonieren kann man damit auch. Das Ding ist ein Wunder. Es hat mir in diesem Jahr sicher mehr Zeit verschafft, als dass es mich Zeit gekostet hat.

Selbst wenn man es dabei noch klassisch in die Hand nimmt, heißt das nicht, dass man nebenbei nicht noch was anderes machen kann. James Hetfield, Sänger von Metallica, hat immerhin das Intro meines Übungsliedes »Nothing Else Matters« während eines Telefonats erfunden, nur mit der rechten Hand spielend. Um bei der Band zu bleiben: So gut ein Handy ist, wenn man es hat, so schlecht ist es, wenn man es nicht hat. Gitarrist Kirk Hammett hatte 250 Songideen auf dem Smartphone gespeichert, bevor er es verloren hat. Gesichert hatte er sie nicht. Und erinnern konnte er sich nur an acht.

Konzentration: Wie noch mal?

Das Handy führt sicher dazu, sich weniger merken zu können. Unter anderem damit erkläre ich mir meine Niederlagen beim Brettspiel Lumina gegen unsere noch handylose Tochter. Bei dem Spiel sitzt man um eine quadratische Fantasy-Landkarte, auf der verschiedene Stationen eingezeichnet sind. Ziel ist es, mit der Spielfigur die auf der Karte verstreuten Schatzkärtchen zu erreichen und einzusammeln, indem man sich von Station zu Station fortbewegt.

Um das Spielfeld herum liegen verdeckt 16 Karten, auf denen die einzelnen Stationen abgebildet sind. Will man nun den Weg zum Schatz über, sagen wir, Vulkan, Pilze, Schiff und Tanne gehen, muss man in dieser Reihenfolge – ähnlich wie bei »Memory« – die entsprechenden Kärtchen aufdecken.

Ich habe bei diesem Spiel noch nie gegen unsere Tochter gewonnen. Klar, als Kind kann sie sich auf konkrete Details konzentrieren, während wir Erwachsenen eher abstrakt denken. Und sie muss sich nicht sorgen, dass gleich die Post zumacht, der Kollege zurückgerufen und ein Buch geschrieben werden will. Nebenbei hat sie 200 Billionen Synapsen im Gehirn, das sind doppelt so viele, wie ich habe. Erst in der Pubertät wird sich ihr Gehirn da mäßigen, wenn es dann endlich weiß, welche Zellen und Verbindungen wirklich gebraucht werden fürs durchdachte Überleben. Die nicht gebrauchten Synapsen werden verabschiedet. Aber so lange kann ich nicht warten.

Zu Beginn des Jahres habe ich mir als Nebenprojekt vorgenommen, in einem finalen Kampf gegen unsere Tochter um die Lumina-Krone anzutreten. Drei Spiele sind vereinbart, Best of Three, wer zwei gewinnt, ist der große Sieger oder die große Siegerin. Es geht um den Wittmann-Gedächtnispreis. Aber wie soll ich sie bezwingen, ich war bei meinen Niederlagen ja nicht mal nah dran?

Ich lese mich wieder beim Gedächtnisweltmeister Gunther Karsten ein und habe Glück – als das ideale Konzentrationstraining gilt eine der wenigen motorischen Fähigkeiten, die ich als Jugendlicher erlernt habe: Jonglieren. Studien mit Versuchspersonen, denen man den Spaß innerhalb von drei Monaten so gut beigebracht hat, dass sie drei Bälle mindestens eine Minute lang in der Luft halten konnten, zeigten erstaunliche Ergebnisse. Ihre Gehirne wurden vor und direkt nach dem Training vermessen, die Resultate zeigten, dass zwei Hirnregionen – jeweils zuständig für visuelle räumliche Wahrnehmung sowie für das Ergreifen von Objekten – deutlich gewachsen waren.

Als ersten Schritt nehme ich immer wieder die auf Augenhöhe im Flur platzierten Bälle und jongliere ein wenig. Aber es braucht noch einen zweiten, konkreteren Schritt. Memory-Profis beschreiben im Internet das Globus-Merksystem: Man stellt sich den Bereich, auf dem die verdeckten Karten liegen (bei Lumina also den Bereich um das Spielfeld herum), als Weltkarte vor. Die geografische Position der Länder kennt man als Erwachsener, nun muss man sie nur mit dem Symbol der aufgedeckten Karte geistig verbinden, mit Eselsbrücken. Konkret: Auf der linken Seite liegen von oben nach unten vier Karten. Ich denke mir also: Kanada, USA, Mexiko, Brasilien. Beim allmählichen Aufdecken der Karten während des Spiels ordne ich die Symbole diesen Ländern zu. Erste Karte, zum Beispiel: Pilze (ah, in Kanada gibt es Champignons mit Ahornsirup), Schiff (Kolumbus und die USA), Tanne (wie sie wohl in Mexiko Weihnachten feiern?), Vulkan (ich stelle mir einen Vulkan-Themenwagen vor, der durch den Karneval in Rio fährt, obwohl das eher zum Karneval in Düsseldorf passt, aber da bin ich gnädig mit mir, Hauptsache, ich habe das Bild im Kopf). Brauche ich künftig eines dieser Kärtchen auf dem Weg zu den Schätzen, denke ich an diese Verbindungen. Ich fühle mich gerüstet. Das Gedächtnis ist trainiert. Boxhandschuhe passen. Tennistasche ist gepackt. Ich bin bereit für die letzten vier Wochen, den Monat der Prüfungen.

Más vale pajaro en mano que ciento volando.
Ein Vogel in der Hand ist besser als hundert fliegende.

DEZEMBER
KÄMPFE UND PRÜFUNGEN

Endspurt. Dramaturgisch ist der Dezember von den Kalendermachern als letzte Gelegenheit darauf angelegt, noch mal alles zu versuchen, alles zu geben, alles zu nehmen. Zeit für die Henkersmahlzeit der Raupe Nimmersatt. Ein Showdown, wie man ihn von modernen Blockbustern kennt, wo nicht ein einzelnes Finale wartet, sondern ein Fight auf den anderen folgt. Nicht nur der offensichtlichste beim Boxen, Projekt Nummer 12. Sondern viele Kämpfe. Ein Monat der Abschlussprüfungen. All in.

Vorher aber habe ich noch Geburtstag. Diesmal: der 42. Die Zahl ist bekanntlich die Antwort auf die Frage nach dem Leben, dem Universum und dem ganzen Rest, wie Douglas Adams in *Per Anhalter durch die Galaxis* schrieb. So weit würde ich nicht gehen. Aber zumindest kann ich an diesem 9. Dezember schon mal zurückblicken und Jahresbilanz ziehen.

Zwölf Großprojekte, viele kleinere Vorhaben. Zunächst zu den Nebenschauplätzen und da auf den Friedhof, auf dem ich immer laufen gehe: Ich habe mich noch mal dem Cooper-Test gestellt, den ich Anfang des Jahres gemacht hatte. Damals kam ich in 12 Minuten 1,87 Kilometer weit. Diesmal, nach einem Sportjahr und weiterhin sechs Kilo leichter als Anfang Januar, schaffe ich 2,47 Kilometer. Die Wiederholung des Tests stand damals auf der mittelfristigen To-do-Liste, mal schauen, was da sonst noch drauf war: Lampe (hab ich repariert, und zwar immer wieder, also eigentlich nicht), Madrid *(terminado)*, Wintergarten und Google-Drive-Speicher (beides aufgeräumt), Australier (Geschenk abgeschickt, mit Augustiner-Bierfilzl und Bayern-Trikot), das Notiz-Programm OneNote (alles in diesem Buch stand zuvor dort), Computer/Handy-iPad (liegen leider immer noch irgendwo herum, statt gespendet worden zu sein), Nachlass-Set (die Formulare sind unangetastet, habe alles, was irgendwie mit Tod zu tun hat, erfolgreich verdrängt, außer beim Angeln), Steuer (habe ich am letztmöglichen Tag abgeschickt).

Die Großprojekte, und hier das schmerzhafteste zuerst: Der gescheiterte Autoverzicht ist meine größte Niederlage. Der Škoda hat mich besiegt, die Gefühle für ihn haben mich quasi überrollt. Ich habe nie richtig herausgefunden aus meiner Komfortzone, dem Fahrersitz, und jetzt im Winter hat sich unsere On-off-Beziehung sogar noch gefestigt. Das Tanzen habe ich ebenfalls aufgegeben, aber das war eine befreiende Erfahrung ohne Opfer, die Zehen meiner Frau sind sicher auch erleichtert. Mein soziales Engagement könnte größer, aber – und darum geht es eigentlich bei allem – eben auch kleiner sein. Bleiben neun. Das Kochen? Ist Standard geworden, besser als erhofft sogar. Noch acht. Die Gitarre wartet auf Weiterbeschäftigung, das Spanische ebenso, beide sind auf Wiedervorlage gesetzt. Noch sechs. Die Radreise, überhaupt das Radeln? Ein verschwitzter Triumph. Die Tour mit David steht im Kleinen für eine Erfahrung, die sich für mich im Großen als essentiell präsentierte: »Gute Beziehungen machen uns glücklicher und gesünder. Punkt.« Meine Frau, unsere Tochter. Familie. Freunde und Freundinnen. Auch Kolleginnen und Kollegen.

Das ist nicht nur meine Erkenntnis, sondern auch das Fazit zweier Studien, The Grant Study und The Glueck Study, die sich mehr als 75 Jahre lang mit der Frage beschäftigten: Was macht den Menschen wirklich glücklich? Die Forscher beobachteten dafür mehr als 600 Menschen, testeten ihre Blutbilder (aha!) und scannten ihre Gehirne. Robert Waldinger, der Teile der Untersuchung betreut hat und von dem das Zitat oben stammt, sagte bei einem TED-Vortrag: »Es geht nicht um die Anzahl der Freunde, oder ob man in einer verpflichteten Beziehung steckt. Es ist die Qualität der nahen Beziehungen, die zählt.«

Apropos Blutbilder: Zum ersten Mal ist in diesem Winter wirklich alles im grünen Bereich. Aber ich will noch mehr in diesem spannenden Dezember. Ich möchte auf den letzten Drücker mein Laster, die gelegentliche Zigarette, loswerden. Dazu gebe ich meinem Unterbewusstsein eine letzte Chance: Ich lasse mich hypnotisieren. Ich habe etliche Erfolgsgeschichten von ehemals starken Rauchern gehört, die ich mir ohne Zigarette gar nicht vorstellen konnte und die nun geheilt sind von ihrer Sucht.

Hypnose: Schau mir in die Augen, Raucher

An einem sonnigen Wintertag betrete ich die Praxis nahe dem Hauptbahnhof. Ein kleines Zimmer, schlichte Möbel, bürolich. Der Hypnotiseur, etwa mein Alter, begrüßt mich, ich schaue ihm ostentativ ins Gesicht, nicht, dass er denkt, ich hätte die kindische Angst, von einem wie ihm per Augenkontakt manipuliert zu werden (hab ich natürlich trotzdem). Er fragt mich, warum ich rauche. Ich antworte: Das sind fünf Minuten nur für mich, da habe ich Ruhe, bin ganz bei mir, vermeintliche Freiheit, Belohnung nach Stress, dazu wahrscheinlich subtile Coolness-Assoziationen. Er nickt, sagt, das höre er oft. Es kämen Kettenraucher zu ihm, 90 Prozent seiner Patienten würden nach den Sitzungen aber aufgehört haben. Er selbst habe früher jeden Tag eine Schachtel gequalmt. Wie viel es denn bei mir seien? Höchstens eine am Tag, sage ich. Schachtel? Nein, Zigarette. Oft auch gar keine. Haha, lacht er, da reiche eine Sitzung, denn »das ist ja eine homöopathische Dosis«.

Ich lege mich auf die Liege, die Augen geschlossen, er sitzt zwei Meter entfernt, macht psychedelische Musik an und gibt mir mit ruhiger Stimme Anweisungen zur Muskelentspannung, bevor er zur eigentlichen Hypnose kommt. Er schildert eine Situation in Ich-Form: Ich sitze am See, alleine, die Natur genießend. Auf einmal kommt da eine Gruppe Jugendlicher und lässt sich neben mir nieder. Die Halbwüchsigen fangen an zu rauchen, es stinkt, es ist eklig, richtig eklig. Aber ich, »ich bin frei, selbstbewusst, stark, ich genieße die frische Luft, ich bin konsequent abstinent, ich bin konsequent abstinent«. Ich höre das und will gerne daran glauben.

Aber ich merke, dass zum einen mein Unterbewusstsein leider nicht offen genug ist, sich schnell mal was einreden zu lassen, seien es Zetteltricks vom Meditationstrainer oder vermeintlich eklige Seeassoziationen. Zum anderen bin ich schon seit den beruhigenden Worten von der homöopathischen und damit vernachlässigbaren Menge an Zigaretten, die ich konsumiere, tiefenentspannt und im Reinen mit meinem Laster. Meine Einstellung hat sich gewandelt von: Ich bin hier, weil ich mit dem blöden Rauchen aufhören will! zu: Was soll's, selbst der Typ hier hält das Problem für nicht existent … Ich verlasse die Praxis mit einer irren Lust auf eine Kippe.

Neunzig Minuten hat die Sitzung gedauert, ein kleines Zeitfenster nur, das ich zu öffnen hatte. Für andere Projekte, vor allem natürlich die großen, musste ich schon größere Tore aufmachen.

Test: Feine Note

Die Ausbildung zum Tennistrainer hat am meisten Zeit in Anspruch genommen, neben den beiden Sichtungen und diversen Online-Prüfungen zu Hause war ich insgesamt zehn ganze Tage in

Lehrgängen. Da sich dieses Vorhaben erst im Laufe des Jahres ergeben hat (ich wollte ursprünglich ja herausfinden, welches Coaching zu mir passt), hatte ich die beruflich freien Tage auch nicht in meine private Urlaubsplanung mit eingeplant. Ich durfte nicht ins Minus rutschen. Also habe ich mich, um noch genügend Zeit für das Reisen mit der Familie zu haben, zu diversen freiwilligen Sonntagsdiensten gemeldet, die Kollegen hat's gefreut. Das Kalenderjahr 2021 war für mich auch eine große Rechnerei.

Im November noch war ich sechs Tage am Stück am Leistungszentrum des Bayerischen Tennisverbands in Oberhaching. Jeden Tag von 8 Uhr bis 18 Uhr standen die 15 angehenden C-Trainer dieser Ausbildungsrunde, darunter ich, auf dem Platz in der Halle, wir lernten, was es als Trainer in der Praxis an die Schüler weiterzugeben gilt, vom richtigen Aufwärmen über die geeignete Technik bis hin zu Taktikfragen. Wir lernten die Theorie, von der Pronation beim Aufschlag (Einwärtsdrehung des Unterarms) über die ideale Formel beim Kindertraining (ein Drittel Übung, zwei Drittel Spiel) bis hin zur Feinarbeit mit Profis (nein, keine Reisgläser). Wir selbst wurden mit der Kamera aufgenommen, es folgte eine gemeinsame Videoanalyse in Zeitlupe. Zwischendurch hörten wir Anekdoten über die Stars und ihre Tricks. Auf den Plätzen neben uns trainierten die besten Nachwuchsspieler des Landes, ich lugte heimlich und bewundernd rüber zu den coolen Zehnjährigen wie früher als Siebenjähriger auf dem Pausenhof zu den dortigen coolen Zehnjährigen. Jogginghosen, Schweißgeruch, Nudeln in der Kantine, Pokale in den Gängen, ein riesiger Fernseher in der Lobby, auf dem immer Tennis lief. Kurz: Es war das Paradies. Mein Disneyland. Ort meiner Träume. Bis zum letzten Tag, dem Tag der praktischen Prüfung.

Wir werden eine Probestunde halten müssen, die mir zugeloste Aufgabe: das Grundlinienspiel von Freizeitspielern verbessern. Aufwärmen, drei Übungen, als »Schüler« werden vier der anderen Traineranwärter herhalten müssen. Die Details des Vorgehens zu schildern, würde hier zu viel Raum einnehmen, die emotionale Erfahrung dieses Wochenende ist viel entscheidender: Ich hatte Schiss.

Um vier Uhr früh wache ich am Tag der Prüfung auf, ich kann nicht mehr schlafen, ich mache das Licht an, gehe meine Notizen durch, Mann, sicher hab ich was vergessen, und wenn nicht: Das ist doch eine Themaverfehlung! Wie viele fallen da eigentlich durch? Wieso hab ich jetzt Angst, ich darf doch keine Angst haben, wo es doch Situationen gibt, in denen Angst viel angebrachter ist? Mein Gott, wenn es doch schon Abend und alles vorbei wäre.

Ich habe das irrationale Gefühl, dass der Erfolg dieses ganzen verdammten Jahres einzig und allein an dieser Prüfung hängt. Das alles erlebe und spüre ich, im Nachhinein wird es lächerlich erscheinen, Tragödie plus Zeit gibt Komödie. Aber ich will mich daran erinnern: Ich denke an unsere Tochter, die mich an den Tagen zuvor noch fleißig abgefragt hatte (wie sieht die Ausschwungphase beim Rückhand-Slice aus?), und an den Druck, den sie permanent erfahren muss. Ihr ganzes Schülerinnenleben wird aus Ausgefragtwerden, Prüfungen, wiederkehrenden Nächten des Zweifelns und der Angst bestehen, aus regelmäßigen Tests, aus täglichem Bestehen und Nichtbestehen, von denen ihre Zufriedenheit, ja, ihre Zukunft, im schlimmsten Fall die Liebe, die ihr von ihrem Umfeld entgegengebracht wird, abhängen.

»Du musst nie wieder in die Schule gehen«, singen Tocotronic, aber ich widerspreche hier. Jeder Erwachsene sollte ab und zu eine Prüfung machen müssen, um das Leben der Kinder besser zu verstehen. An diesem Morgen drückte ich unsere Tochter, bevor ich losfuhr, besonders fest, ich war vor lauter Irrsinn und Müdigkeit ganz gerührt, und sie dachte sich gewiss, dass ihr Vater einen Vogel hat.

In der Halle angekommen, meldete ich mich sofort freiwillig.

Was soll's. Ich wollte es als Erster hinter mich bringen. Ganz ruhig und konzentriert. Und auf einmal war die Sache vorbei. Beim anschließenden Vorspielen bekam ich für meinen Vorhand-Topspin die Schulnote 5. Noch eine 5, und ich wäre durchgefallen. Aber es blieb bei dem einen misslungenen Schlag.

Ich bestand die Tennislehrerprüfung, 2,4 Durchschnittsnote, exakt wie damals beim Abi (wer soll da bitte keine Flashbacks kriegen?). Ich fuhr nach Hause, erleichtert, aber mit dem festen Vorsatz, mich stets an dieses Wochenende zu erinnern, wenn unsere Tochter mal in Schulstress gerät. Das letzte Kapitel in der Heldenreise heißt passenderweise: Die Rückkehr als Sieger, mit Erfahrungsschatz.

Abrechnung: Der Herr hat's gegeben

585 Euro hat die Ausbildung gekostet. Das führt zur drittletzten Bilanz: Geld machen. Zu Beginn des Jahres hatte ich dazu eine wilde Methode namens SCHROTFLINTE erfunden. Über die Monate ist kein wirkliches Interesse erwachsen für die Wertentwicklung meiner diversen Fonds, ich habe weiterhin den schön fatalistischen Satz im Hinterkopf, den Leo Kirch sagte, als sein Milliardenimperium am Zerfallen war: »Der Herr hat's gegeben, der Herr hat's genommen.« Aber zum Jahresende wird natürlich trotzdem abgerechnet. Also:

S wie Schafkopfen: Minus 82,30 Euro über die Monate. Meine Freunde spielen gerne mit einem wie mir.

C wie Coin. Ich habe online 0,003 Bitcoins zum Preis von 33 314,83 Euro pro BTC gekauft, für 99 Euro. Am 15. Dezember steht der Bitcoin bei 43 292,29 Euro, mein Anteil ist 130 Euro wert. Ein Plus von 31 Euro. The trend is your friend. Ich behalte ihn.

H wie Human Health: die Aktie des dänischen Biotechnologie-unternehmens, die ich für 76,62 Euro gekauft hatte? Stoße ich für 70,26 Euro ab. Minus 6,36 Euro. Don't believe the Hype.

R wie Risiko: Über eine App, mit der man Kleingeld groß machen könne, wie es in der Werbung heißt, hatte ich 100 Euro in riskante Fonds (»feurig«) investiert. Ergebnis am Jahresende? Ich steige aus und nehme 15,77 feurige Euro Gewinn mit!

O wie O'zapft is: Über Crowdfunding habe ich mich an einer Brauerei beteiligt. Die 7-Prozent-Verzinsung wurden als Bierzeichen ausgezahlt. Ich werde sie mir abholen und mir die Zinsen einverleiben, sobald mein inoffizielles 13. Vorhaben (dieses Buch) abgeschlossen sein wird.

T wie Tippen: Das hatte sich schon früh erledigt, das Wettgeld war bald komplett verloren. Offenbar habe ich keine Ahnung von Sport.

F wie Freunde: Um die 50 Bayernlose habe ich bei Treffen verteilt, einfach so. Niemand wurde reich. Jeder fand es nett und lustig. Volltreffer.

L wie Lose: Nach den ersten 10 Euro habe ich nichts mehr gewonnen. Erst Loser, dann *loser*, sagt unsere Tochter mit ihren spärlichen, aber treffenden Englischkenntnissen.

I wie Immobilie: Meine Investition in die »Errichtung eines vom Bundesministerium für Wirtschaft und Energie geförderten Innovationszentrums zur Vernetzung von Wirtschaft und Wissenschaft im Technologiepark Bremen« hat mir 6,5 Euro an Zinsen gebracht. Ich liebe Innovation.

N wie Nerdigkeit: Mein Freund Michael hatte mir die Inkunabel-seite aus der Schedelschen Weltchronik aus dem Jahr 1493 für 110 Euro ersteigert. Immer wieder in diesem Jahr fragte er mich, wo ich sie denn aufgehängt hätte. Aber sie lag nur im Schrank und verstaubte. Wie viel sie an Wert gewonnen hat in dem Jahr? Keine Ahnung. Der Wert, den sie für den Michael hat, war ent-scheidender. Ich habe sie (für weit weniger als den Einkaufspreis natürlich) an seine Frau Meike verkauft, auf dass sie ihm das Bild zu Weihnachten schenken kann.

T wie Tradition: Ich habe 102,40 Euro in ein kompliziertes Kons-trukt gesteckt, dass irgendwie mit Gold zu tun hatte. Für 100,93 Euro verkaufe ich es wieder. Bisschen unspektakulär, die Ent-wicklung für ein Edelmetall, das so viel auf sich hält, finde ich.

E wie Ebay: Viele meiner im Laufe des Jahres aussortierten CDs, Bücher und Kleider wurden über Ebay verkauft. Die allermeis-ten jedoch nicht von mir, sondern von meiner Mutter. Manch-mal muss man einfach die Experten ranlassen. Ich werde meine Sachen los, meine Mutter verkauft sie besser und besser gelaunt als ich, und das Geld, das sie einnimmt, bekommt ihre Enkelin, also unsere Tochter. Win-win-win. Nur der rechte Fitness-Hand-schuh ist noch da, also falls jemand Bedarf hat …

Die ETFs waren die einzigen ernsten und auch die wichtigsten Geldanlagen. Die Anteile am politisch korrekten »MSCI World Socially Responsible UCITS ETF« waren Anfang Januar jeweils 100,84 Euro wert und Mitte Dezember dann 131,20 Euro. Ich bin nicht reich geworden in diesem Jahr. Aber ich bin froh, dass ich mich einmal dazu zwang, das Thema anzugehen. Das ist ja der Witz: Danach muss man eigentlich nichts mehr machen, außer ruhig schlafen. Projekt finanziell erfolgreich abgeschlossen. In-nerlich sowieso.

Den Vermögenszuwachs konnte ich gut gebrauchen. Ich habe zwar in den letzten elf Monaten nichts Unnötiges gekauft, keine teuren Steaks gegessen, nicht gefrühstückt, und die alte Gitarre hatte ich ja schon. Aber es war dennoch ein teures Jahr. Die Projekte haben einiges verschlungen, da wären die Mitgliedschaften beim Boxverein und bei der Gewerkschaft, die Spenden, die Apps, die Trainerausbildung, die VHS-Kurse, zig Bücher, ein Fahrrad (wenn auch von der Stange), ein Riesendildo für den Balkon, dazu vieles, was ich bisher gar nicht erwähnt habe: Seminare über das gute Leben (Selbstliebe ist da entscheidend), eine Mikro-Nährstoff-Analyse samt Unverträglichkeitstest, für die ich meine Brusthaare ans Labor schicken musste und die mir irrerweise bescheinigte, dass ich quasi gegen alles allergisch bin und nichts Essbares vertrage. Einen Persönlichkeitstest, der mir vorschlägt, an meiner Kritikfähigkeit zu arbeiten (Unsinn!).

Schlafen: Wie die liegen!

Und allein das Zirbenholz für das Bett hat mich mehr als 800 Euro gekostet. Und Zeit. Fünf, sechs volle Tage habe ich für dieses Projekt gebraucht, im November war ich ein letztes Mal bei meinem Cousin. Draußen war es dunkel und kalt. Drinnen, in der beheizten Werkstatt, behandelte ich unter einer Lampe mit feinem Schleifpapier die Bretter. Irgendwann an diesem entspannten Abend hatte ich die letzte Querverbindung abgeschliffen, nahm einen Schluck Bier, sah mich wie immer um nach den nächsten Aufgaben, blickte Helmut in Erwartung neuer Anweisungen fragend an, aber er meinte: Das war's, du bist fertig. Ich konnte es kaum glauben. Wir nahmen die Bretter und machten uns daran, die Zinken der verschiedenen Teile ineinanderzuschieben, man kann sich diese Verbindungen wie eine Art Reißverschluss vorstellen. Passen die mühsam mit einer Handsäge herausgesägten

Komponenten ineinander? Nils Landgren posaunte im Hintergrund, aber eigentlich hätte es einen Trommelwirbel gebraucht. Spannung lag in der holzstaubigen Luft, bis es einen Ruck machte (zugegebenermaßen auch dank ein paar kräftiger Schläge mit der Hand) und die Teile fest ineinandersteckten. Da stand nun in der Werkstatt: ein richtiges Bett. Daneben mein stolzer Lehrer.

Ein paar Tage später hat Helmut uns das Bett netterweise nach München gebracht. Seitdem schlafen wir darin. Das Schlafzimmer duftet nach Zirbenholz. Meine Frau ist stolz, unsere Tochter auch. Ich bin stolz, dass am Ende diesen Jahres mit seinen vielen theoretischen Projekten etwas Greifbares, Nützliches, selbst Angefertigtes, Bleibendes steht, und auch darauf, dass ich meine Familie bei all dem Stress nicht nachhaltig vernachlässigt habe. Zumindest bin ich immer noch verheiratet und erscheine verlässlich auf Bildern, auf denen unsere Tochter die Familie zeichnet.

Ich bin immer noch der Alte, auch wenn mein Leben ein anderes geworden ist. Schon auch ein besseres. Ich war nie ein unglücklicher Mensch, aber vielleicht bin ich jetzt noch ein bisschen glücklicher, nicht, weil ich all die Sachen angegangen bin, die ich mir vorgenommen hatte, sondern weil ich jetzt weiß, dass ich sie machen kann, aber nicht muss. Ich kann Vorhaben guten Gewissens von der Liste streichen, ohne sie zu Ende gebracht zu haben. Und ich kann Vorhaben guten Gewissens auf der Liste lassen, ohne konkreten Plan, sie anzugehen. Ich bin dankbar für diese Freiheit und noch dankbarer für das Wissen um die Freiheit und dankbar für die Dankbarkeit für das Wissen um die Freiheit, und ja: Für mich persönlich ist von den vielen Glücksfaktoren die Dankbarkeit die entscheidende. Ich muss gar nicht warten bis zum Einschlafen, um dankbar zu sein für den vergangenen Tag, auch nicht auf das Aufschreiben der Ereignisse, obschon das wahnsinnig hilft; ich habe mir eine Instant-Dankbarkeit zugelegt, und das ist es wohl, was die klugen Leute mit dem »den Moment genießen« meinen, womit ich früher nix anfangen konnte. Um meine Krankenkasse zu zitieren: »Zunehmend erkennt die wissenschaftliche Forschung den Wert der Dankbarkeit für die seelische Gesundheit. Dankbarkeit hat sich als eine Stärke erwiesen, die besonders viel zum Wohlbefinden und zur Lebenszufriedenheit beiträgt.« Ich habe nicht alle Glücksbücher gelesen, die der Markt bietet, aber sehr viele, und diesen Faktor benennen tatsächlich alle. Meine Familie hört mich anlasslos seufzen: Mein Gott, wie gut es uns geht!

Alles gut? Nein, es ist natürlich nicht alles gut, ich würde weiterhin gern die Antwort auf die Frage nach dem Leben, dem Universum und dem ganzen Rest kennen (wer jünger ist, muss wissen: es ist gar nicht die 42) und dann alle und alles retten, ich würde gern langsamer essen und schneller lernen, würde gerne weniger oder gar nicht mehr mit dem Škoda fahren, an dieses Vorhaben erinnern mich gerade diese viel zu warmen Dezembertage da draußen. Ich wäre gern offener für das Konzept Achtsamkeit, und gern würde ich mehr faulenzen: *Aburrirse como una ostra* – sich wie eine Auster langweilen. Und außerdem möchte ich irgendwann mal mein neues Ungeheuer aus dem Schrank befreien: Ich habe dem Nachbarn eine E-Gitarre abgekauft, beim Flohmarkt im eigenen Hof. Sie liegt seit dem Herbst im Schrank, unberührt. Vielleicht brauche ich so was einfach, so wie manche Leute Fußballtrikots sammeln oder Bierfilze.

Ich kaufe eine Gitarre, spiele dann aber nicht darauf? Ja mei, so isses halt. Ich versuche mittlerweile, mich weniger von den omnipräsenten Widersprüchen verrückt machen zu lassen. »Setzen Individuen beispielsweise radikal auf die Karte Selbstverwirklichung – im Beruf, in der Familie, in der Bildung –, laufen sie Gefahr, dass ihr sozialer Status darunter leidet. Dagegen kann sich bei denjenigen, die fleißig Statusinvestition betreiben und auf Sicherheit setzen, irgendwann das Gefühl einstellen, etwas verpasst oder versäumt zu haben, die eigenen Potenziale gar nicht ausgelebt zu haben«, beschreibt Reckwitz ein grundsätzliches Dilemma. Und im Alltag zeigen sich ja nicht weniger Widersprüche:

Liebe die anderen maximal – Liebe dich selbst am meisten. Wachse über dich hinaus – Kenne deine Limits. Bleib am Boden – Strebe immer nach Höherem. Bleib dir treu – Verändere dich. Du musst dein Leben verbessern – Ich will so bleiben, wie ich bin (du darfst). Ruhig bleiben, ausgeglichen sein – Alles rauslassen. Vernünftig sein müssen – Unvernünftig sein sollen. Coldplay belächeln – Bei »Yellow« weinen. Auf Amazon Amazon-kritische Bücher bestellen, bei Google Google-Kritik suchen, auf dem Handy über Digital Detoxing lesen. Hass hassen. Wurst ohne Fleisch. Power-Yoga.

Das Leben kommt mir zuweilen vor wie eine Wand, auf der ein Aufkleber haftet: »Hier keine Aufkleber!« Wie dieses T-Shirt, das ich mal gesehen habe und das mich seither verfolgt. Vorne steht da: »Alles, was hinten steht, ist richtig« und hinten steht dann: »Alles, was vorne steht, ist falsch.«

Wenn man es genau nimmt, ist nie alles gut. Irgendwas ist immer. »Und das häufigste Missverständnis, das mir begegnet: Das gute Leben sei ein Zustand. Falsch. Das gute Leben gelingt nur durch ständiges Nachjustieren«, schreibt Rolf Dobelli in *Die Kunst des Lebens*. Aber vielleicht sollte man eben nicht zu genau hinschauen, sondern lieber einen Schritt zurückgehen und sich aus der Halbdistanz ansehen, aus der die störenden Kleinigkeiten des eigenen Alltags gar nicht mehr richtig zu erkennen sind. »Alles ist gut. Der Mensch ist unglücklich, weil er nicht weiß, dass er glücklich ist. Nur deshalb. Das ist alles, alles! Wer das erkennt, der wird gleich glücklich sein, sofort, im selben Augenblick.« Fjodor Michailowitsch Dostojewski soll das gesagt haben. Ein Mann übrigens, der, sieht man sich die Umfänge seiner Bücher an, vorbildlich mit Stretch Goals umzugehen wusste.

Von ihm gelesen habe ich in diesem Jahr nichts. Ich habe in den letzten Monaten ausschließlich Romane von Frauen gelesen. Irgendein Twitter-Thread hatte mich darauf gebracht, und geschadet hat es mir nicht, etwa Lisa Taddeo, Claudia Piñeiro, Natsuo Kirino und vor allem Simone Buchholz kennenzulernen. Offen zu sein für Neues, auch im Kleinen, das ist dann auch eine der wichtigeren Lehren, die ich grundsätzlich für mich ziehe. Dranbleiben, wenn sich eine Gewohnheit eingrooven soll (früh aufstehen, in die Arbeit radeln, Porridge essen), aber loslassen, wenn fixe Ideen nerven (Tanzen). Nicht überschnappen (Hummer). Wenig fernsehen. Nicht immer stur konsequent sein, auch nicht zu ehrgeizig, auch mal ein Auge zudrücken (ja, genau genommen ist das Geschenk nicht made in Troja, sondern wird dort geöffnet). Nicht zu streng mit sich sein, »bleiben Sie immer unter Ihren Möglichkeiten«, hat eine Ärztin mal einer Freundin geraten. Und schlechte Bücher lieber rechtzeitig weglegen statt sich bis zum Ende zu quälen.

Die bereits erfolglos investierte Zeit (und auch das Geld und die Mühe) nennt man versunkene Kosten. Diese *sunk costs* sind fiese Ratgeber, denn sie sind unwiederbringliche verlorene Aufwendungen, »die später Ihre Entscheidungsfreiheit vermindern, Sie psychologisch zu dem Gefühl verleiten, nur noch vor, aber nicht mehr zurück zu können«. Man laufe Gefahr, immer weiter in die falsche Richtung zu gehen, schreibt der Verhaltensökonom Hartmut Walz. Und da wären wir auch schon bei Projekt Nummer 12: Boxen.

Boxen: Schlagfertig

Ich weiß bereits, dass dies nach sechs Monaten meine letzte Stunde ist, als ich an einem lauen Dezembertag zum ersten Mal den Fortgeschrittenenkurs besuche. Trotz des Vertrags, der noch ein halbes Jahr laufen wird. Ich komme seit Monaten nicht voran, verspüre immer weniger Lust, zum Training zu gehen. Der Frust, den Stillstand auslöst, ist in einer Disziplin, die auf Bewegung fußt, vielleicht besonders zermürbend.

Es sind in dieser meiner letzten Stunde weniger Frauen als sonst da, genau genommen null. Der Trainer ist derselbe wie in der Anfängergruppe, ich bilde mir ein, dass er nicht happy ist über meine selbst verantwortete Beförderung zu den Fortgeschrittenen. Die väterliche Zugewandtheit, die er mich als Beginner spüren ließ, ist verschwunden, er wirkt grantig ob meines Auftauchens bei denen, die er erfolgreicher trainiert hat.

Nach dem üblichen Aufwärmen sollen wir eine Schrittfolge üben, im Hintergrund läuft wieder rhythmischer südamerikanischer Sound, der Trainer macht die Schritte vor, und ich kopiere ihn, was sicher nicht sehr elegant aussieht. Was macht er? Lacht mich aus. Als er merkt, dass das wohl eine Spur zu öffentlich war, sagt er: »Ich lache dich nicht aus. Es hat nur so lustig ausgesehen.« Dass das eine sich von dem anderen nicht unterscheidet, merkt er nicht. Ich hangle mich durch die Stunde, immer wieder spöttisch vom ihm beäugt und ungeduldig korrigiert. Am Ende die Partnerarbeit: Schlag- und Ausweichübungen.

Ein harmloses Training nur und doch: So nah wie in den folgenden Minuten werde ich nie mehr an ein körperliches Gegeneinander, an eine Art Kampf herankommen, hoffentlich. Ziel ist es, den anderen zu treffen. Mundschutz rein.

Mein Partner ist Detlef, über den ich im Juni schrieb, er sei ein eher unsportlicher Typ, noch etwas älter, noch etwas behäbiger als ich. Wir sollen nun eine gewisse Links-Rechts Kombination schlagen, der andere soll ausweichen. Nicht sonderlich kompliziert, aber ich bin nicht sofort in der Spur, und da ruft der Trainer quer durch die Halle, so laut, dass die anderen aufhören mit ihren Übungen: »Was machst du da? Das sind die Basics! Du musst zurück zu den Anfängern.« Was er damit erreicht, und sollte das gewollt sein, ist es ein genialer Zug: Zum ersten Mal bekomme ich Lust, jemandem ins Gesicht zu schlagen. Dem Trainer, nicht Detlef. Den sehe ich mich ansehen, sein Blick sagt: Da ist tatsächlich noch einer unsportlicher und behäbiger als ich. Dann verpasst er mir eine. Ich schmecke Blut, an seinem Boxhandschuh ist ein roter Fleck. Er entschuldigt sich sofort, obwohl nicht er, sondern ich alles falsch gemacht habe. Der schrille Gong ertönt, aus, vorbei, ich schleiche aus der Halle. Projekt Nummer 12 blutig beendet.

Zuhause angekommen, und ich schwöre, auf Rock Antenne läuft »Eye of the Tiger«, spüle ich die rote Siffe aus dem Mundschutz. Meine Frau ruft an und fragt nach meiner Schuhgröße, das Paar Boxschuhe, das sie mir zum Geburtstag besorgt hat und das glücklicherweise zu klein war, will sie nicht zurückgeben, sondern unglücklicherweise umtauschen. Ich muss mich offenbaren. »Bitte tausch sie nicht um, bitte gib sie zurück. Das war's für mich«, sage ich und werfe das Handtuch durchs Telefon. Sie fängt es verständnisvoll auf.

Den Boxsack vom Balkon verkaufe ich auf Ebay-Kleinanzeigen weiter an einen Kampfsportler. Möge er woanders für Athletik und Assoziationen sorgen. Was ich als Einsicht behalte: Wie gut ein Lehrer ist, erkennt man wohl am ehesten daran, wie er mit schlechten Schülern umgeht. Nebenbei bin ich Fan von südamerikanischer Musik geworden. Dass ich die hören kann, ohne sofort einen eisernen Geschmack im Mund zu haben und ohne an den aufgegebenen Salsatraum zu denken, ist beruhigend.

Bleibt als Kampf noch das Lumina-Finale. Unsere Tochter und ich sitzen einander am Küchentisch gegenüber. Meine Frau ist Schiedsrichterin. Erste von drei Runden, es geht los. Meine Gegnerin findet gut ins Spiel, nicht lange, und sie hat die ersten Schätze gesammelt. Ich nutze meine Weltkarten-Technik, oben

Island, England, Skandinavien, Russland und so weiter, ich ordne ihnen die Pilze und Erdbeben und Schiffe zu, es klappt, aber bis ich richtig drin bin, habe ich schon verloren. Mist. 0:1. In der zweiten Runde habe ich mich an die Methodik gewöhnt, ich gleite von Schatz zu Schatz, ein Kinderspiel. 1:1. Es ist der erste Sieg überhaupt, mein Jonglieren, die Weltkarte, alles hat sich gelohnt, ich bin erstaunt. Die Tochter ist zerknirscht. Lumina ist ihr Ding, ihre Insel, auf der sich die Großen nicht zurechtfinden, besser gesagt: fanden. Die entscheidende Runde. Sie sammelt Schätze, ich hole auf und gehe in Führung, sie zieht nach, gleich ist es vorbei. 1:2, ich verliere gegen unsere Tochter. Man kann nicht immer gewinnen. Meine Frau drückt uns beide.

Die Revanche folgt an Weihnachten. Unsere Tochter hat eine Spielkonsole geschenkt bekommen. Wir treten gegeneinander an, und ich besiege sie ausgerechnet bei einem Spiel namens »Just dance«.

In diesen feierlichen Tagen beende ich ein Nebenprojekt vorzeitig: den Fleischverzicht. So wie viele buddhistische Priester, die 1000 Tage in den Bergen trainieren sollen, nach 975 Tagen damit aufhören, weil sie denken, durch Perfektion würden sie unvollkommen. Am 25. Dezember, die Familie trifft sich bei meinen Eltern, mache ich meiner Mutter und mir eine Freude und esse beim Gickerl mit, beim Brathendl. Er schmeckt vorzüglich.

Und auf einmal ist Silvester. Ein für mich spektakuläres Jahr geht unspektakulär zu Ende. Gut so. Eine klare, warme Winternacht, schrecklich angenehm. *Look at the stars, look how they shine for you.* Wir feiern mit Freunden am Lagerfeuer, die Gitarre fehlt (niemandem), alle da, alles da. Wir reden darüber, was ist und was war und was kommt. Und so geht es immer weiter, bis es nicht mehr weitergeht.

5, 4, 3, 2, 1. Bumm. Frohes neues Jahr.

DANACH

Spätwinter, draußen geht langsam die Sonne unter, drinnen sanft das Licht an. Im Pool plätschert das Wasser, im Kachelofen knackt das Brennholz. Die Luft ist wohlig warm, bademantelweich. Es gibt keine Uhr.

Die zweitbeste Idee in den vergangenen Monaten hatte wenig überraschend meine Frau. Sie hat mir zum Geburtstag eine einmonatige Mitgliedschaft im Spa eines Hotels geschenkt, fürs Schreiben an diesem Buch. Wir waren vor ein paar Jahren mal zusammen hier gewesen, mit einer Tageskarte, und da hatten wir einen Mann mit Laptop am Pool sitzen gesehen, meine Begeisterung für diesen Arbeitsplatz hatte sie sich gemerkt. Das klingt erst mal dekadent, ist aber gar nicht mal so teuer verglichen mit einem Büroraum, den zu mieten ich mir überlegt hatte. Ich habe mir Urlaub genommen, um hier drinnen mit dem Schreiben zumindest zu beginnen. Durch die Fensterfronten sehe ich auf Münchens City. Für die Stadt mit ihren alten Gebäuden und chronischen Baustellen ist ein Jahr nichts. Für mich war es eine Ewigkeit. Eine, die im Nu verging.

Als ich das erste Mal das Spa betrat, war alles neu und fremd, es war nicht ich. Ob ich Hilfe mit dem Gepäck oder wenigstens einen zweiten Spind bräuchte, fragte mich die freundliche Rezeptionistin, die mich mit Tasche und Laptop-Rucksack einchecken sah. Oh, danke, nein, geht schon. Scheu erschloss ich mir die Räume. Als ich unter der Dusche stand, vor mir acht Knöpfe, die ich alle gedrückt und gezogen hatte, ohne dass Wasser floss, kam mir ein erfahrenes Spa-Mitglied zu Hilfe und zeigte mir den richtigen Dreh. Wir unterhielten uns. Er komme jeden Tag hierher. Abends arbeite er lang. Am Wochenende aber bleibe er dem Spa fern, da seien so viele Hotelgäste da. Während er das erzählte, kam ein weiterer Stammgast dazu, sie begrüßten einander kumpelhaft. Dann telefonierte der zweite Gast laut. Sonst war niemand da. Seine Schwimmausrüstung trug er in einer Edeka-Tüte. Das Hotel ist eines der teuersten der Stadt. Ich fand das alles erstaunlich.

Nach dem ersten Tag wusste ich also, wie die Dusche funktionierte, nach dem dritten kannte ich alle Stammgäste und fragte an der Rezeption nach einem zweiten Spind, nach dem fünften sah ich die Hotelgäste kommen und gehen, ich half ihnen, wenn sie orientierungslos waren, und verzieh ihnen nicht, wenn sie mit den Angestellten unfreundlich umgingen. Sie waren zu Gast in meiner Welt. Nach einer Woche wusste ich gleich zu Beginn meines täglichen Besuchs anhand der Temperatureinstellungen am Drehknopf der Dusche, wer bereits da war. In dieser Woche habe ich das erste Mal selbst telefoniert am Pool, leise immerhin.

Wie jeder Mensch gewöhne ich mich an neue Umgebungen, an neue Realitäten, an alles Regelmäßige und Eingeübte, ich eigne mir fortwährend und immer wieder neu an, was ich unter Normalität verstehe. So habe ich mir im vergangenen Jahr vieles antrainiert, was heute so normal ist, dass ich mich an andere Zeiten erst bewusst erinnern muss, um die Veränderung nachvollziehen zu können.

Ich stehe immer noch gern sehr früh auf, trinke warmes Wasser, mache Sport, am liebsten Tennis, dusche kalt, gebe Hafermilch in den Kaffee. Ich erledige in der Arbeit die unangenehmste Aufgabe möglichst als Erstes, Eat the Frog nennt man das, und wenn es etwas zu klären gibt, telefoniere ich. E-Mails beantworte ich sofort, To-dos versuche ich abzuhaken, bevor sie überhaupt auf einer Liste landen. Ich schaue in Restaurants immer erst auf die vegetarische Karte. Nur manchmal wähle ich anschließend etwas von der Fleischkarte. Bei Tätigkeiten, für die ich mich nicht konzentrieren muss, schaue ich währenddessen Sport im Fernsehen. Es stört die Post nicht, wenn ich sie bei einem Fußballspiel sortiere. Sie überlebt es ohne Schaden, so viel zu ärgern gibt es beim FC Bayern ja normalerweise nicht. Ganz wichtig: Ich schaue immer noch keine Serien. Ich bin seltenst auf Twitter, Shoppingangeboten gehe ich aus dem Weg. Einmal habe ich mich zu einem Lustkauf hinreißen lassen, eine Tennishose und ein Tennistrikot, wie Roger Federer sie trägt. Als unsere Tochter kurz darauf an Fasching meinte, wir sollten uns doch alle verkleiden, ich könnte doch als Federer gehen, habe ich meine alberne Verkleidung als solche erkannt und sie zurückgeschickt. Ich nehme mir vor, mir weniger vorzunehmen. Klappt ganz gut.

Die Sauna erwartet ihre wenigen Gäste heute mit Fichtennadelduft. Eine ältere Dame kommt herein, sie fragt freundlich, ob sie störe, nein, natürlich nicht. Schön, dass noch jemand anderes in der Sauna sei, sagt sie. Sie sei nämlich schon mal umgekippt in der Hitze.»Toll, dass Sie auf mich aufpassen«, scherzt sie, und ich sehe mich schon im Bademantel durch die Flure laufen, eine bewusstlose, nackte Frau huckepack, auf der Suche nach Hilfe. Das Hotel beherbergt auch exzentrische Rockstars, womöglich übersehen mich die Angestellten diskret in der Annahme, das seien keine Bredouillen, sondern Allüren. Wahrscheinlicher aber ist, dass ich im Notfall automatisch wüsste, was zu tun ist. Wofür habe ich schließlich einen Erste-Hilfe-Kurs gemacht.

Als die Frau weg ist (nicht bewusstlos, sondern raus aus der Sauna), bin nur noch ich hier im Spa. Über Stunden sitze ich dann mit meinem Laptop alleine am Pool. Was, wenn ich nicht hier wäre? Macht ein fallender Baum im Wald Geräusche, wenn ihn niemand hört? Plätschert ein Pool, wenn keiner da ist, so wie die müden, nimmermüden Wellen am Strand? Die spannendere Frage: Entspanne ich hier in meinen Schreibpausen genug? Die Soziologin Elisabeth Mixa schreibt: »Eine neue Art von Wahnsinn entsteht mit dem Aufkommen des Wellness-Wahns: Wohlgefühle erscheinen abrufbar, machbar, erwerbbar, buchbar, konsumierbar.« Spas seien Orte, an denen vorgeblich »Sehnsucht« und »Erfüllung« ineinander übergehen, also Wunsch und Erfüllung zusammenfielen, ja »implodieren«. Peter Licht singt vom »Wettentspannen«.

Das Spa steht nicht nur für den Platz, den unsere Gesellschaft in der Welt einnimmt. Im Vergleich mit den Lebensrealitäten in vielen Teilen der Welt sind all diese in meinem Buch beschriebenen Schwierigkeiten nichts als Wellnessprobleme. Spätestens seit der Krieg in der Ukraine ausgebrochen ist, fällt es mir schwer, lustige Texte über lächerliche Befindlichkeiten zu schreiben. Ich bin mir durchaus bewusst, dass die von mir geschilderten Probleme und meine Lösungsversuche global gesehen von nicht allzu großer Bedeutung sind. Bedeutungslos in der Welt, die wir Alltag nennen, sind sie womöglich nicht. Es ist eine Frage der Perspektive. Immer.

Mit wem vergleicht man sich im Alltag? Mit wem vergleiche ich mich? Mit dem Mann hier drinnen, dem mit der Plastiktüte, der morgens nach dem Aufstehen 60 Liegestütze macht, mit einem Bein in der Luft? Mit den Gästen hier, die Hunderte Euro für eine Hotelnacht ausgeben? Mit den Bettlern, an denen ich auf dem Heimweg vorbeifahre und die wirklich aus Plastiktüten leben? Mit den Menschen ganz woanders, über die ich hier aus sicherer Entfernung auf dem Smartphone lese? Beim Gitarrespielen mit Mark Knopfler, beim Spanischlernen mit dem Gedächtnisweltmeister, beim Kochen mit meiner Frau, beim Tennisspielen mit den angehenden Profis?

Am ehesten vergleicht man sich immer noch mit den Menschen, die in einer ähnlichen Lage sind wie man selbst. Der Vergleich führt zu einem Gefühl, das in den Sozialwissenschaften »relative Deprivation« heißt. Verluste wiegen da sehr viel schwerer als Gewinne – was habe ich nicht, was die hat? »Das kann sich am Geld, an den berühmten Statussymbolen und an der strahlenden Erscheinung festmachen. Das Ich orientiert sich an den Anderen und kommt ins Schleudern, wenn es nicht mehr glaubt, mithalten zu können«, schreibt der Soziologe Heinz Bude.

Ich habe die Lektüre dieser Art Zeitgeist-Theorien mit leichtem Masochismus regelrecht genossen im vergangenen Jahr. Meine Erkenntnis: Ich bin gar nicht so sehr Ich, wie ich das zuvor dachte. Und je detaillierter ich meine vermeintliche Individualität in den Analysen dekonstruiert sehe, desto leichter wird die Schulter, auf die ich diese Diagnosen nehme. Wenn ich individuell sein und mich von der Masse abheben möchte, die Masse aber die Individualisierung als Norm lebt, dann erinnert das so stark an Monty Python (»Ihr seid alle völlig verschieden.« »Ich nicht.«), dass sowohl Widerstand gegen als auch Anpassung an den Zeitgeist zwecklos erscheinen, weil sie im Zweifel das Gleiche bedeuten.

Im Frühjahr bin ich wieder regelmäßig im Boxstudio, sie bieten dort nämlich, wie ich erst spät erfahren hatte, auch Yoga an. Der Lehrer spielt nebenbei in einer international erfolgreichen Rockband (seufz), das erinnert mich daran, dass man vielleicht nicht zwölf Leben auf einmal leben kann, sich aber nicht auf eines beschränken muss. Zwei Mädchen haben mich in diesen Tagen überrascht. Als Erstes unsere Tochter. Nach meiner aufwendigen Tennistrainerausbildung – die übrigens erst mal dazu geführt hatte, dass ich total verkrampft und verkopft gegen meine Dauergegner Christoph und Timm himmelhoch verloren habe – hat sie mir eröffnet, dass sie gar nicht mal so gerne Tennisspielen lernen möchte. Sie geht nun lieber ins Fußballtraining. Auch gut.

Das zweite Mädchen, das mich überrascht hat, ist Maseray, mein Patenkind. Das Mädchen, das mich ein Jahr lang geistig und emotional begleitet hat, vom Weltmädchentag über die Berichte von frühen Schwangerschaften und Beschneidungen von Mädchen in Sierra Leone bis hin zum Mädchen-Fonds, in den die Gäste meiner Feier einzahlen könnten, ist nämlich gar kein Mädchen. So steht es in einer Mail, die ich von der verantwortlichen Organisation dann im Mai bekam:

»Sehr geehrter Herr Wittmann,

wir möchten Sie heute über eine wichtige Änderung, die Ihr Patenkind betrifft, informieren. Unser Plan-Team vor Ort informierte uns, dass in den Unterlagen bisher angegeben wurde, Ihr Patenkind sei ein Mädchen und heißt Maserey. Nun müssen wir die Unterlagen korrigieren, denn Ihr Patenkind ist ein Junge und heißt Moseray.«

Aha. Das ist dann doch eine etwas überraschende Wendung. Gleichzeitig ist es eine, die keine Folgen hat. Nun habe ich halt ein männliches Patenkind.

Im Sommer haben wir im Club getanzt, vielleicht zügellos, ganz sicher regellos. »Just dance« habe ich nie wieder gespielt, auch Lumina nicht, alles (außer Tennis und Schafkopfen) hat seine Zeit. Geurlaubt haben wir im echten Disneyland in Paris und in London und auch wieder in Italien, diesmal alles mit der Bahn. Wochenlang, überraschenderweise ohne Verspätungen, ohne verpasste Züge, ohne den üblichen Ärger, möglicherweise ist das schon der nächste Weltrekord. Zu rauchen habe ich zwischenzeitlich völlig vergessen, der Hypnotiseur würde sicher sagen, das sei mit Verzögerung auf ihn zurückzuführen. Und dann hatte meine Frau die beste Idee überhaupt. Es begann alles damit, dass ich eine Mail von der KfZ-Versicherung erhielt, die mir nicht nur anbot, den Wert unseres Škoda kostenlos zu schätzen, sondern zusätzlich mit einem Amazon-Gutschein über 15 Euro winkte, wenn ich ihre Offerte annahm. Ich fuhr zu dem Gutachter. Der Mann sah sich den Wagen an, gab alle möglichen Daten in eine Maske auf seinem iPad ein, ehe er am Ende meinte, ich bekäme 2127 Euro für das alte Ding. Ich schaute ihn ungläubig an, und er verriet mir, dass er persönlich ob der Beulen und der Kratzer auch mit weniger gerechnet hätte. Aber so sei der Markt gerade. Ich schickte meiner Frau eine WhatsApp, in der ich die Summe erwähnte, sie antwortete: »Verkaufen! Verkaufen!« Jetzt oder nie. Aber ich brauche ein Auto, jammerte ich daheim, und sie sagte: Okay. Und dann ging alles sehr schnell.

Nach 24 Jahren des Benziner-Fahrens, nach mindestens zehn Jahren des echten Haderns damit und nach einem Jahr der erfolglosen wie erbärmlichen Selbstgeißelung war es am Ende ein läppischer 15-Euro-Gutschein von Amazon, der die persönliche Energiewende eingeleitet hat. Nach einem Familienfoto (meine Frau, unsere Tochter, Klothilde und ich) verabschieden wir uns vom Škoda, dankbar.

Herbst, wir fahren künftig ein geleastes E-Auto. Alles gut? Kann es nie sein. Das ideale Leben gibt es nicht. Natürlich wäre es noch besser, gar nicht zu fahren. Und die Energie fürs Auto könnte grüner sein, denn sie wird nun tatsächlich und zumindest teilweise weiter von der Wolkenmaschine kommen. Benjamin Blümchen wird noch eine Weile quicklebendig Dampf in den Himmel blasen und uns den Weg weisen. Bleibt alles anders. Das Auto, dem ich gerade noch das ewige Leben versprochen habe, ist von uns gegangen; das Kernkraftwerk, dessen Ende längst beschlossen war, darf weitermachen. So schnell wie die Welt um uns herum können wir selbst uns gar nicht ändern.

Winter. Von dem 15-Euro-Gutschein kaufen wir unserer Tochter einen Comic. *Spiderman*. Der wird sie wohl mehr interessieren als diese letzten Zeilen hier. Die Zeilen werden es verkraften können. Wobei: So ein Buch, das ist am Ende ja auch nur ein Mensch.

DANK

Ich danke Malah und Johanna, ohne die mir dieses Jahr unvorstellbar erschiene. Ohne die mir jedes Jahr unvorstellbar erschiene. Wie gerne würde ich ihnen Lieder widmen und Gedichte schreiben (oder zumindest kochen), und nun ist es doch nur ein Buch geworden. Ich danke meinen Eltern und meiner Schwester, meiner ganzen Familie, die immer für mich da ist, selbst wenn ich dauernd woanders bin. Meinen Freundinnen und Freunden, von denen viele in diesem Buch vorkommen, auch wenn sie in diesem Jahr viel zu kurz kamen. Ich danke meinen Kolleginnen und meinen Kollegen bei der SZ und speziell dem Team des Buch Zwei, die mich das andere Leben, das Arbeitsleben, sehr gerne leben ließen und lassen. Meiner Lektorin und allen anderen, die mir bei meinen Vorhaben und diesem Buch geholfen haben, ob nun wissentlich oder versehentlich. Danke. Eso es todo.

AUSGEWÄHLTE LITERATUR

Babber, Arun/Kamal, Marin: *The Psychology of Your Stars.*
O. O. 2021.

Bröckling, Ulrich: *Das unternehmerische Selbst. Soziologie einer Subjektivierungsform.* Frankfurt/Main 2007.

Bude, Heinz: *Gesellschaft der Angst.* Hamburg 2014.

Burkeman, Oliver: https://sz-magazin.sueddeutsche.de/leben-und-gesellschaft/zeitmanagement-oliver-burkeman-4000-stunden-sterblichkeit-91400

Delers, Antoine: *Das Pareto-Prinzip. Die 80/20-Regel.* O. O. 2018.

Dobelli, Rolf: *Die Kunst des guten Lebens: 52 überraschende Wege zum Glück.* München 2017.

Duhigg, Charles: *Smarter, schneller, besser: Warum manche Menschen so viel erledigt bekommen – und andere nicht.* München 2017.

Elrod, Hal: *Miracle Morning: Die Stunde, die alles verändert.* München 2016.

Flaßpöhler, Svenja: https://www.deutschlandfunk.de/genuss-und-askese-in-der-leistungsgesellschaft-102.html

Freudenberger, Herbert J.: https://hellobetter.de/blog/burnout-phasen/

Froböse, Ingo: *Die Gesundheitsformel der 100-Jährigen: 7 Schlüssel für ein langes Leben.* München 2020.

Höller, Jürgen: *Ja! Wie Sie Ihre Ängste, Probleme und Krisen meistern.* Weinheim 2009.

Karsten, Gunther: *Lernen wie ein Weltmeister: Schneller und effektiver zu besseren Noten.* München 2020.

Kaufmann, Jean-Claude: https://sz-magazin.sueddeutsche.de/gesellschaft-leben/der-koch-ist-zum-kuenstler-geworden-74075

Klenke, Kira: *Gute Vorsätze wirklich umsetzen!* Darmstadt 2021.

Koch, Christoph: *Digitale Balance: Mit smarter Handynutzung leichter leben.* München 2021.

Kondo, Marie: *Magic Cleaning. Wie richtiges Aufräumen Ihr Leben verändert.* Reinbek 2013.

Lazarus, Arnold A./Lazarus, Clifford N.: *Der kleine Taschentherapeut.* Stuttgart 2014.

Levit, Igor: www.twitter.com/igorpianist/status/1417571686321467407

Mixa, Elisabeth, et al. (Hg.): *Un-Wohl-Gefühle: Eine Kulturanalyse gegenwärtiger Befindlichkeiten.* Bielefeld 2016.

Nesbø, Jo: www.sueddeutsche.de/wirtschaft/reden-wir-ueber-geld-jo-nesb-was-ich-wollte-war-freiheit-1.3743627

Passmann, Sophie: www.sueddeutsche.de/leben/sophie-passmann-interview-feminismus-selbsthass-1.5224512

Petkovic, Andrea: https://twitter.com/andreapetkovic/status/1473293668492750854

Pfaller, Robert: www.faz.net/aktuell/feuilleton/plaedoyer-fuer-die-masslosigkeit-ueber-das-gute-leben-1608479.html

Postillon: www.der-postillon.com/2018/08/marginal-gains.html

Reckwitz, Andreas: *Die Gesellschaft der Singularitäten. Zum Strukturwandel der Moderne.* Berlin 2019.

Reckwitz, Andreas: www.deutschlandfunkkultur.de/kultursoziologe-andreas-reckwitz-wie-gesellschaften-sich-100.html

Reichel, Tim: *Busy is the New Stupid: Wie du endlich mehr Zeit für das Wesentliche gewinnst.* München 2020.

Röcke, Anja: *Soziologie der Selbstoptimierung.* Berlin 2021.

Rosa, Hartmut: www.ufz.de/index.php?de=47233

Rosa, Hartmut: www.akruetzel.de/2020/11/21/zu-vino-sag-ich-mit-hartmut-rosa/

Rosa, Hartmut: www.goethe.de/ins/be/de/kul/mag/20575009.html

Schirrmacher, Frank: *Ego. Das Spiel des Lebens.* München 2015.

Schwartz, Barry: www.brandeins.de/magazine/brand-eins-wirtschaftsmagazin/2020/die-neue-konsumgesellschaft/der-netflix-effekt

Seiwert, Lothar: www.einfachganzleben.de/leben-balance/podcast-lothar-seiwert

Seul, Shirley Michaela: *Das Leben ist keine To-do-Liste. Endlich Zeit für das, was wirklich wichtig ist.* München 2015.

Sloterdijk, Peter: *Du musst dein Leben ändern.* Frankfurt/Main 2019.

Strunk, Heinz: https://sz-magazin.sueddeutsche.de/literatur/heinz-strunk-hamburg-literatur-musik-90424?reduced=true

Tillessen, Carl: *Konsum – Warum wir kaufen, was wir nicht brauchen.* Hamburg 2020.

Walz, Hartmut: *Einfach genial entscheiden: Die 55 wichtigsten Erkenntnisse für Ihren Erfolg.* Freiburg 2022.

Wondratschek, Wolf: *Im Dickicht der Fäuste. Vom Boxen.* Berlin 2021.

Wood, Wendy: *Good Habits, Bad Habits – Gewohnheiten für immer ändern.* München 2022.

Wood, Wendy: www.brandeins.de/magazine/brand-eins-wirtschaftsmagazin/2017/loslassen/ermuedungskampf-mit-dem-eigenen-gehirn